青海方言俗语

程祥徽题

QINGHAI FANGYAN SUYU

◎ 谷晓恒　李晓云　著

语文出版社

· 北京 ·

图书在版编目（CIP）数据

青海方言俗语 / 谷晓恒，李晓云著. -- 北京 : 语文出版社，2013.8
ISBN 978-7-80241-833-2

Ⅰ. ①青… Ⅱ. ①谷… ②李… Ⅲ. ①西北方言—方言研究—青海省 Ⅳ. ①H172.2

中国版本图书馆CIP数据核字(2013)第165924号

责任编辑 章承董
装帧设计 李建章
出　　版 语文出版社
地　　址 北京市东城区朝阳门内南小街51号　100010
电子信箱 ywcbsywp@163.com
排　　版 语文出版社照排室
印刷装订 北京市兆成印刷有限责任公司
发　　行 语文出版社　新华书店经销
规　　格 890mm × 1240mm
开　　本 A5
印　　张 11.625
字　　数 302千字
版　　次 2013年8月第1版
印　　次 2013年8月第1次印刷
印　　数 1- 1,500
定　　价 35.00元

010-65253954（咨询） 010-65251033（购书） 010-65250075（印装质量）

序　一

程祥徽

2013年盛夏，我出席谷晓恒院长发起并主持的第一届语言接触国际学术研讨会。会后离开西宁，谷教授专程赶赴机场送行，并赠我一部他与夫人李晓云教授合著的《青海方言俗语》书稿，邀我作序。我在飞机上浏览了一下目录，发现这部著作议论的话题与语言接触研讨会的主题紧紧相扣，书中引用的一些以方言形式出现的俗语、反映不同民族生活和性格的语料深深吸引着我、打动着我，把我带回到曾经生活过二十多年的青海农村、牧场和民族交汇的地区。回到澳门仔细阅读全书，更被无数充满生活情趣的例证和鞭辟入里的理论分析所折服。晓恒教授在他提交给研讨会的论文中说："目前，对于方言的研究更多地是关注其语音系统和词条的搜集整理，对其语汇也只有少量个案研究，而对于方言俗语这一块进行全面系统的研究更尚属空白。这种研究现状与青海方言独特的价值是极不相称的。"《青海方言俗语》正好是一部填补这方面空白的力作。

在可以看到的一些汉语词汇学著作和《现代汉语》教科书中，"俗语"通常与"单音词—多音词""同义词—反义词"等相提并论或并驾齐驱，共同组建成汉语的词汇系统。在讲述"俗语"的时候，常常在"俗语"之下细分谚语、歇后语、惯用语、成语等项，然后列举例证，说明它们的特征，例如谚语侧重在社会生活的经验总结，歇后语如同给一则谜语设置巧妙的谜面，等等；再要获取深进一层的含义却是欠奉了。《青海方言俗语》扩大了我们对汉语词汇的视野，让我们不仅可以区分谚语、歇后语等之间的不同，获知每一个“个案”（谷晓恒用语）的含义和用法，而且能从文化层面去感受、领会“个案”的深层意义。

其实俗语是语言运用的产物。一些俗语通过语用的渠道已经进入全民语言的词汇系统，还有更多的俗语正在向全民语言的词汇系统进发。俗语的生存条件离不开语用，离不开具体的交际环境。用理论语言学的话来说，俗语是从“言语”出发奔向“语言”系统的言语形式。因此，俗语承载着具体地区的人文特征，充满具体的方言特色；在语言接触地区，则附着着语言交汇或语言接触的特点。《青海方言俗语》以十分丰富的事例说明了这一点。这部著作的可贵之处还在于不作“人云亦云”的转述，而是深入民间获取第一手资料，写成一部具有独特个性的语言学著作。

当然，《青海方言俗语》接受了汉语词汇学研究的许多已有的成果，例如俗语包含谚语、歇后语、惯用语、成语几种形态，它们各自具备不同的特征，等等。但《青海方言俗语》更是一部文化学著作，尤其是一部表现语言交汇的特色、散发着地域芬香和民族芬香的俗语著作。它给汉语词汇学园地带来一股清新的空气，是一部属于社会语言学范畴的力作。相信它的出版会给词汇学研究带来积极的影响。

序　二

贾晞儒

青海省位于青藏高原的东北部，自古以来就是一个多民族聚居的地方。其间，各民族杂居相处、我来你往、此消彼长，都不同程度地留下了自己的“足迹”，有的民族虽然早已消亡，但他们的“足迹”还或多或少、或显或隐地遗存在我们的现实生活之中，特别是隐匿在青海汉话里面，只是因为时间渺远，历经世变，当代人尽管为这里的语言、文化的多样性形成的斑斓多彩的美妙图景所感叹，却难以辨析个中滋味，甚至对其渊源毫无所知。以我个人在青海生活了半个多世纪的体验而言，青海各民族语言及其负载的文化所构成的“语言文化图景”如同百花盛开的花园，其中，青海汉话就是这个花园里的“聚花果”。因此，研究青海汉话，在一定意义上说，是揭示青海历史奥秘，研究青海民族关系发展史，展现“谁也离不开谁”的历史画卷的最好途径和方法。

青海汉话，不言而喻就是指世居青海的汉族所操的汉语言。但是，这里的汉族是自汉代，特别是明代以后，由于战乱、屯垦、流放、自然灾害等原因，从中原、江淮等不同地区、不同时期先后迁徙而来的说着不同汉语方言、带着不同地域文化的汉族居民。显而易见，迁徙于斯的各地的汉族不但要相互交往，而且也要与当地原有的民族居民接触往来。在这样长期的、十分频繁的往来中，必然产生语言接触影响，促进这一地区的不同汉语方言间的相互吸收和融合，同时也会受到当地原有民族语言的影响。在这种语境之下，最终形成了既有别于汉族全民语言普通话，又不同于他们故土的地方话的“青海汉话”，并且随着历史的演进，这里的汉民族逐渐成为本地的主要民族之后，其语言也就随之具有了当地“民族通用语”的社会功能，成为这个特定地区的社会历史、语言文化的“聚焦镜”。因此，研究青海汉话对于现代汉语普通话的推广、普及和研究，特别是对于汉语史的研究有着重要的意义，而且，也会为民族学、社会学、社会语言学、民族历史、民族关系史、民族文化等的学科提供鲜活的语料和佐证。张振兴先生说：“如果有可能不妨也读一读方言词典，或集中读一读方言词典里的某些部分、某些条目，这是有很多实际好处的。”（《兰州方言词典·序言》）我想，他的这句话也就是这个意思吧。晓恒、晓云二位教授合著的《青海方言俗语》一书的出版，契合了这种学术期盼。

对于青海汉话的研究，新中国成立以前几乎无人问津，直到 1980 年才有程祥徽先生发表在《中国语文》第二期上的《青海口语语法散论》和 1987 年青海人民出版社出版的张成材、朱世奎合著的《西宁方言志》两个成果的问世，实属开山之作！它们的发表和出版，引起了人们对青海汉话的关注，开启了青海方言研究的行程，于是就有了后来的关于青海汉话研究的一些文章和著作的陆续发表和出版。但是，这一领域的研究直到今天还未形成规模，专门的研究机构也只有青海民族大学由谷晓恒教授主持的方言与民俗研究中心一家。研究队伍十分单薄，基本上都是有志于青海方言研究的学者个人之所为，没有比较稳定的团队，更无政府部门的参与。晓恒教授和晓云教授正是其中的代表，他俩多年来赴牧区，下农村，走家问户，逢人切磋，日积月累，搜集了大量的语言材料，为这部书的撰写打下了扎实的基础。

本书的一个显著特点，是对青海方言的形成、特点及深邃的地域文化意蕴做了精到具体的分析，不但为专业研究人员展开了一个新的方言场景，扩展了研究的思路，而且也让非专业人员读得懂，读得津津有味，不像一般方言著作那样艰涩。读者能在其缕述中真切地体验到青海汉话的独特风貌，看到一幅五彩缤纷的奇妙画卷：作者从语音、词汇、语义和语法结构，以及作为“语言文化定型单位”的俗语、谚语、歇后语等方面，纵横相映、层次有别地勾勒出文化意蕴深厚的方言景观，令我们感到盎然有趣，恰如走进了百花绽放的世界，不禁叹为观止矣！

本书的另一个特点是，在每章之后都附有相关的丰富语料，展现给我们的不仅仅是青海汉话的真实面貌，而且也展现出以其为载体和表现形式的青海地域文化特点，使读者置身于这个语言、文化资源十分丰厚的语境之中，深切体验到这些“语言文化定型单位”的“神力”，从而认识到青海汉话不仅是汉语中一个具有地域特色的变体，而且是包括境内各少数民族在内的青海人民的共同精神镜像！从本书的论述中，我们不仅看到了语言接触的历史概貌，而且也体会到了在这块神奇土地上的各民族“你中有我，我中有你”的历史事实。它不仅是一部方言学著作，而且对于民族学、社会学、社会语言学、文化学等学科都具有重要的借鉴价值，是学术性、实用性兼顾的佳作。

总之，话不在多，实证翔实为信；言不在巧，言简意赅为真。这是本书的价值所在，也是本书的基本特点。本书定会引起国内外语言学家对于青海汉话研究的兴趣，也是学习青海历史，特别是青海民族关系史的好教材。故乐为之序。

2013 年 7 月 1 日于西宁湟水河畔叟怡斋

目 录

第一章　青海方言概说

第一节　青海历史沿革

青海省位于中国大西北，地处世界屋脊——青藏高原的东北部，因其境内有中国最大的内陆咸水湖青海湖而得名，简称“青”。青海省幅员辽阔，土地总面积达 72.12 万平方公里，是仅次于新疆、西藏、内蒙古的面积第四大省级行政区。它的东北面与甘肃接壤，南面与西藏、北面与新疆为邻，而东南面则与四川毗邻。同时，青海省又是一个汉族与少数民族杂处聚居的省份，主要的少数民族有藏族、蒙古族、回族、撒拉族、土族。据全国第六次人口普查报告显示，全省现有 5 626 722 人，其中少数民族人口占全省总人口的 46.98%。在青海这片神奇的土地上，挺拔的雪峰、星罗棋布的湖泊、如茵的草原、纵横交错的江河溪流、广袤无垠的大漠，共同编织出独具神韵的高原景观。除了雄奇瑰丽的自然风光，它的人文历史也同样多彩多姿，而在这绚丽珍贵的遗产中蕴含着的许多鲜为人知的、珍贵的语言资源，目前更是引起了国内外语言学界的高度关注。

一、先秦时期

青藏高原是中华文明的发祥地之一。从考古发现来看，早在 3 万年前的旧石器时代晚期，青海的先民就在这片广袤的土地上繁衍生息，进入新石器时代以后，这里出现了灿烂的马家窑文化。今天看来，在如此偏远且平均海拔近 3000 米的地方，远古的先民竟然创造出如此灿烂的文化简直不可思议，有专家甚至认为它可以与埃及的金字塔相媲美，是世界的“绝版”。青海境内马家窑文化的遗存很多，已挖掘的主要遗址就有近千处。“1973 年，在青海省大通县上孙家寨出土的舞蹈纹彩陶盆，高 14.1 厘米，口径 29 厘米，系马家窑文化的珍宝。从 1974 年到 1981 年，在青海乐都县高庙镇东面两公里处的柳湾村的山坡上，近 2 千座墓葬和近 4 万件文物惊现于世，其中彩陶 2 万余件，最多的一个墓葬竟出土了陶器 91 件。这是中国目前发现的最大的一个原始氏族公社公共墓地。值得重视的是，柳湾墓地马厂彩陶不但以数量和花纹著称，而且一部分彩陶壶的腹下部，绘有各种不同的符号。这些符号是陶器制造者的记号？是代表氏族的徽号？还是我国最原始的古文字？对于这些内容的探讨，将为研究彩陶王国增添新的课题。”①

据历史文献记载，我国古羌族与华夏族差不多同时形成，羌文化是和华夏文化同样古老的文化。先秦时期羌人主要分布在中国西部，青海地区属于羌戎之地，正是古羌人聚居的中心地区。所谓“羌戎”，实际是对当时生活在青藏高原的众多部族的统称，这些部族在早期没有一个统一的政权，而青海境内发现的卡约文化、辛店文化、诺木洪文化一般被看作是羌人的早期文化。春秋战国时期，青海羌族各部落逐渐统一，并迅速发展，他们占据了以青海为中心的广大地区，历史上称为“西羌”，这时候的羌族主要过着逐水草而居的游牧生活。据东汉范晔的《后汉书·西羌传》记载，在羌人的发展壮大过程中，远在先秦时，青海历史上就出现了第一位有史书记载的英雄人物——无弋爰剑。

“羌无弋爰剑者，秦厉公时为秦所拘执，以为奴隶。不知爰

① 百度百科．柳湾彩陶博物馆．http：//baike.baidu.com/view/950643.

剑何戎之别也。后得亡归，而秦人追之急，藏于岩穴中得免。羌人云爰剑初藏穴中，秦人焚之，有景象如虎，为其蔽火，得以不死。既出，又与劓女遇于野，遂成夫妇。女耻其状，被发覆面，羌人因以为俗，遂俱亡入三河间。诸羌见爰剑被焚不死，怪其神，共畏事之，推以为豪，河湟间少五谷，多禽兽，以射猎为事，爰剑教之田畜，遂见敬信，庐落种人依之者日益众。羌人谓奴为无弋，以爰剑尝为奴隶，故因名之。其后世世为豪。"①

无弋爰剑是羌人的部族首领，在与秦人作战中被俘，并沦为奴隶，后来伺机逃脱，西行至三河（今黄河、湟水、大通河）交汇地带，被众羌拥戴为大首领。对于无弋爰剑的这种描述记载虽有些神话成分，却更使这位羌族首领蒙上了浓厚的神秘色彩。无弋爰剑带领众羌发奋图强，他把从秦地学到的农牧业技术传授给大家，积极发展生产。随后他统一羌族部落，羌人势力得到了空前的强大。爰剑后世子孙继承祖业，到汉代，羌已发展到有大小150个部落。

二、两汉时期

西汉初，汉王朝因经过长期战乱，经济凋敝，国力贫弱。为缓和阶级矛盾和民族矛盾，从汉高祖到文景之时都实行对内休养生息、对外和亲的政策。然而此时北方匈奴势力空前强大，频繁袭扰汉王朝边境，对汉王朝形成夹击之势。匈奴挟制羌人臣服于己，并联络和怂恿羌人首领，从西边侵扰汉朝边地。匈奴与羌人遥相呼应，形成对汉朝的半包围，经常发动以掠夺奴隶和财富为目的的战争。青海羌人和西域羌人一时成为匈奴进攻汉朝的左膀右臂，成为匈奴人力物力的重要补给源，特别是青海羌人，成为匈奴侵扰陇西的重要臂助。西北边疆形势严峻，匈奴成为西汉王

① 〔东汉〕范晔《后汉书》卷七十七，中华书局1965年版。

朝最大的祸患。

西汉王朝经过七八十年的休养生息，社会经济得到迅速恢复和快速发展。到汉武帝时，中央集权得以加强，国力日渐强盛，初步具备了解除边境威胁的能力。于是开始了“征伐四夷，开地广境，北却匈奴，西逐诸羌”① 的战略行动。汉武帝元狩二年（公元前 121 年），为打通汉朝与西域诸国的交通，击退雄踞在祁连山一带的匈奴，骠骑大将军霍去病出兵西北，在河西走廊设置武威等四郡。然而不久，因居住在河湟的羌人与匈奴勾结滋事，汉朝政府实行镇压，军队遂进入青海东部的湟水流域。击溃羌人众部后，汉王朝在今西宁市的位置建立了军事机构西平亭，这是历史记载中汉人进入青海的开端，也是青海省省会西宁市在历史上的最早建制记录。汉宣帝神爵元年（公元前 61 年），大将赵充国率 6 万大军进军湟中。在平息羌乱后，为保证西部边境长治久安，他向朝廷提出了“罢兵屯田”的建议，并受命在河湟屯兵屯田，设临羌（今湟中县通海镇）、破羌（今乐都县老鸦城）、安夷（今平安县平安镇）三县。赵充国把内地先进的生产工具和生产技术传播到河湟地区，开垦了大量荒地，并大力兴修水利和交通，大大提高了这一地区的生产力水平。同时，屯田军民与羌人交错杂处，促进了民族间经济文化的交流与发展。随着汉军的屯田和行政建制的设立，青海东部逐渐形成了一个汉文化圈以及汉文化与周边少数民族文化相互交融的新格局，但此时青海西部仍是羌人游牧区。

西汉末年，王莽在青海湖的北边设置西海郡，并凿立“虎符石匮”，首次将青海纳入中央王朝的版图。东汉建安年间，以西平为郡治，正式设置西平郡，从此西宁成为青海政治、经济、文化的中心。

---

① 〔东汉〕范晔《后汉书》卷七十七，中华书局 1965 年版。

三、魏晋时期

公元3世纪初，东汉王朝崩溃，形成魏、蜀、吴三国鼎立的局面。此时，甘青河湟地区的一些地方豪强和羌人酋豪企图乘机建立割据政权，而蜀汉丞相诸葛亮在出祁山北伐曹魏的同时，利用马超、姜维等与羌人的关系，多次遣军出松州开辟西线战场，河湟地区遂成魏蜀双方争夺的要地，魏蜀因此发动了长达数年的争夺和经营羌地的战争。“蜀汉建兴八年（230年），凉州刺史魏延率部进入羌中，与曹魏雍州刺史郭淮展开争夺甘肃南部和青海黄南地区的战争。延熙六年（243年），蜀以镇西大将军姜维领凉州刺史，与郭淮和夏侯霸大战于洮水之西，得甘青交界地区。与此同时，河湟羌人各部相结叛魏，响应蜀军。羌酋蛾遮塞在今青海民和县以南以西的黄河两岸，沿河设防，抗拒魏军，结果被郭淮所败。匈奴首领治无戴率部在龙夷城（今青海海晏县境）抗击魏军，亦遭失败，后随姜维入川。延熙十二年（249年），姜维再攻西平，不克而退。延熙十七年（254年），蜀军攻占狄道（今甘肃临洮县）、临洮（今甘肃岷县）、河关（辖今青海贵德、循化县），迁其民户入蜀。此后，双方又多次战于洮河之西。魏、蜀争夺河湟地区的战争，前后持续了25年，直至蜀汉灭亡。自此，羌人与匈奴人的反抗遂弱，曹魏在青海东部地区的统治进入相对稳定的时期。”①

汉魏以来，北方周边各族纷纷内迁，导致魏晋南北朝时期民族大融合高潮的兴起。公元4世纪初至5世纪30年代，我国历史进入了分裂割据的东晋十六国时期。在北方，匈奴、羯、鲜卑、氐、羌（即所谓“五胡”）等少数民族及汉族先后建立了二十多个政权，最主要的有十六国，其中，先后统治青海或在青海展开

① 青海百科·昆仑在线（http：//qhbk. qhkunlun. com/index. php? edition—vi）。

角逐的政权有前凉、前秦、后凉、后秦、南凉、西秦、北凉以及吐谷浑等。

西晋末年，鲜卑族的吐谷浑部迁牧甘肃南部和青海，东晋时以青海南部为中心，建立了吐谷浑王国，并逐渐向青海全境扩展，其首都也从涨川（今甘肃甘南）先后迁到莫贺川（今青海贵南穆桂滩）、伏罗川（今青海共和），最后迁到伏俟城（今青海湖西岸）。吐谷浑在青海立国长达 350 年，羌人等基本上被同化，形成了具有地方特色的吐谷浑鲜卑融合体，从而也使本地区固有的氏族社会进入了封建社会，而青海的这一时期也就被称作鲜卑文化时期，并延续到唐朝初年。

南凉是鲜卑秃发氏在青海境内建立的政权，虽只经历了三主十八年，但其在文化教育领域的突出成绩在青海历史上产生的影响却是深远的。南凉政权创建者秃发乌孤，据《晋书·秃发乌孤载记》所说："秃发乌孤，河西鲜卑人也。其先与后魏同出。八世祖匹孤率其部自塞北迁于河西。"秃发乌孤一方面"务农桑"，注意发展生产，另一方面向南发展，即由广武向湟水流域拓展。正当南凉国势日趋上升之时，乌孤因酒后骑马坠伤而亡。临终时，乌孤看到河西大乱，世子羌奴年幼，难当重任，因此让秃发利鹿孤继位。利鹿孤继位后，他对内继续进行政权建设，对外审时度势，利用矛盾，不断打击后凉，而对北凉、西凉和西秦、后秦等政权，采取了不同的对策，从而使南凉政权得以保持乌孤以来的发展势头。利鹿孤还十分重视南凉文化教育事业的发展，他以儒家文化教育子弟，对于外来的佛教，秃发氏也十分重视。隆安五年（401 年）十一月，高僧昙霍从河南来到西平后，大搞传教活动，以致南凉境内出现了"事佛者甚众"的场面。佛教在南凉传播，也是和南凉统治者的扶持分不开的。利鹿孤之弟檀不仅自己受昙霍的影响皈依了佛教，还在继位之后，让昙霍参加到南凉的政权中来，为自己出谋划策。

在南北朝对峙时期，被称为"荒服之国"的吐谷浑，力求与南朝修好，与北朝相安。他们利用矛盾，巧妙周旋，主动与南北朝进行频繁的往来，既保存了自己的实力，又吸收了先进的文化，既发展了社会经济，增强了国力，又促进了民族融合的步伐，对我国整个历史的发展产生了积极影响。其间，东魏的广乐公主、隋朝的光化公主以及后来唐朝的弘化公主先后嫁给青海吐谷浑国王。隋文帝统一中原后，准备统一吐谷浑。开皇初，大将军元谐率军数万西进青海湖，大败吐谷浑。大业五年（609 年），隋炀帝西巡至青海东部，大宴于金山（今青海大通娘娘山），布置兵力，于覆袁川（今青海门源境内）大破吐谷浑，进而攻破伏俟城，吐谷浑退至青海西南。这是吐谷浑政权第一次遭受毁灭性打击，也是历代皇帝唯一到过青海的一次大事件，因此在历史上颇有影响。

四、唐宋元时期

唐代初年，吐蕃政权在西藏崛起，并逐渐向青海方向扩展，吐谷浑迭遭打击。唐高宗龙朔三年（663 年），吐蕃大相禄东赞一举攻占青海全境，吐谷浑亡国。后来唐朝大将薛仁贵率军十万，与禄东赞决战于青海湖之南，试图帮助恢复吐谷浑国，结果全军覆没。薛仁贵征西以及兵败青海的历史故事在青海地区广为流传，许多当地的民间曲艺以此作为主要的创作题材。唐朝先后在青海东部设鄯州、廓州及河源军、积石军等建制，唐军以此为依托，在青海湖一带与吐蕃展开了长期的拉锯战。“安史之乱”后，唐军东撤，吐蕃彻底控制了青海全境。这一期间是唐蕃文化相互碰撞的时期，同时也是唐蕃文化相互交融的时期。唐贞观十五年（641 年），唐太宗以宗室女文成公主嫁予吐蕃赞普松赞干布，和亲队伍经青海的湟水流域、日月山、海南、玉树草原入藏，开辟了唐蕃古道的友谊之桥，留下了许多在汉藏人民中广为流传的美丽动人的故事。唐中宗时，金城公主嫁往西藏，也途经青海，朝廷还把黄河九曲之地（今青海海南、黄南黄河两岸）作为嫁妆划给吐蕃，算作“公主沐浴之地”。

北宋初年，吐蕃在青海的地方政权唃厮啰形成。由于复杂的历史原因和独特的地理因素，唃厮啰在文化上具有很强的开放性和兼容性。它的首都青唐城（今西宁市）是当时中西文化、经济交流的中心，声誉远及中原和西亚。其间，宋朝军队数次攻进青海东部，先后设鄯州、湟州、廓州等。宋徽宗崇宁三年（1104年）秋，宋军攻入青唐城，以青唐城为州制而设西宁州，这就是青海省会“西宁”一名的由来。

南宋时期，金、西夏、蒙古等先后占领青海地区，自成吉思汗于公元1227年攻占西宁后，青海全境完全纳入元朝版图。元王朝派西平王等诸王镇守西宁等地，并把青海西部原归属于吐蕃的地区让宣慰使司都元帅府予以管理。这时期，回族、撒拉族等进入青海定居，土族也逐步形成，他们与当地的吐蕃（藏族）及蒙古族和睦相处，青海多民族并存格局在元代基本形成。

五、明清时期

明朝建立后，明军随即进入青海，改西宁州为西宁卫，隶属陕西行省，实行土司制度，并在青海草原设安定、阿端、罕东、曲先等“西宁塞外四卫”。朝廷派官员到西宁等地与当地少数民族土官一同治理地方，这对安定地方、促进民族团结、融和民族文化具有积极意义。与此同时，随着较大规模的移民守边屯垦，大批的汉民族再次迁入青海东部从事农业生产劳动。青海地处边卫，文化落后，明初尚无学校设立，至宣德年间经多方奏请才设立西宁卫儒学，此后在西宁、碾伯二地又设立民间自立社学2处，这无疑对本地区恢复传统的汉文化教育产生了积极意义，出现了地方文化在大传统文化扭转影响下的新气象。明时青海曾出现一些著名的边塞诗人，如西宁卫人张问仁。另外，有曾在青海任职的官吏及曾来青海的文人如刘敏宽、龙膺、石贾、万世德及僧人宗油等，也都留下不少描写青海的诗赋。此外，张芝的嘉靖

《西宁卫志》(已佚)和刘敏宽、龙膺纂修的万历《西宁卫志》开创了青海地区编史修志的先河。藏、土、回、蒙古、汉等民族共同创建的寺院建筑与绘画艺术,也都具有相当高的艺术价值,是中华民族宝贵的文化遗产。①

从明代中叶开始,大漠南北的蒙古诸部中的一些部众先后徙牧青海湖地区,并不时与明朝军队发生武装冲突。明末,新疆的和硕蒙古首领顾实汗应藏传佛教格鲁派的邀请进入青海牧区,取代了原来游牧在这里并反对格鲁派的却图汗部众,进而征服了青海南部藏族各部,统治青海所有牧区,这是现在青海西北蒙古族的由来。

明末,李自成农民起义军曾攻占西宁,结束了明王朝对青海的统治。但为时不久,清军进入河湟地区。顺治、康熙时期,青海东部的行政建制基本上沿袭明朝,康熙后期,西宁卫因西北的行省建制改变而归甘肃行省管辖。雍正初年,青海蒙古族首领罗卜藏丹津举兵反清,清政府派抚远大将军年羹尧、奋威将军岳钟琪率军平叛,历时一年多才平息叛乱,这是青海地方史上影响深远的一次大事件。战后,清廷对青海的行政管理做了较大调整,到乾隆时完善定型:在青海东部设西宁府,下辖四县三厅,管理东部农业区;西部设青海办事大臣予以管理,办事大臣驻地后移西宁,故又称“西宁办事大臣”;把青海蒙古族划为29旗,由札萨克(即旗长)统领,各旗定期会盟,盟长由清政府指定;牧区藏族部落则设千户、百户统领。藏族居黄河以南,蒙古族居黄河以北,分而治之,统归西宁办事大臣管辖。

清代300年,尤其清代中期,青海地区整体上讲相对稳定,因此经济文化发展较快,各民族文化在相互影响和交融中形成了新的特色,但其中某些时期也因为战乱,如蒙古族罗卜藏丹津、

---

① 新华网.青海频道.明代的青海(http://www.qh.xinhuanet.com/2006—05/25/conten)。

撒拉族苏四十三、回族马桂源等先后领导的反清斗争和清王朝的镇压运动等，一定程度上破坏了地方经济的正常发展，影响了各民族文化的均衡发展。

六、民国至今

1912 年，马麒任镇守西宁等处总兵官，两年后任青海蒙番宣慰使兼甘边宁海镇守使，掌握了青海军政大权，从此势力逐渐扩大。马麒、马步芳父子统治青海近 40 年。

1929 年春，青海正式建省，由冯玉祥部孙连仲任主席，马麒为建设厅厅长。次年，蒋冯阎中原大战爆发，孙连仲部东下，马麒接任省政府主席。1931 年夏，马麒病死，其弟马麟代理其职。马家军阀统治青海期间，横征暴敛，人民生活极其贫困，城乡到处怨声载道，但是由于整个时代风气所至，现代文化源源不断传入青海，有力地荡涤着偏远落后的青海社会，冲击着传统文化，陋习旧俗也时有革新。马步芳虽为反动军阀，尤其在血腥镇压中国工农红军四方面军上，犯下了滔天罪行，然而，他在发展教育、保护生态环境、植树造林方面还是做过些有益的事。

1949 年 8 月下旬，“青海王”马步芳在军事惨败和民众诅咒声中仓皇出逃，9 月 5 日，人民解放军进入西宁，成立军事管制委员会，青海全境得到解放。1950 年元月，青海省人民政府正式成立，青海历史翻开了崭新的一页。

中华人民共和国成立以来，特别是改革开放以来，青海地区在各方面都取得了巨大成就，城乡面貌日新月异，农牧业生产有了很大发展，各民族人民生活有了极大改善。现代工业与教育、文化、交通、医疗、通讯、贸易等方面的繁荣发展，有力地改善了生产力条件，更新了人民的思想观念，现代文化不断赋予传统文化以新的内涵，适应了时代的发展与要求。

目前，青海省辖有两市六州，分别为省会西宁、海东市和海南、海北、海西、黄南、玉树、果洛六个民族自治州。

第二节　青海世居民族及其语言特点

一、青海世居民族及分布状况

青海历来是一个多民族生息、繁衍、活动的地区，有史以来，就有氐、羌、小月氏、西秦乞伏、南凉秃发、宕昌、吐蕃、唃厮啰等古代政权。宋、元、明、清之际，藏、回、土、撒拉、蒙古等民族或繁荣兴起，或融合而成，或迁移而居，历经千百年，最终形成今日青海世居少数民族。青海汉族的来源，有史记载的要追溯到西汉时期的屯兵屯田，以后又经过了隋唐、明清等几次大的移民，这就是今天青海世居汉族的由来。青海是我国藏族、回族、蒙古族主要分布地区之一，而土族、撒拉族是青海特有的两个民族。少数民族聚居区占全省总面积的98%。据2010年的人口统计资料显示，全省常住人口为5 626 722人，少数民族人口为2 643 206人，其中藏族1 375 062，占24.44%；回族834 298，占14.83%；土族204 413，占3.63%；撒拉族107 089，占1.90%；蒙古族99 815，占1.77%。另有其他少数民族22 529人，占0.40%。

1. 藏族

藏族在青海是一个有着悠久历史的民族，青海藏族是在长期历史发展中由吐蕃吸收青藏高原各民族逐渐发展形成的。唐代时，西藏的吐蕃大军征服青海，大批的吐蕃人随之迁入青海地区，从事农牧业生产活动。居住在青海当地的羌人、鲜卑族的吐谷浑人、汉人、温末人与吐蕃人长期交往，这些人中的大部分逐渐汇入吐蕃人中，形成了具有青海地方特色的藏族。北宋年间，他们在以河湟为中心的广大地区建立了唃厮啰政权，与宋王朝关系密切，经济文化发达。明代以后，这些吐蕃人被称作“西番”，民国时开始被称作“藏族”。藏族是青海的主体民族之一，主要分布在青海的六州牧区，在青海河湟农业区也分布十分广泛，分布地区占全省总面积的90%。在青海河湟农业区生活的藏族过着半农半牧的生活或完全过着农耕生活，由于他们长期与汉族和其他民族杂居生活，生活方式发生了一些变化，服饰也为方便耕作而设计，他们中的许多人逐渐放弃使用母语藏语而讲汉话，人们一般把这些藏族称作“假西番”。笔者年幼时曾与他们生活在同一地方，他们也自称为“假西番”，我原以为是真假的假。实际上，在藏语中把汉人称作“嘉”（音译），“假西番”应作“嘉西番”解，意为“汉化了的藏族”。

青海是藏传佛教的发祥地之一，藏族全民信仰藏传佛教。元明以来，青海地区出现了大批佛教寺院，有享誉世界的黄教圣地——塔尔寺，还有结古寺、拉加寺、隆务寺、宏化寺等，这些重要的寺院成为了藏民族精神文化的中心，涌现出了宗喀巴、五世达赖喇嘛、十世班禅等一些宗教文化名人。由于藏族人民虔诚地信奉藏传佛教，其日常生活也深深受到藏传佛教的影响，形成了以藏传佛教为主导的、富有鲜明特色的藏族文化圈。

青海藏族热情奔放、能歌善舞，拥有丰富的文学体裁，诸如神话、传说、戏曲、民歌等，它们不仅形式多样，而且内涵丰富。藏族史诗《格萨尔王传》被誉为“东方的荷马史诗”。

2. 土族

土族是世居青海的民族之一，也是青海特有的民族。过去的史书上称为“西宁土人”，汉族称“土民”“土达”“土人”，藏族人将其称之为“霍尔”“克尔伦”“达勒达”“白达番”，土族自称为“土昆”“吐护家”“蒙古尔”“察罕蒙古尔”等，1952年定名为“土族”。他们主要分布在东部农业区的互助、民和、大通等县和海北的门源县、黄南州的同仁县。青海土族现有人口20多万，主要从事农业生产。

土族的族源问题过去在学术界一直争议较大，一说土族源自吐谷浑。吐谷浑王国在唐高宗时被吐蕃攻灭，大部分吐谷浑人降服吐蕃，一小部分则随吐谷浑王东逃迁入甘肃，还有一部分留在了青海东部的故土，所以有人认为土族就是以留住在青海的这些吐谷浑人为主体，其后又吸收了一些藏、汉、蒙古等民族而逐渐形成的。青海民族大学民族研究所土族历史研究专家李克郁教授等人则通过大量史料，重新认定了土族的族源。他们认为："长期以来，人们对土族历史来源的认识完全处在迷茫恍惚之中，难识其真面目，更有甚者已走入了歧途，他们牵强附会地把土族和吐谷浑拉扯在一起。"① 他们经过重新考证，认为土族由主干和非主干两部分组成，主干是元蒙古皇室亲王系统，非主干是非皇室成员的蒙古人、撒里畏兀人和加入土族的藏、汉和其他少数民族的人。因此有人根据土族族源，把土族看作是蒙古族的分支，这也是不对的，"现今土族的先民们来到河湟流域后，发生了很大的变化，一部分融进汉藏民族中，另外的大部分延续下来，并吸收了一些非蒙古语族的民族作为自己的成员。经过近八百年的发展，已形成一个独立的民族共同体土族"②。本书的目的并不是想讨论和澄清土族的族源问题，但土族作为世居青海的古老民族，长期与世居青海的其他民族密切交往，在文化甚至语言上相互接触影响。土族自身也拥有丰富优秀的传统文化，土族的民间文学十分丰富，民间歌曲种类繁多，"土族风情"流光溢彩，吸引着众多中外游人。

3. 撒拉族

撒拉族也是世居青海的民族之一，和土族同样是青海特有的少数民族。撒拉族主要聚居在循化县，少量分布在化隆县、黄南的同仁县等地，现有人口 10 余万。撒拉族勤劳勇敢，能吃苦，主要从事农业、园艺、商贸等。

撒拉族的先民原来是居住在中亚撒马尔罕一带的撒鲁尔人，

---

① 李克郁、李美玲、李永翎《土族婚丧文化》第 13 页，青海人民出版社 2003 年版。

② 同上。

是突厥乌古斯部的一支。元朝初年，在其首领尕勒莽兄弟的带领下，经新疆、河西走廊辗转迁徙至青海省循化县境内。关于这一迁徙民间流传着美丽动人的传说："从前，撒马尔罕地方，有尕勒莽、阿合莽兄弟二人，在伊斯兰教中颇有声望，遭到统治者的忌恨。为躲避迫害，兄弟二人率 18 个族人，牵一峰白骆驼，驮着故乡的水土和《古兰经》，离开撒马尔罕东行，寻找安身之所，出发后，又有 45 个同情者随后跟来。尕勒莽一行人经天山北路进入嘉峪关，辗转来到甘南夏河县的甘家滩。随后跟来的那 45 人，则经天山南路进入青海地区，历尽千辛万苦，来到名叫圆珠沟的地方（现属共和县），有 10 人因不堪跋涉留在当地，其余人在甘家滩与尕勒莽等相遇。他们牵着骆驼继续前进，经过循化的夕厂沟，越过孟达山，登上孟土斯山。一天，在暮色茫茫中走失了骆驼，他们点起火来回寻找，后来便称这个山坡为'奥特贝那赫坡'，意即火坡，称山下的村子为'奥特贝那赫村'，意即火村。后来找到今循化县街子以东的沙子坡地方，因正值破晓，遂称沙子坡为'唐古堤'，意即天亮了。在黎明中，他们远望街子一带土地平坦，河流纵横，认为可以定居。他们下山后发现一眼清泉，走失的骆驼正在泉边休息。众人喜出望外，试量了当地的水土，恰和所带来的水土一样，便决定住下来。"①

撒拉族的这一传说有着浓郁的神话色彩，但从侧面反映了撒拉族先民们东迁的历史。根据传说和文字史料记载，撒拉族初到循化时，人数在百到千人之间，为了保障族人的繁衍生息，他们在坚守自己伊斯兰教信仰的前提下，同周围藏族建立了通婚关系。后来，因为宗教信仰的一致，撒拉族又多与回族通婚联姻，回族成为撒拉族吸收新成分的重要来源。因为撒拉族深受伊斯兰文化的影响，在社会生活等方面与回族等穆斯林民族有着极大的

---

① 崔永红等《青海通史》第 273、274 页，青海人民出版社 1999 年版。

相似性，又因为与藏族等民族交往密切，在许多习俗上也存在着相同点。撒拉族在文学艺术方面以口承文学为主，种类丰富，艺术价值颇高，神话传说、故事、民歌、宴席曲等，在民众中广为流传，深受欢迎。

4. 蒙古族

蒙古族在青海的历史状况较为复杂。据史料记载，早在南宋末年，蒙古人便进入到河湟地区。元统治时期，有更多的蒙古族在青海戍守定居或游牧。明朝初年，明军进入青海，居住青海的大部分蒙古人撤回到蒙古草原，而有些已从事农业生产的蒙古人则留在了青海，他们的首领被明王朝封为“土官”，与朝廷一起治理地方，当国家有战事时还带兵出征。明代中叶开始，蒙古草原的一些部众几进几出青海湖地区。至明朝末年，新疆天山的和硕特蒙古人入居青海，并在青海稳定下来，这部分蒙古人在清雍正年间被收为内蕃的青海二十九族蒙古，是青海世居蒙古族的主体。

蒙古族主要聚居在青海海西州和海北、黄南州的部分地区，从事农牧业生产。蒙古族信奉藏传佛教，青海作为藏传佛教格鲁派的发祥地，青海的蒙古族在藏传佛教格鲁派的发展壮大中曾起到过重要作用。由于青海的蒙古族与藏族在宗教信仰上的一致，而且长期以来，蒙古族与藏族和谐相处，相互影响，在社会生活和生活习俗上形成了与其他地区蒙古族迥异的特点。蒙古族的民间文学与藏族的民间文学有较大的互融性，在民间故事、传说、谚语、格言、民歌、英雄史诗等方面内容丰富、形式多样，颇具地方特色。

5. 回族

回族是世居青海的民族之一。主要分布在省会西宁和东部农业地区，以及青海的广大地区。同回族在全国各地分布的特点一样，回族在青海也呈现出“大分散小集中”的特点。“青海回族是在中国封建社会里，以伊斯兰教信仰为纽带，经过国内国外众多穆斯林与非穆斯林民族数百年迁徙定居、繁衍生息、融汇组合，于元末明初形成的。”① 青海回族的早期先民是由阿拉伯、波斯等伊斯兰教国家的兵员于青藏高原安家定居而形成的。据汉文史料《旧唐书》《新唐书》《资治通鉴》《册府元龟》，藏文史料《敦煌吐蕃历史文书》《白史》和藏文史诗《格萨尔》，国外阿拉伯文、波斯文史料记载，当时在亚洲地区先后崛起了大唐、大食和吐蕃三大强国。他们围绕中国西部、中亚东部展开了扩大疆域的角逐，时而唐朝和大食联兵对付吐蕃，时而吐蕃和大食联兵对付唐朝，时而唐朝和吐蕃联兵对付大食，或者互相借兵对付本国的反叛势力。在青藏高原广大地域内既有大食的驻守部队，也有被俘人员和伤病或流散人员，其中有一部分人在青海地区定居下来，成家立业，繁衍子孙。由于三大强国在我国西部逐鹿，战事频繁，丝绸之路和唐蕃古道时通时断，阿拉伯、波斯等穆斯林国家的使节、随从人员和商队长期滞留青海等地，为了生计，也必然置产成家，成为当地居民。穆斯林各族有一条不成文的规定：女子一般不外嫁，要娶穆斯林女子的男人必须改信伊斯兰教；穆斯林男子与其他信仰女子结婚，是以女子改信伊斯兰教为前提的。当时的军人、使节、随从人员和商人肯定都是男性，和当地女子结婚，无形中传播了伊斯兰教。所以，以上人员在青海的扎根，就是伊斯兰教在青海的扎根和传播。他们及其后裔，经过定居、成家，由外籍转化为中国公民后，就成为青海地区最早的穆斯林，也是青海地区最早的回族先民。

青海回族先民大批入居是在宋末元初。13 世纪，蒙古族西征，先后征服了中亚穆斯林各国，被征服的各国青壮年组成“回回军”进入中土。公元 1227 年春，成吉思汗亲率大军占领青海广大地区，并把水草丰美、草原辽阔的青海作为进军中原的根据

① 孙滔《青海回族源流考》，《回族研究》1999 年第 4 期。

地，派蒙古军和“回回军”在这里屯聚牧养。元朝建立后，先后派蒙古宗室西平王系、安西王系、西宁王系等部驻屯青海。这三个王系从始封人开始都是蒙古族中的穆斯林，其部众共60万人（包括奥鲁军，即随军家属屯牧部队），常年驻守青海的约30万众，多为“回回军”和信仰伊斯兰教的蒙古军，还有一部分红袄军（山东反金农民起义军，后归顺蒙古，编入探马赤军中）逐步融合到蒙古军和“回回军”中，并通过信仰伊斯兰教或者和奥鲁军以及当地各族居民通婚而成为青海回族先民的一部分。这一时期，由于国门大开，出入自由，在丝绸之路和麝香之路上，中亚突厥人、阿拉伯人、波斯人等，或经商、或探亲、或迁徙、或调防，昼夜不停，不绝于途。另据《中亚蒙兀儿史》载，元代唐兀地（今甘、宁、青地区），有一部分藏族改信伊斯兰教，地方史志称为“番回”，联系今天化隆县卡力岗地区还有一部分操藏语、着藏服、保留部分藏族习俗的回族，显然是指这一部分人。随着穆斯林人数的不断增加，嫁给穆斯林男人的非穆斯林妇女越来越多，随夫信仰，为回族先民增加了相当可观的人数。

青海回族先民虽来自不同国度、不同民族，但经过数百年的分化组合，基本实现了中国化、本土化的过程，由客居到世居，元末明初，人口数量已相当可观，且有了相对集中的地域和共同的经济生活，并选择汉语汉文作为主要交际语言文字，以伊斯兰文化为核心而形成了共同的心理素质和风俗习惯，为回族的形成奠定了基础。明代，是青海回族形成以后的全盛时期，其经济、文化、人口都有较大发展。人口的发展除自然增长外，还吸收了很多外来成分。“根据史料家谱和民间传说，从明朝初年开始，国家即采取移民实边政策，从人口较多、土地缺少的江淮、山西等‘狭乡’地区移民到人稀地广的甘青‘宽乡’地区屯田，屯田青海的人中有不少为回族。为了方便宗教生活，他们一般都迁居于回族社区，自然形成一个个回族里甲。”①

6. 汉族

青海汉族的历史源远流长。这里虽为多民族杂居的省份，但汉族仍然是青海世居民族中人口最多的民族。据 2010 年全国第六次人口普查资料显示，青海汉族总人口约 300 万，约占全省人口的 53%。因在下一节“青海汉语方言的形成”中我们要述及青海汉族的来源，在此就不赘述了。

二、各民族语言特点及相互之间的接触与影响

1. 藏语

藏族人民使用藏语，藏语属于汉藏语系藏缅语族藏语支。它的使用人群分布很广，遍及西藏以及青海、四川、云南、甘肃等省的部分地区。青海藏语主要分布在海南、海北、黄南、玉树、果洛等五个藏族自治州，以及海东地区的化隆、循化、乐都、民和、互助、平安县和西宁地区的湟中、湟源、大通县的藏族聚居区。青海藏族除玉树地区的藏族属于康巴藏族，操藏语康巴方言外，其他地区均属于安多藏族，操藏语安多方言。在青海，藏语的使用不限于藏族，与藏族毗邻或杂居的其他民族也有使用或兼用藏语作为交际工具的，例如青海有部分蒙古族使用藏语，还有前文中提及的改信伊斯兰教的藏族（后来也成了回族）他们也依然使用藏语。同样，生活在东部农业区的部分藏族也有丢弃了自己的母语而使用别的民族的语言的（主要是汉语），亦即前文中提到的“嘉西番”（意为汉化了的藏族）。

记录藏语的藏文创制于公元 7 世纪，在全国藏区通用。藏文是一种古老的拼音文字，有 30 个辅音字母和 4 个元音符号。

---

① 喇秉德、马小琴《青海回族史》，民族出版社 2009 年版。

2. 土语

土族有语言而无文字。上世纪七八十年代，曾有青海民族大学的语言学专家学者为土族人民创造了拼音文字，然而，遗憾的是这套文字并未在土乡推广开来。有趣的是，笔者曾经在土乡做调查时看到，有些土乡学校的教师在教学中使用汉文课本，却在用土语授课。土族中凡有文化者均使用汉字，且汉字书法艺术在土乡也有很好的传承，许多土族人家还有贴春联的习俗。

土族的民族语言是土语，属于阿尔泰语系蒙古语族蒙古语支。土语的语词大多与蒙古语相同或相近，较多地保留了蒙古语的古音和古词。由于地域、民族等因素，土语语言内部又分为互助、民和、同仁三个方言区。互助、民和两个方言区人口相对较多，居住也比较集中，其间虽然有一些语音上的差别，但大同小异，是土语的代表。互助土族自治县是我国唯一的土族自治县，土族人口占该县总人口的 17.38%，占全国土族总人口的 32.43%，主要居住在该县的东沟、东山、丹麻、五十、松多、红崖子沟、五峰、东和、台子、嘉定、威远等乡镇。这里的绝大部分土族人懂本民族的语言，但是使用本民族语言的程度并不一样。东沟、丹麻、五十、东山等乡大部分居民是土族，因此本民族语言的使用率很高，约有 80%的土族只使用本民族语言进行交际，其余的人则是土语、汉语兼用。威远、嘉定等乡镇因是汉族、土族杂居地，所以尽管这些土族双语兼通，但只有 40%～60%的土族以土语作为主要的交际工具。而红崖子沟和东和两乡的土族，已完全转用汉语，不懂土语，这部分人约占全县土族总人口的 5%左右。民和回族土族自治县土族分布在全县 22 个乡镇，居住比较分散，但最为集中的地区是官亭、甘沟、前河、中川 4 个乡镇，其中中川土族人口最多，约 2 万人。这 4 个乡镇土族群众中除了个别学龄前儿童和因婚嫁而移入的外地人外，其余都是双语人口，且汉语水平比较高。杏儿、川口、古鄯、满坪、转导、马营等乡镇土族人口都在百人以下，大部分人已经放弃母语选择了汉语。大通回族土族自治县的土族主要分布在该县的逊让、青林、多林、宝库、青山、城关、桥头等乡镇，在全县 4 万多土族群众中用土语能勉强交际的只有很少一部分。

3. 撒拉语

撒拉语是我国独有的一种语言，属于阿尔泰语系突厥语族西匈奴语支乌古斯语组，属黏着语。撒拉语是在古突厥语的基础上，吸收糅合了突厥、阿拉伯、波斯、汉、藏、蒙古等语言成分，经过长期发展演变形成的，具有一些不同于突厥语族其他语言的特点。撒拉语语言内部较一致，没有方言区别。从语音角度来说，撒拉语有 30 个辅音音位、8 个元音音位，元音和谐，重音一般落在词的最后一个音节上，元音的清化现象较为普遍，个别元音有长化现象。语法方面，撒拉语用人称代词来区分单数和复数，形容词比较级是在原级前加副词，动词只有态、时、式的语法范畴，各种构词和构形的附加成分都很丰富，基本语序是“主语一宾语一谓语”，定语和状语都在中心词的前面。从词汇角度而言，撒拉语的词汇与其各亲属语言有大量的同源词，其中的大部分词与突厥语族各语言中的词的读音、意义和用法上大致相同，并且作为最活跃的部分被广泛使用，但是由于撒拉人主要聚居在青海省循化撒拉族自治县，该地区处于汉族、藏族、回族、蒙古族、东乡族、土族、保安族地区包围中，这种特殊的地理环境和族际关系，使撒拉语的词汇中除保留了较多的古代突厥语词和大量的与乌古斯语组土库曼语相同的词外，还有不少汉语、藏语、蒙古语族语言（包括东乡语、保安语、土族语）借词和为数不多的阿拉伯一波斯语借词，其中汉语借词多达 20％以上。撒拉族本族群众交流时大部分以撒拉语作为语言交际工具，但当他们与其他民族交往时则主要以汉语作为语言交际工具。

4. 蒙古语

青海的蒙古族主要居住在海西州的都兰、乌兰、德令哈、格尔木市和黄南州的河南蒙古族自治县，部分蒙古族居住在海北州海晏县的托勒，刚察县的哈尔盖，祁连县的默勒、多隆、野牛沟，门源县的苏吉以及海南州共和县的倒淌河地区，还有小部分人散居在湟源、大通、同德、西宁、互助、乐都、果洛等地。目前，青海使用蒙古语的人口在2000～4000人之间。青海大部分的蒙古族既通蒙古语，又通汉语，而且大部分人还能用藏语进行交流，但生活在青海省河南县的蒙古族大多已经不会使用蒙古语文，取而代之的是使用藏语文，当地蒙古族群众普遍能讲一口纯正流利的安多藏语，藏文已成为河南蒙古族自治县的通用文字，很少有人再懂蒙古语。散居在湟源、大通、西宁、果洛等地的蒙古族也已经转用藏语或汉语。

青海蒙古语属于阿尔泰语系蒙古语族，是现代蒙古语卫拉特方言的一个部分，与以正蓝旗为代表的察哈尔语音为标准音的现代蒙古语基本一致，同时又吸收了大量的汉语、藏语语词，形成了自己的特点。

5. 汉语

青海有74％的人使用的是汉语，不仅汉族使用汉语，部分少数民族也使用汉语。回族没有自己的语言文字，在进行语言交流时就使用汉语，其他少数民族中的干部和年轻人，则大多兼通本民族语言和汉语。省府西宁，绝大部分人都是用普通话，东部农业区的大通、湟源、湟中、乐都、民和、互助、化隆、循化，海南州的共和、贵德，海西州的格尔木、德令哈、乌兰、都兰等城镇，也都使用汉语。

当然，由于青海是一个多民族杂居的地区，因此青海的汉语有着不同于其他地区的一些特点，我们将在本章第三、第四节作专题叙述。

第三节　青海汉语方言的形成①

青海汉语方言是北方方言西北片的重要组成部分，与甘肃、宁夏、陕西方言有许多的共同点。因为青海地处西北，与甘肃、关中地区相毗邻，青海历史上也曾归属于甘肃、陕西，地区间政治、经济、文化等方面交往密切，所以其语言演变的基本走势自然会受到同属于北方方言的甘、陕方言的深刻影响。当然，青海汉语方言在漫长的语言变化历程中形成了自身的特点，这种变化历程是伴随着民族迁徙而逐步形成的。

一、秦汉时期

早在两万多年前，青海就有人类在此繁衍生息，特别是汉语流行区域的东部农业区，远古时代就已经是羌族人的摇篮。进入秦汉时期，这里不仅有羌人，还有小月支，他们在这里共同生活，互通婚姻。汉以后为巩固在河西地区的统治，采取了“移民实边”政策：一边把土著居民羌族人迁到内地，一边把大量汉族人迁入填补。汉武帝元鼎六年（公元前 111 年），西羌人反，汉将军李息和郎中令徐自为击平之，羌人退居青海湖周围，汉政府就移民填补河湟地区。汉宣帝神爵元年（公元前 61 年），羌人再次反叛，汉后将军赵充国率军平叛，在湟中地区推行移民屯田。当时在青海屯田的士卒达“万二百八十一人”，不少的屯田士卒就扎根青海。到汉朝末年，青海汉族人口出现了不断增长的趋

---

① “青海汉语方言”是一个笼统的说法，包括流行在青海境内的各种汉语方言。有人把青海地区的汉语方言分为西宁片、循化片和乐都片，本文所指青海汉语方言不特指某方言片。为了论述方便，本文后面各章节都称作“青海方言”，既包括上述三个方言片，也包括了它们所吸收的各少数民族语言的成分。

势。青海移民的来源与河西四郡基本相同，主要有河内郡、河南郡、东郡、汝南郡、济阴郡等地区，也就是现在的关东地区。他们的语言特点是青海汉语方言形成的早期形态。

二、唐宋时期

唐高宗龙朔三年（663 年），吐蕃王朝一举击败吐谷浑，大批鲜卑人在其国王诺曷钵的带领下逃亡到唐朝凉州（今甘肃武威），后被安置在灵州（今宁夏灵武）。接踵而来的是吐蕃整体部落以军事殖民的方式纷纷进驻青海，聚居在青海湖区和湟中（今青海湟水两岸）一带。唐高宗仪凤二年（677 年）于鄯州西一百二十里鄯城置河源军派兵屯田驻守。

北宋王朝对分布在今甘肃、青海、四川、陕西、宁夏乃至内蒙古等省区的吐蕃部族实行了比较开明务实的亲善政策，从经济、文化及商业贸易等方面加以扶助。北宋时第一任知州赵隆曾由河州招募三万多人到西宁地区佃种官田。据史籍记载，河陇川谷地带的吐蕃部族，基本上从事定居的农业经济，其他宜于放牧的部族地区也是半农半牧，放弃了单一的游牧生活。

三、明清时期

元亡明兴，明王朝吸取历史经验教训，非常重视河湟地区政务。据《西宁卫志》载："甘肃一镇计十五卫所，唯西宁卫六所，惟祖宗之意，盖以西宁控制近番申中等十三族，远番罕东等四卫所，故多设一所，以震压之，视它卫不同也。"明政府在全国普遍实行屯田制，青海河湟地区也是屯田遍布。

《明太祖实录》洪武十年九月丁丑："陕西都指挥使司言，庄浪卫旧军四千，后增新军四千，地狭人众难以屯驻，乞将新军一千人往碾北守御，一千人西宁修城，暇则俱令屯种，止以旧军守御庄浪，诏从之。"

《明太祖实录》永乐九年冬十月辛卯："永乐初，镇守河州都指挥刘昭奏请，全调一所于归德，二百守城，八百屯种。”

《西宁府新志》载：“洪武十二年（1379 年）贵德城筑成后，因贵德番多民少，拔河州民户 48 户于贵德，给予田亩，不纳粮，以守城责。”

明初到河湟的移民是非常可观的。按明制，1000 户所有军士 1200 名，西宁卫下辖 6000 户所，计 7200 名士兵。《西宁府新志》和《西镇志》都有同样记录：户 7200，德一所有 1200 户。这反映出军户移民河湟的就有 8400 户，若加之民户 48 户，则共多达 8448 户。

明中后期不仅军人的数量大增，还有大量的农民流入河湟谷地，这一部分人的迁移虽然没有具体时间、人数的记载，但从一些其他的史籍记载中可以得到印证。据《明孝宗弘治实录》载：“西宁一卫田土肥饶人力颇盛，刍粟无转输之难，加以各处流民久住成业，多为势家影射，在官不得其崩。”《明史·李英传》中也有这样的叙述：“李英招逋流民七百多家被言官所弹劾，西宁兵备副使董汝汉在万历七年开荒数百顷，招抚流移百千余家。”可见，明中后期，有大量的流民迁入河湟。贵德自明初移民守城后，也有许多人口陆续迁入。《明史·西域传》：“正德四年，蒙古部酋亦不剌、阿尔秃厮获罪其主，拥众西奔。瞰知青海饶富，袭而据之，大肆焚掠。蕃人失其地，多远徙。其留者不能自存，反为所役属；自是甘州、西宁始有海寇之患。”青海湖当地蕃部又谓之“西海”，把入侵青海湖区的蒙古鞑靼部谓之“海部”或“海寇”。鞑靼部酋亦不剌极端残暴，他不但把吐蕃人 800 余年苦心经营的青海湖湖区的繁荣付之一炬，而且还以青海湖湖区为据点纵掠邻境。

总之，汉族早在西汉时期就已从江苏、山西、陕西、甘肃等地陆续迁入青海，他们在这里繁衍生息的时候，把自己所在地的方言加上中原官话也带到了这里，这些汉话在与青海当地土著居民（包括羌人、吐蕃人、蒙古人、撒拉人等）的多民族语言接触后，形成了独特的青海汉语方言。这种汉语方言为了交际、交流的需要，在词汇上加进了许多民族语言的借词，还保留了大量的古代汉语语词；在语法结构上存在着许多跟民族语言相同的倒装句和虚词，但同时青海汉语方言又深深地打上了中原官话西移的烙印；在语音上也有诸多不同于其他方言的特点。

第四节　青海汉语方言的特点

一、青海汉语方言语音系统

青海是一个多民族杂居地，受其他少数民族语言以及移民等因素的影响，青海汉语方言内部较为复杂，总体上可分为西宁片、乐都片和循化片三个语言片区。三个片区的方言相互有交叉，同时又各具特色。

1. 西宁片

据《青海省志·方言志》① 记载，西宁片包括西宁、平安、湟中、湟源、互助、贵德、化隆、门源等几个地区的汉语，这些地方的汉语声调分为阴平、阳平、上声和去声四个，一共有 23 个声母（含零声母）、30 个韵母。

从声调来看，虽然也是四个声调，但调值与普通话并不相同。西宁话中的阴平为 44 调，阳平为 24 调，上声为 53 调，去声是 213 调。西宁方言的连读变调，一般是遵循前高后低、前低后高的变调规律进行。

除零声母外，22 个声母是 [p]、[pʻ]、[m]、[f]、[t]、[tʻ]、[n]、[l]、[ts]、[tsʻ]、[s]、[tʂ]、[tʂʻ]、[ʂ]、[ʐ]、[tɕ]、[tɕʻ]、[ȵ]、[ɕ]、[k]、[kʻ]、[x]。与普通话一样，中古时期的“精清

① 青海地方志办公室编《青海省志·方言志》，青海人民出版社 1999 年版。

从心邪”五母和中古“见溪群晓匣”五母在今细音前同音；普通话［ʦ］组字与合口呼［u］韵母相拼时，西宁方言读为［ʨ］拼［y］；普通话［t］、［tʻ］逢齐齿呼的字，青海方言西宁话、湟源话读为［ʦ］、［ʦʻ］，拼舌尖前元音［ɿ］；普通话［ʂ］、［ʐ］逢合口呼的字，西宁话、湟源话都读为发［fv］、［v］；普通话读零声母的字，西宁方言读为［ʅ̥］。

从韵母来看，西宁方言韵母总数比普通话少，普通话有 39 个韵母，西宁话一般只有 30 个：［ɿ］、［ʅ］、［j］、［v］、［y］、［i］、［u］、［yu］、［a］、［ia］、［ua］、［ɔ］、［iɔ］、［ɛ］、［uɛ］、［ɯ］、［iɯ］、［ɨ］、［uɨ］、［ã］、［iã］、［uã］、［yã］、［ɔ̄］、［iɔ̄］、［uɔ̄］、［ə̄］、［iə̄］、［uə̄］、［yə̄］。西宁方言蒸、臻不分，也就是说普通话的［ən］、［n］、［uən］、［yn］和［əŋ］、［iŋ］、［uəŋ］、［yŋ］在西宁话中合流为［ə］、［iə］、［uə］、［yə］。西宁方言中单韵母比较多，普通话是复韵母的字，西宁话均读为单韵母。此外，西宁话中鼻化韵母比较多，还有不少声化韵母。西宁话没有单元音 er，发“而”“二”等音节常读为［æ］。

2. 乐都片

乐都位于青海省的东部农业区，处于青海民和、化隆、互助、平安以及甘肃省的永登、天祝合围之中，境内杂居着汉、藏、回、土、蒙古等少数民族。独特的地理位置、社会环境导致了这里不同的方言特征。乐都音系包括乐都和民和这两个语音系统，两地音系小有差异，但大致相同。

从声调来看，乐都话单字调平声不分阴阳，只有平声、上声和去声三个声调。乐都话两个音节组成的词，如果后一字是上声或者是去声，常常要变为高平调。

从声母来看，乐都话比普通话多了［v］、［ʅ̥］、［z］三个声母。乐都话中没有舌面音［ʨ］、［ʨʻ］、［ɕ］，他们把普通话中读舌面音的字一律读为舌尖前音［ʦ］、［ʦʻɿ］、［sɿ］，如把“鸡”读成“资”，把“西”读成“丝”。另外，乐都人把声母［pʻ］、［p］、

[m]、[f] 读成 [pə]、[p'ə]、[mə]、[fə]。与西宁话相同的是，普通话 [t]、[t'] 逢齐齿呼的字，乐都话也读为 [ʦ]、[ʦ']。

从韵母来看，乐都话没有后鼻韵母 [iŋ]、[ueŋ]、[ioŋ]、[eŋ]，总是把这几个音发成前鼻音；乐都话中没有卷舌音 er，没有儿化音，把“儿子”读成 [ê] [ʦ]。

3. 循化片

循化撒拉族自治县位于青海省东部，东与甘肃省积石山保安族东乡族撒拉族自治县和甘肃省临夏县接壤，南临甘肃省夏河县和青海省同仁县，西靠尖扎县，北同青海省化隆回族自治县和民和回族土族自治县为邻，是撒拉族主要聚居地区。撒拉族有自己的民族语，但没有本民族文字，广大群众一直使用汉字作为书面交流工具。正因如此，这里的汉语在语音上有其独特之处。古时候，这里属于和州地区，这里的汉族自称所讲的话为和州话，这种话属于西北方言的甘肃临夏话。青海黄南藏族自治州的同仁、尖扎，以及海南藏族自治州的贵德土话也属于循化方言片。

从声调上看，循化话只有三个声调（单字调），平声不分阴阳，一律读成平声调，另有上声和去声两个声调。

从声母来看，普通话的 21 个辅音声母和零声母在循化话中大部分都能相互对应，但发音并不完全一致。另外，循化话比普通话多了两个声母，一个是 [v] 母，一个是 [ŋ] 母。[ŋ] 母是循化方言中独有的，普通话和其他方言区都没有，它的适用范围很小，一是用于第一人称代词“我”，做主语和定语时读成 [ŋɤ]，做宾语时读成 [ŋA]；一是用于开口呼 [ə] 自成音节时，如“哦”“鹅”“饿”等。

从韵母角度来说，循化方言有 31 个韵母，它们是：[ɿ]、[ʅ]、[i]、[u]、[y]、[ər]、[a]、[ia]、[ua]、[ə]、[ie]、[uə]、[ye]、[ɛ]、[uɛ]、[ei]、[uei]、[ɔ]、[iɔ]、[əɯ]、[iəɯ]、[ã]、[iã]、[uã]、[yã]、[ɛ̃]、[iɛ̃]、[uɛ̃]、[yɛ̃]、[aŋ]、[iaŋ]。从这 31 个韵母看出，循化话虽然也有合口呼，但没有普通话的 [uaŋ]

韵。凡是普通话中［uaŋ］自成音节的字，循化话中一律读成了［vaŋ］，而普通话中［uaŋ］母与舌根音［k］、［k‘］、［x］拼出的音节，与舌尖后音［ʈʂ］、［ʈʂ‘］、［ʂ］拼出的音节，在循化话中都读成了［kaŋ］、［k‘aŋ］、［xaŋ］、［ʈʂaŋ］、［ʈʂ‘aŋ］、［ʂaŋ］，如把“光”读为“刚”，把“矿”读成“抗”，把“装”读成“张”，把“窗”读成“昌”。

二、青海汉语方言词汇特点

（一）与其他民族语词汇的融合

青海是一个多民族地区，除汉族外，藏、回、土、蒙古、撒拉都是这里的世居民族。千百年来，他们在这片土地上相互交往，相互融合，不仅把汉语中的一些成分融合到了自己本民族语言当中，也把本民族语言中的一些词汇融入了青海汉语方言中，使青海汉语方言深深打上了少数民族语言的烙印。就拿青海的地名词汇来说，既有汉语地名，也有藏语、蒙古语、撒拉语地名。比如“玉树”“鲁沙尔”“果洛”“阿尼玛卿”“扎陵”等就是藏语。“玉树”又写作“玉舒”“玉素”“玉书”，意思是古城遗址；“鲁沙尔”是新村落、新牧场的意思；“果洛”是圆头的意思，“果”为圆，“洛”为头；“阿尼玛卿”是“黄河源头最大的山”之意；“扎陵”是“灰白色”之意。蒙古语地名也不少，如“楚玛尔”“格尔木”“德令哈”“都兰”“柴达木”等。“楚玛尔”是“红水河”之意，“格尔木”为“河流众多、河流密集”之意，“德令哈”是“广阔的金色平原”之意，“都兰”为“温暖”之意，“柴达木”是“平坦的旷野”之意。青海还有一些地名则是少数民族语言与汉语双语合璧而成，属于叠床架屋（罗常培语）。如“巴颜喀拉山”是蒙古语与汉语合璧，意思是“富饶的青黄色的山”；“孟达天池”则是撒拉语“孟达”与汉语“天池”合成；“鲁沙尔镇”是汉藏语的合璧。

少数民族语言词汇不仅留存在青海地名词汇中，而且在青海人的日常会话中也经常能听见，即在说话时，都会出现或多或少、因人而异的“语言马赛克现象”。所谓“语言马赛克现象”，“指的就是主体语言的词汇或词组夹杂少许客体语言的词汇或词组，形成一种多语并用、混成一体的特殊口语现象”①。它是多语长时期并存与融合现象的反映，也是人们为了交际方便，或表示社会亲和力，自然养成的多语夹杂的语言习惯。如藏语词“阿拉巴拉”“阿吾”“卡玛”“阿卡”“曼巴”“糌粑”“曲拉”等，回族的阿拉伯语词“赛俩姆”“穆斯林”“阿訇”“古尔邦”“胡大”“真主”，蒙古语的“戈壁”“哈巴”“鄂博”“哈达”，土语的“糊都”“一挂”等等，都成了青海汉语方言词汇中的基本词汇。人们在交际过程中经常使用它们，语言上形成了一种独特的“风搅雪”现象。比如说，湟源一带的顺口溜“铜布、勺子、西那哈，一口气说了三种话”里，“铜布”是藏语，指勺子；“勺子”是汉语；“西那哈”则是蒙古古语词，也是指勺子。再比如，青藏高原各族人民所唱的民歌“花儿”也呈现出这种特点：

手里拿的西纳哈，
奶子哈拉拉里舀下，
腿肚子软者没办法，
就活像绑给的搅把。

这是一首流传在青海湟源巴燕乡蒙古族、汉族杂居地区的“花儿”。歌词中的“西纳哈”是蒙古语勺子的意思；“拉拉”是青海方言小木桶的意思，来自于藏语；“腿肚子”“搅把”都是汉语词。

青海汉语方言词汇中也有一些是少数民族语言与汉语双语合璧而成的，如“煨桑”一词中的“煨”是汉语词，“桑”则是藏语的［saŋ］，指的是神香；“达冒儿马”一词则是由藏语［ta］、

① 陈原《语言和人》，商务印书馆 2003 年版。

蒙古语 morji、汉语“马”合璧而成；“古里扫”（汉语“吃馍馍”），则是蒙古语 ɣulir（面/面粉）和藏语［sɔ］（吃）合成。

（二）古语词的传承

青海不仅是一个多民族聚居之地，它也是一个古老的地方，有着几千年的悠久历史，加之自然环境、经济条件的限制，这里也是汉语古老特征保留较多的地区之一。

青海方言中保留了一些在上古文献典籍中出现的词汇。如：

①绌：缝制。《史记·赵世家》：“黑齿雕题，却冠秫绌，大吴之国也。”集解：“徐广日《战国策》作‘秫缝’，绌亦缝紩之别名也。”

青海方言例句：当午奶奶给我绌给了个香包。（当午：五月端午）

②抟：环绕、盘旋。《庄子·逍遥游》：“抟扶摇而上者九万里。”

青海方言例句：你把馍馍往圆里抟给个。

③寻：找。《列子·周穆王》：“按所梦而寻得之。”

青海方言例句：你把东西放阿里了？寻死了也寻不着。

④奓：开。《庄子·知北游》：“神农隐几阖户昼瞑，婀荷甘日中奓户而入。”

青海方言例句：过节哩，你空奓手阿门去俩？（空奓手：空着手。）

青海方言中也保存着一些中古汉语词汇（主要是南北朝、隋、唐、宋时的汉语词）。如：

①争竞：谓为名利而争逐奔走。亦泛指互相争胜。《三国志·魏志·何夔传》：“上以观朝臣之节，下以塞争竞之源。”

青海话：那人真无聊，为一些琐事争竞不罢。

②喉：多指兽咆哮、怒极而叫。《南齐书·夷夏论》：“在鸟而鸟鸣，在兽而兽喉。”

青海话：你说的话太难听了，把他惹喉了。

③消停：停留、等待。王质《江城子·席上赋》："且消停，莫催行，只恨夕阳虽好近黄昏。"

青海话：娃娃们消停个，我再头疼着。（青海话"消停"引申为安静。）

④阿门：古书中也写作"阿莽""阿没"，意思为"怎么、怎样"。《敦煌杂录·劝善文》"煞（杀）命始得他肉吃，思量阿莽有慈悲?"

青海话：你阿门能说这么伤人的话?

⑤晚夕：晚上。唐·刘威《题许子正处士新池》诗："那堪更到芙蓉拆，晚夕香联桃李蹊。"

青海话：昨晚夕你阿里去了?

在青海方言中还有大量元明清时期文献中出现的词语。如：

①央及：请求。也作央、殃及。元关汉卿《救风尘》第一折："当初姨姨引章要嫁我来，如今却要嫁周舍，我央及你劝他一劝。"

青海话：他把老王央及着央及着，快跪下俩。

②动弹：行动。元无名氏《赚蒯通》第一折："吓得项王目瞪口呆，动弹不得。"

青海话：时候不早了，你动弹吧。

③多嫌：深为嫌恶；嫌其多余。《红楼梦》第三五回："我知道你的心里多嫌我们娘儿们，你是变着法儿叫我们离了你就心净了。"

青海话：后娘把我多嫌着。

④亏杀：多亏、幸亏。元关汉卿《单刀会》第一折："则他那周瑜、蒋干是布衣交，那一个股肱臣诸葛施韬略，亏杀那苦肉计黄盖添粮草。"《水浒传》第十八回："晁盖道：'亏杀这个兄弟，担着血海也似干系，来报与我们。'"

青海话：亏杀他没去，要不然就见不着了。

⑤掴量：打算、估量。《醒世姻缘传》第四回："他适才送了咱那四样人事，你掴量着，也得甚么礼酬他?"

青海话：事情该阿们办，你好好拇量拇量。

（三）特殊的词法结构

青海是一个多民族地区，各民族语言互相影响，互相融合，这使得青海汉语方言词汇在词法结构上也存在着一些不同于普通话的特殊词法结构，尤其是名词的重叠方式。

青海方言名词的重叠形式主要有两种：

第一种是“AA”式。如：

桌桌　刀刀　房房　墙墙　碗碗　碟碟　篮篮　杯杯　车车　盆盆　鞋鞋　勺勺　锅锅

青海方言中重叠后的名词可以和不重叠的形式换用，而且重叠后的名词所表示的事物具有了小巧可爱的语义特色，这不同于普通话的名词重叠，普通话名词重叠后多具有“量的增加”这个语义，如“人人、年年、月月”等。

第二种是“AA 儿”式。如：

本本儿　牌牌儿　凳凳儿　眼眼儿　盖盖儿　扣扣儿　环环儿　蛋蛋儿　勺勺儿

这一形式是在“AA”式的基础上加“儿”构成，重叠后主要表达说话人的喜爱之情，同时也表现对象的小巧等意义，尽管已经有了这一层含义，但在口语中重叠后的名词前仍可以用形容词修饰，最常见的是用“尕”。如：

尕牌牌儿　尕眼眼儿　尕蛋蛋儿　尕碗碗儿　尕勺勺儿　尕人人儿

三、特殊的语法现象

青海各民族有各民族的语言，各有各的语系。蒙古语、土语、撒拉语、保安语和东乡语（青海境内使用人数较少）属于阿尔泰语系；汉语、藏语则属于汉藏语系，这些民族语言和汉语长期接触、相互影响，致使青海方言在语法方面呈现出许多有别于普通话的特点。

1. 宾语前置

普通话的基本语序为“主一动一宾”，动词位于宾语之前，而青海方言中的基本语序则是“主一宾一动”。

第一，在一般陈述句中宾语前置于动词之前。如：

你茶喝，我饭煮。

第二，介词宾语前置。如：

你电脑哈带上。（你把电脑带上）

2. 动词的体貌

在动词后面用“着”[tʂɛ] 表示持续进行状态。如：

他正上课着，别搅扰他。

在动词后用“脱”或“开”表示行为动作开始。如：

听，他们吵脱了。

在动词后加“个”表示尝试。如：

手抓煮绵了没？你试当个。（你试一下）

3. 特殊介词

用“哈”表示处置意义。如：

雨下脱了，你伞哈拿上。（你把伞拿上）

用“俩”引进工具。如：

筷子手俩拿。（筷子用手拿）

4. 特殊句型

（1）SOV 句式。如：

我熬茶喝俩咖啡不喝。（我喝熬茶不喝咖啡）

（2）“X 呵 X 唛，S”表转折。如：

好呵好唛，麻烦着。（好虽然好，但麻烦）

第五节　青海汉语方言研究状况

一、语音、语法研究现状

对于青海方言的研究，新中国成立以前见于书面材料的是在青海省图书馆编著的《馆藏青海文献目录》中所记载的罗常培先生的《唐五代西北方音》和朱马先生的《甘青宁三省汉语声音研究之我见》，后者以水系给方言分区，文章说："黄河水，一以贯之，黄河支流区、黄河上游区、江流区、内河水流区及其他。"文章认为青海汉语属于黄河支流之湟水系。

新中国成立以后，围绕普通话的推广，青海省教育厅于1961年编写了《西宁人学习普通话手册》，随后，陆续出现了一些关于语音学习方面的研究论文，诸如：罗太星、刘延竹《从青海方言谈谈学习普通话》（1958），罗太星《青海人学习普通话的一些办法》（1959），张成材《青海人怎样学习普通话》（1974），张成材《试论青海方音的特点》（1979），罗太星《青海人学习普通话的难点——教学普通话的体会》（1980），张成材《西宁方音与北京语音的对应规律》（1983）。这些论文的面世，对青海普通话的推广工作起到了积极的推进作用。2000年后，又掀起了对青海方言语音研究的热潮，出现了《青海方言与普通话的语音差异性比较分析》（刘钦明，2006），《青海汉语方言舌尖后音向舌尖前音的转化》（贺虎，2008），《青海乐都方言音系》（曹志耘、邵朝阳，2001），《青海乐都话中"们"的用法探索》（雷汉卿，2008）等论文。2006年5月，张成材教授编著的《中古音与青海方音字汇》一书，由青海人民出版社出版，这本书是中古音与十六个方言点（包括青海省内十三个方言点）的字音对照集，共收字2700多个，用国际音标注音，按普通话音序排列。十六个方言点是：北京、西安、兰州、西宁、湟中、湟源、平安、贵德、化隆、互助、门源、大通、乐都、民和、循化和同仁。青海省内十三个点是东部农业区的汉语方言区，正好反映了青海省汉语方言发音的特色。

对青海方言语法特点的探讨，主要是在20世纪80年代后。比较重要的论文有：程祥徽《青海口语语法散论》（1980），这篇文章的独特之处是将青海汉语方言跟藏语作了对照，提出始动态、终动态等术语及其语法现象；张成材《西宁方言的语法特点》（1981），这篇文章全面系统地论述了西宁方言的语法特点，文章分为：宾语在动词前，状语在否定词前，看字、给字、脱字、罢字、把字以及其他几个否定词等；王培基、吴新华发表了《关于青海口语语法几个问题》（1981），此文对程文中所述一些语法现象提出了自己的看法；汪忠强发表了《青海方言中几个特殊的助词》（1983）、《谈谈青海方言的特殊语序》（1984）。此外，尚有：贾晞儒《对河湟汉语语法几个语法现象的分析》（1990）、都兴宙《论西宁话里的虚词 lia》（1995）。2000 年以后，学者们运用新的语言研究理论对青海方言的语法特点进行了更为细致的讨论，出现了《青海汉语方言中三个代词的词义及语法分析》（马敬芳，2000）、《西宁方言的前置宾语句》（任碧生，2004）、《青海话中的词缀“头”》（谷晓恒，2006）、《西宁汉语方言“X 呵 X（唛），S”句式分析》（李晓云，2007）、《汉语青海方言的动词重叠式》（王双成，2008）、《河湟汉族来源与青海方言的形成》（陈良煜，2008）、《西宁方言的体貌》（王双成，2009）等系列论文，多角度地研究青海方言语法特征。还有部分学者把青海汉语方言与其他民族语言语法特点进行对比研究，诸如李克郁《青海汉语中的某些阿尔泰语成分》（1987）、敏生智《汉语青海方言与藏语安多方言》（1989）、席元麟《汉语青海方言和土族语的对比》（1989）、韩建业《撒拉语与汉语语法结构特点之比较》（1990）、宋金兰《汉语助词“了”“着”与阿尔泰诸语言的关系》（1991）、贾晞儒《青海汉话的“者”与青海蒙古语》（1993）、《从青海汉语的几个方言词看语言间的接触影响》（1994）等。这些文章将青海汉语方言同藏语、蒙古语、撒拉语、土族语等作了比较，为语言的发展提供了动态事实，对了解汉语和非汉语之间的关系，对进一步认识汉语的性质都有非常重要的作用。

二、方言志的编撰

1987 年，在学者们关于西宁方言研究的基础上，张成材、朱世奎合作撰写了《西宁方言志》，收集了一些广义的西宁词汇，出版后受到了国内外专家的好评。20 世纪八九十年代，西宁的语言学学者参加了国家一系列关于语言研究方面的课题，完成了课题中涉及青海方言区的一些课题任务：《中国语言地图集》中张盛裕和张成材合作完成了“官话之四”，即“陕甘宁青”一图的调查和编绘；《现代汉语方言大词典》编撰中，张成材负责西宁点；侯精一主编的《现代汉语方言音库》，张成材负责《西宁话音档》的编写和录制，李树玫发音；2001 年，青海省地方志编撰委员会编撰、出版了《青海省志·方言志》。

三、尚属空白的俗语研究及其研究价值

对青海汉语俗语汇作全面系统的研究尚属空白。目前这方面仅有几篇零星论文可见，如《语言接触中的汉语青海方言词》（贾晞儒，2006）、《青海地方谚语的语用学分析》（谷晓恒，2006）、《青海汉语方言谚语的句法结构及语义特征分析》（谷晓恒，2007）、《青海方俗语汇的民族特色》（李晓云，2009）等几篇论文，其余的关于青海方俗语汇的资料则零星散见于《青海方言志》《西宁方言词语汇典》《河湟杂俎》等专著之中，但这些专著中也仅仅是收集了少量的青海方俗语汇而已。这既与方言研究的目的、对方言与普通话的关系的认识有关，又与调查研究的难度有关。从研究角度而言，“对某一方言的词汇、语法进行深入的考察，比起对方言语音系统的调查和归纳，难度更大，需要更加细致、深入的调查和积累”（邢向东语）。也正因为如此，我们才把目光聚焦到了青海方俗语汇，因为方俗语汇是语言词汇系统的重要组成部分，它的形成、发展和演变的整个过程都根植于它所赖以生存的社会环境之中，这个环境包括历史、民族、民俗、宗教、政治

等各个方面，对其进行深入研究有着重要的理论意义和实际意义。而青海是汉族、藏族、撒拉族、土族、蒙古族、回族等多民族聚居的地区，加之千年间的数次大规模移民，使得这里既是汉藏语系诸语言、阿尔泰语系诸语言密切接触、相互融合的地区，同时也是汉语古老特征保留较多的地区之一。因此，青海汉语方言在汉语及汉语诸方言中所处的地位特别突出，对青海汉语方言俗语进行深入研究，对于汉藏语系的研究，对于阿尔泰语系的研究，都具有非常重要和深远的意义。

第二章　青海方言俗语的界定及其特征

第一节　古人对俗语的认识

一、“野语”“民语”“鄙语”“谚”说

作为一种流传在老百姓口头的、通俗易懂的、具有固定形式的语言现象，在我国古已有之，但最初并不叫“俗语”，而是被称作“野语”“民语”“鄙语”“谚”等，即使是出现了“俗语”一词之后，也常常被称作“俚谚”“俚语”。如：

（1）《庄子·刻意》：“野语有之曰：‘众人重利，廉士重名。’”

（2）《战国策·楚策四》：“臣闻鄙语曰：‘见兔而顾犬，未为晚也。’”

（3）《史记·李将军列传》：“谚曰：‘桃李不言，下自成蹊。”此言虽小，可以喻大也。”

（4）《韩非子·五蠹》：“今不行法术于内，而事智以外，则不至于治强矣。鄙谚曰：‘长袖善舞，多钱善贾。’此言多资之易为工也。”

（5）《太平广记》：“秦民语曰：‘快马健儿，不如老妪吹篪。’琛在秦中，多无政绩。”

（6）宋·洪迈《容斋随笔》：“故俚谚曰：‘成也萧何，败也萧何。’”

（7）唐·刘禹锡《插田歌》：“但闻怨响音，不辨俚语词。”

二、“俗语”的出现

“俗语”二字连用，最早见于《史记·滑稽列传》附褚少孙补写的《西门豹治邺》一文，“民人俗语曰：‘即不为河伯娶妇，水来漂没，溺其人民’云。”但这里的“俗语”并非我们今天所理解的“俗语”。真正用来指流传在老百姓口头上的、通俗易懂的、具有较为固定形式的语言现象——“俗语”，则见于刘向《说苑·贵德》：“故俗语云：‘画地作狱，议不可入；刻木为吏，期不可对。’此皆疾吏之风，悲痛之辞也。”

但是，“俗语”一词并不固定指流传在老百姓口头上、通俗易懂的、具有较为固定形式的语言现象，也可以指方言土语，如北魏·郦道元《水经注·濡水》：“濡水……西北入难河。‘濡’、‘难’声相近，狄俗语讹耳。”唐·刘知几《史通·杂说中》也说：“所以晋楚方言、齐鲁俗语，六经诸子载之多矣。”或者指某地的习惯称呼，如《红楼梦》第五十五回：“这厅上也有一处匾，题着‘补仁谕德’四字；家下俗语皆只叫‘议事厅儿’。”

明清时期，“俗语”一词用来指代流传在老百姓口头上、通俗易懂的、具有较为固定形式的语言现象就很普遍了。如：

(8)《二刻拍案惊奇》卷三十五：俗语说得好：宁可无了有，不可有了无。王甲泼天家事弄得精光，思量道……

(9)《今古奇观》第十八卷：比如一边有财有势，那趋财慕势的多只向一边去。这便是俗语叫做“一帆风”，又叫做“鹁鸽子旺边飞”。

(10)《七侠五义》第一百回：因艾虎给的银两恰恰给锦笺救了急儿，所以他深深感激，时刻在念。俗语说得好：“宁给饥人一口，不送富人一斗”，是再不错的。

(11)《红楼梦》第五十五回：门外的众媳妇都笑道：“姑娘，你是个最明白的人，俗语说，‘一人作罪一人当’，我们并不敢欺蔽小姐。如今小姐是娇客，若认真惹恼了，死无葬身之地。”平儿冷笑道："你们明白就好了。"又陪笑向探春道："姑娘知道二奶奶本来事多，那里照看的这些，保不住不忽略。俗语说，'旁观者清'，这几年姑娘冷眼看着，或有该添该减的去处……"

同时，明清时期还出现了一些专门收集民间俗语俗事的书籍，诸如钱大昕的《恒言录》、翟颢的《通俗编》、福申的《俚俗集》等。里面所录的语言现象，既有惯用语、谚语，也有俗话。

因此，古人对俗语的认识并不是专指某一种语言现象，既有俚俗词，也有俚俗语，范围宽泛。

我国古代还出现了大量收集、考释俗语的典籍，最早的是东汉服虔的《通俗文》，其后又有唐人李义山的《杂纂》，明人杨慎的《古今谚》和《俗言》、陈士元的《俚言解》，清人翟颢《通俗编》、钱大昕《恒言录》、李光庭《乡言解颐》等。

总之，"俗语"作为一个术语在我国已经有很长的历史了，涉及俗语的著作也不少，但是对其定义、性质、范围等问题，古人的认识还是很模糊的。

第二节　今人对俗语的研究

一、新中国成立前后的俗语研究

新中国成立以前只有几篇研究俗语的文章，且内容简单，如佛朗的《成语跟俗语》。新中国成立初期，相关的研究也很少，1958年，瑰一先生在《语文学习》第一期上发表了《成语、谚语、格言、俗语、俚语的区别》一文，认为："俗语有两个意思。一个跟谚语的意思相近。例如，俗语说'恨铁不成钢'，这样用的俗语往往指'谚语'，因为比'谚语'这个名称通俗些，所以常用；另一个跟俚语的意思相近。俚语就是土语，是指土语中比较粗糙的一些说法，也因为'俚语'这个名称生僻些，所以平常也叫'俗语'。"

二、20世纪80年代以来的俗语研究

明确把“俗语”与谚语相区别的，大概是《辞海》（1979年，上海辞书出版社），它认为：“俗语是流行于民间的通俗语句，带有一定的方言性。指谚语、俚语及口头上常用的成语等。”

20世纪80年代以来，有关俗语研究的文章、著作越来越多，研究的重点主要集中在俗语的性质和范围上。曹聪孙在《现代汉语俗语初探》一文中提出：“俗语是口头流传的一些通俗的话，是有广泛的适应性和完整的述谓性的定性语句。”温端政先生在《中国俗语大辞典·前言》中认为：“俗语是群众所创造的、并在群众口语中流传、结构相对定型的通俗而简练的语句。”基于这一认识，他把谚语、惯用语、歇后语和口头上常用的成语等归入俗语之中，而不包括方言词、俗语词、来自书面系统的成语和来自名家名篇的名言警句等。马国凡先生等编写的《俗语》一书认为，俗语不同于熟语，俗语着眼于通俗性，熟语着眼于常用性，熟语用来指各种类型的固定词组，只有熟语中通俗性的那部分固定词组才与俗语相通，俗语应包括谚语、歇后语、俗成语和俗成句。王勤《俗语的性质和范围》一文指出：“俗语已是约定俗成泛指词汇材料中具有通俗平易流行于口头中的现成语句的名称。”他把俗语分成了广义俗语和狭义俗语。1991年，屈朴先生《俗语古今》出版面世，认为俗语“具有口语性、通俗性”，“是一种定型化的习用语式”，“大多数俗语都具有生动、形象或哲理性特点”，“俗语与成语、谚语、格言、歇后语、惯用语、俚语等各俗语品类，是种与属的关系”。周荐先生在《熟语的经典性和非经典性》《熟语分类问题研究》中提出了“俗语”是“熟语”的一个品类的观点，他把“熟语”分为“雅言”和“俗语”两大类，认为雅言包括成语、专名语、专门用语；俗语包括谚语、歇后语、惯用语。

……

这些观点，彼此有分歧，也有共识。共识在于都认为俗语是人民群众口头上流传的定型语句，基本特征是通俗易懂，不同之处主要在于分类问题上，这是现在学术界比较通行的认识。

第三节　青海方言俗语的范围

方言俗语，顾名思义，就是方言中的俗语语汇。作为一种语言现象，“俗语”历史悠久，但对“俗语”的界定始终未能达成共识。俗语是一种特殊的语言现象，每种俗语都有其特殊的发展历史，在内容上也有千丝万缕的联系，很难从内容上彻底地进行分类。从形式上看，大部分俗语常常是可以进行类推的，但也有部分俗语在形式上有交叉，不能像生物分类那样界限分明。

我们借鉴以上各位方家的研究成果为依据，考察青海方言中的俗语语汇，认为它应该是一个上位概念，涵盖的内容广泛，包括青海汉语方言中的谚语、歇后语、惯用语、俗成语等固定短语，同时也包括来自青海其他民族语言的被汉语吸收的口语化的定型结构，如“阿拉巴拉”来自藏语，意为“凑凑合合、差不多”。

一、青海方言中的谚语

谚语作为一种语汇，在汉语中有着悠久的历史，使用的范围也极为广泛。早在《尚书》的《无逸》篇中就对谚语作了解释，说“俚语曰谚”。先秦散文及诸子百家散文中都曾大量引用谚语来作为阐释观点的佐证，其中《左传》中引用谚语特别多，如：

《左传·隐公十一年》：公使羽父请于薛侯曰：“君与滕君，辱在寡人，周谚有之曰：‘山有木，工则度之；宾有礼，主则择之’。”

《左传·僖公五年》：“谚所谓‘辅车相依，唇亡齿寒’者，其虞、虢之谓也。”

如同俗语一样，汉语中虽然早就有了“谚”或“谚语”这个词，但是并未对其定义、性质等进行界定。1921 年，郭绍虞先生在《小说月报》上发表了《谚语的研究》一文，他认为："谚是人的实际经验之结果，而用美的言辞以表现者，于日常谈话可以公然使用，而规定人的行为之言语。"同时，他在文章中还指出谚语应该具备四大要素：社会上流行的，可以公然用于谈话的；根据于实际经验，即受当时风俗的影响的；体裁主于典雅，即用美的言词表现的；规定人的行为的标准，即使人可以照着奉行的。郭氏的阐释虽不完备，却为后人研究谚语打下了基础，在相当长的时间内，基本上采用的是这种说法。如武占坤、马国凡《谚语》："谚语是通俗简练、生动活泼的韵语或短句，它经常以口语的形式，在人民中间广泛地沿用和流传，是人民群众表现实际生活经验或感受的一种'现成话'。"①

王勤《谚语歇后语概论》："它是人民群众生活斗争的经验总结，是具有传授经验和教训劝诫功能，流传于人民群众口语中的现成话。"②

1985 年 6 月，商务印书馆出版了温端政的《谚语》一书，作者认为谚语有三个基本特征：一是为人民群众所创造、所使用，具有广泛的群众基础；二是语句简单凝练，在结构上具有相对的固定性；三是流传在群众的口头上，具有鲜明的口语性。

综合前人的研究成果，我们认为青海方言中的谚语就是：在青海各族人民口头上广泛流传的、总结青海各族人民生活经验的、在结构上具有相对稳定性的现成话，如"宽大的皮袄不扯，商量的事情不错""话要想好再说，肉要嚼烂再咽""石头不当枕头，狼羊不成朋友"等。我们认为，谚语和其他俗语的一个最大区别就在于前者是经验的传授。

① 武占坤、马国凡《谚语》，内蒙古人民出版社 1980 年版。
② 王勤《谚语歇后语概论》，湖南人民出版社 1980 年版。

二、青海方言中的歇后语

歇后语是汉语语汇的重要组成部分，是典型的俗语，但是到底什么是歇后语，这个问题也并非众口一词，而是众说纷纭。

《中国大百科全书》（语言文字卷）：

歇后语指说话时把一段常用词语故意少说一个字或半句而构成的带有幽默性的话。通用的有两种：（1）原始意义的歇后语，指把一句成语的末一个字省去不说，也叫“缩脚语”。如《金瓶梅》里来旺儿媳妇说“你家第五的‘秋胡戏’”，就用来影射“妻”，因为“秋胡戏妻”是有名的故事、剧目。也有利用同音字的。如称“岳父”为“龙头拐”，影射“杖”字，这里代替“丈”。这证明在这个方言里，丈杖同音。（2）扩大意义的歇后语，在北京叫“俏皮话儿”，是指可以把一句话的后一半省去不说。如“马尾拴豆腐”，省去的是“提不起了”。有时候也利用同音字。如“外甥打灯笼——照舅（旧）”。①

《辞海》对歇后语的定义是：

熟语的一种。多为群众熟识的诙谐而形象的语句，运用时可以隐去后文，以前文示义，如只说“围棋盘里下象棋”，以示“不对路数”。也可以前后文并列，如“芝麻开花——节节高”。②

《现代汉语词典》对歇后语的定义是：

由两个部分组成的一句话，前一部分像谜面，后一部分像谜底，通常只说前一部分，而本意在后一部分。如“泥菩萨过江——自身难保”。③

现在大家通常说的歇后语大都是指的《辞海》和《现代汉语

① 《中国大百科全书》，中国大百科全书出版社 1988 年版。

② 《辞海》，上海辞书出版社 1999 年版。

③ 现代汉语词典编委会编《现代汉语词典》，上海辞书出版社 1996 年版。

词典》中所说的歇后语，也就是《中国大百科全书》中说的第二种歇后语，即这种俗语是由前后两个部分共同组成的一句话，两个部分之间有存在着引子和注释的关系，两者的关系是“引注关系”，即前一部分是引子，后一部分是注释，整个句子所要表达的意思落足在“注释”部分。青海方言歇后语就是这样的，前后两部分之间有着“引注关系”，语义中心落在注释上面。如“阿卡打毛蛋——圆打圆（谐音原打原）”就是一句歇后语，前面的“阿卡打毛蛋”是引子，“阿卡”是佛教用语，指寺庙喇嘛，“毛蛋”是青海以前流行的一种圆形玩具，“阿卡打毛蛋”是对喇嘛玩毛蛋游戏的一种陈述，“圆打圆”是对这种游戏活动的形象描述，是注释，是整个歇后语所要表示的意义，是从引子中引申出来的结论，通过谐音方式把意思“原打原、没有变化”这种情况非常形象具体地表达出来了。

三、青海方言中的惯用语

惯用语是语言中早已存在的一种语言单位，但是用惯用语这个名称去称呼这种语言单位却是在 20 世纪 50 年代。最早使用惯用语这个名称的是吕叔湘先生和朱德熙先生，他们在《语法修辞讲话》的第五讲里提出了“惯用语”这个名称，把不合逻辑但符合人们习惯、“不容许分析”的说法称为“惯用语”。这个认识与我们现在对惯用语的界定是有差异的，但却是“惯用语”一词的滥觞。1958 年，周祖谟先生开始用“习用语”这个名称来专指“碰钉子”“露马脚”这一类语言单位。真正用“惯用语”来指称这类语言单位的，是 20 世纪 60 年代的马国凡先生，他在《谚语、歇后语、惯用语》（1961）一书中对惯用语作了详细的说明。①

① 温端政、周荐《二十世纪的汉语俗语研究》，书海出版社 2000 年版。

20 世纪 80 年代以后，惯用语的研究成为语言学界的热点之一，涌现出了大批著作和论文，大批惯用语词典随之面世。随着学者们的深入探讨，人们对惯用语有了一些认识，同时也存在诸多分歧，但是在两点上达成了共识：一是惯用语是性质上不同于谚语、歇后语、成语的语汇单位；二是惯用语和谚语、歇后语、成语一样，在结构上具有相对固定性，属于语汇单位。

至于惯用语的具体性质和范围，学术界的认识分歧就很大。有的认为惯用语的结构主要是三音节的述宾结构，在意义上有双重性。如王勤说："惯用语的语言形式以三言为主，个别的是五、六、七言"，"惯用语的意义……是一个新的整体意义。这个新的整体意义主要是通过比喻和引申两个手段来实现的。"① 有的认为惯用语在结构上不成句子，意义上也没有双重性，刘叔新先生就持这种观点，他说："同成语划分开的惯用语，数量比成语多，特别在当代语言中，不断地大量产生出来。它区别于成语之处，只在于没有表意的双层性，字面意义就是真实的意义。换言之，它的特征只是结构固定，所有组成成分也固定，表示一般的概念。""固定语中，凡充分具有结构成分固定的特点，但是不具有意义的双层性，其含义体现成类事物的一般概念而非个别事物概念或专门概念的，就是惯用语。"②

还有一种观点则认为惯用语是一种描述性的语言单位，不受结构上以三音节动宾结构为主、意义上具有双重性的限制。温端政和孙维张先生是这个观点的主要持有者。温端政在《谚语》指出：习用语，也叫惯用语，它是流行在人民群众口头上定型的习惯用语，具有很强的口语性。从结构形式上看，习用语也有两种，一类是不表示完整意思的词组，一类是表示完整意思的句

---

①　王勤《论惯用语》，《语文研究》1982 年第 1 期。

②　刘叔新《固定语及其类别》，《语言研究论丛》第二辑，天津人民出版社 1982 年版。

子。属于前一类的如“打抽丰”“喝西北风”；属于后一类的如“七口子当家，八口子主事”“公说公有理，婆说婆有理”。前一种类型，内容上没有知识性，结构上少则三四个字，多则七八个字，都不能单独成句，它们同谚语的区别是显而易见的；后一种类型尽管它们在结构形式上同谚语没有什么区别，但在内容上同谚语显然不同，它们是用来对人或事物的特点、形状等进行某种描写，而不是用来传授知识，它们都缺乏谚语所具备的知识性。①

分析青海方言俗语现象，我们的观点与温端政先生的观点较为相符。也就是说，青海方言惯用语就是在青海地区各族群众口头上流传的、形式和意义都较为固定的一种语言单位，这种语言单位是青海方言俗语语汇的重要组成部分，是一种描述性的语言单位。既有词组，也有句子，既有人们公认的三字格的惯用语，也有被青海当地人称为“斜话”和“妄语”的俗语，这种语言成分在意义上具有很强的整体性，不是字面意义的简单相加，语言表达上生动形象，诙谐幽默。

四、青海方言中的俗成语

方言俗成语指的是方言俗语中“二二相承”的四字格描述语语言单位，如“七青八白”“抬脚割掌”“阿拉巴拉”等。

目前，对这种语言单位的称呼还存在很大分歧。对于它的研究，虽然取得了不少成果，但是对其性质的界定至今也没有一个公认度较高的结论。有的学者认为既然方言中的成语不具备书面语色彩，就不该以“成语”来命名；有的则认为，方言成语和普通话成语类似，可以称为“成语”；还有的学者则采取了“回避”的态度，直接称为“四字格”短语。如刘洁修：“大多数的俗语，尤其是那些方言俗语，都不应看作成语。”② 王立和：“这种特殊

① 温端政《汉语语汇学》第 230 页，商务印书馆 2005 年版。

② 刘洁修《成语》，商务印书馆 1985 年版。

的四字格语言单位虽与成语相似，但还不能称其为成语，更不是什么方言成语。”① 靳雨：“忻州四字组俗语是忻州人口头上常用的成语，它和一般俗语一样，具有群众性、口语性以及结构上的相对固定性等特点”，“忻州四字组俗语数量多，应用范围广。它在修辞上最明显的特色是同义现象丰富，表达十分细腻。”② 邢向东：“方言四字格是方言区人民口头创造、口语中运用的成语，它们结构定型，意义凝练，运用灵活，带有浓郁的生活气息，极大地丰富了人们的口语表达。”③

不管学界如何命名，但这种语言单位始终以其独特的形式存在于各地方言之中，青海方言中也存在着大量的这种语言单位，我们姑且以“俗成语”名之。

第四节　青海方言俗语的特征

一、各民族语言间相互交流和影响的产物

正如前文所言，青海作为多民族地区，长期以来各民族友好交往，自然在语言中也是彼此影响，相互吸收，可以说你中有我、我中有你，不仅汉语同少数民族语言之间的关系如此，各少数民族语言之间也是彼此吸收，相互借鉴。有些俗语烙上了深深的民族烙印，语源脉络清晰，民族特征明显；而有些俗语则几经周转，已是面目全非，很难说源自哪个民族了。在长期的历史发展过程中，青海地区民族更迭，此消彼长，但各少数民族无论大

---

① 王立和《吉林方言中的四字格俗语》，《吉林师范学院学报》1994年第2期。

② 靳雨《忻州方言四字组俗语的构成方式和修辞特色》，《语文研究》1986年第1期。

③ 邢向东《神木方言四字格的结构和语法、修辞特点》，《内蒙古师范大学学报》1992年第1期。

小强弱，都不可避免地要与汉族发生种种联系。民族间互相影响、互相融合，反映到语言和文化上则是互相碰撞、互相吸收。

语言的影响有深有浅。不同民族的接触、交往，彼此学习，在语言上反映出互相间的借用关系。经济文化发达的民族，他们的名词术语多为周围的民族所借用。“当操两种不同语言的人交错杂居时，为了交际的需要，双方都有或多或少的人学会了对方的语言，经过长时间的双重语言制之后，人口居少数的或者经济文化比较落后的一方往住被人口多的或者经济文化比较发达的一方所同化，这些人渐渐开始放弃自己民族的语言而改用对方的语言，但他自己语言的某些成分则会通过它原来的使用者不自觉地带到对方的语言里来，并不断流传下去。”①

二、汉语方言中的少数民族语言元素丰富

青海汉语方言俗语之所以丰富，正是应了上述观点。沉淀在汉语方言中的少数民族语言成分及特征较之内地汉语方言而言自然要显著得多，然而，青海汉语和许多少数民族语言在历史上经过反复的接触、混杂乃至融合，情况非常复杂。要弄清汉语每一个特殊成分或每一个外来词在什么时候、什么地方受到什么语言的影响而产生，这是很困难的，但这仍然改变不了青海汉语受青海境内各民族语言影响的事实。比如语音方面，汉语北方方言一般有四个声调，而青海的乐都地区只有三个声调，这和北方阿尔泰诸语言没有声调是密切相关的。词汇方面，青海汉语词汇中有相当一部分来自少数民族语言的借词，如“糌粑、哈达、阿吾、阿拉巴拉、卡码”等。语法方面，汉语句子的基本语序是主语—谓语—宾语，但青海汉语多数情况下把“吃饭”说成“饭吃”，把

① 欧阳觉亚《运用底层理论研究少数民族语言与汉语的关系》，《民族语文》1991年第6期。

"喝茶"说成"茶喝"，把"你打我"说成"你我哈打"①，等等，这明显是受到了阿尔泰语或藏语的影响。

因此，青海方言俗语从形式上讲，具有典型的青海地区汉语方言的语音、词汇、语法特征，如大量的源自少数民族语言的借词以及 SOV 的句型特征等。青海方言的特征很大程度上讲，就是汉语与青海境内各民族语言接触的结果。

三、俗语的语料来源丰富

从内容上看，青海汉语方言俗语涉及青藏高原各民族人民的生产经验、生活常识、宗教信仰、道德观念、人生观、价值观以及为人处世的方式方法等，反映了青海的山川物候特征、各族群众的生活信念以及对各种文化现象的理解，折射出青海当地精彩的人文世界。因此，青海方言俗语的取材十分丰富，既有汉民族历次迁徙所带来的汉民族自身的传统文化，也有祖祖辈辈长期在青藏高原生产生活经验的积累。同时，由于长期以来汉民族与各少数民族世世代代友好交往，其他民族的宗教信仰、道德观念、民族心理、生活习俗等也深深地影响着汉民族，使汉语中也深深地烙上了各民族的烙印，许多俗语在高原各族群众中广为流传，从而造就了丰富多彩的青海方言俗语。

---

① 李克郁《青海汉语中的某些阿尔泰语言成分》，《民族语文》1987 年第 3 期。

第三章　青海方言中的谚语

第一节　青海方言谚语结构的基本类型

谚语是表述性的语言单位，在结构上相当于一个表达完整意思的句子。除了单句式谚语之外，从外部结构来看，大部分谚语都是由两个以上的语句组成。青海方言谚语单句式较少，大多是双句式，也有三句式、四句式和多句式。

一、单句式谚语

单句式谚语是指由一个单句形式构成的谚语，由一个独立句子表达一个完整的意思。例如：

(1) 狗肚子里装不下酥油。

(2) 有肉的包子不在褶褶上。

(3) 山羊腿安不到绵羊身上。

(4) 一年的庄稼两年的苦。

(5) 有理不打上门的客。

(6) 嫑学狗熊贴膏药。（嫑：青海方言“不要”）

(7) 铲子底下三分雨。

二、双句式谚语

双句式谚语指由两个句子共同表达一个完整意思的谚语。青海谚语中大部分都是双句式的。例如：

（8）麦茬地里种青稞，两口家里没吃头。

（9）山里的兔儿狗撵出来，心里头话儿酒追出来。

（10）饿狗叫声搅扰一处，恶人行为祸害一方。

（11）话要想好再说，肉要嚼烂再咽。

（12）石头不当枕头，狼羊不成朋友。

（13）小人见利而不见害，鱼儿见食而不见钩。

（14）石头打得万丈高，总有一落。

（15）一天吃两饱，保证下双羔。

三、三句式谚语

（16）毛驴到西藏是因为老妈的恩惠，牧主稳卧床是因为牧人的操劳，弟子学识博是因为老师的教导。

（17）泥里的骡子，雪里的马，平处的尕驴儿不用打。

（18）早上刮西风，晚上刮东风，正是旱天公。

（19）千买卖，万买卖，庄稼人离不了翻土块。

四、四句式谚语

（20）两个勇士并肩，成制敌的铁锤，两个嫂嫂合心，烧茶成海洋。

（21）上沟里住时，要拜上沟堪布（藏语，即佛学家或教师）；下沟里住时，要尊敬邻居老妇。

（22）不攀登阿耶赛迈（藏语音译，指青海乐都南山），不知上山的艰险；不过库库诺尔（蒙古语音译，指青海湖），不知涉水的苦楚。

（23）织成一座帐篷，不能靠一牛一羊之毛；要成大事，不能靠一亲一友之力。

（24）水银落地，无孔不入；饿狼出窝，见羊就扯。（扯：撕咬）

五、多句式谚语

(25) 云往东，一场空；云往南，水上船；
云往西，水汲汲；云往北，瓦渣晒成灰。

(26) 龙瘦入不到海里来，驾不起云来；
虎瘦毛长威风在，打不到食来；
人老无事威名在，撑不起事来；
金盆虽烂分量在，它本是真才；
夜明珠儿土里埋，时运不来；
君子人欠下小人债，抬不起头来。

(27) 杂草有“四盖”（四个大祸害）：
红盖马刺杆，黄盖野菜菜，
蓝盖黑燕麦，白盖娘子菜。

(28) 春东风，雨淋老祖宗；
夏东风，日头热烘烘；
秋东风，晒死老鱼公；（水塘干涸，鱼缺水而死）
冬东风，雪花白蓬蓬。

从以上的例子可以看出，青海方言中的谚语句式是很复杂的，从一句到多句不等。即使是一个单句构成的谚语，其内部结构也是复杂的。多句式中有六句的、八句的，还有多至十二句的。句式如此之多的谚语，在其他地区方言中是不多见的。

从我们收集到的谚语来看，青海方言谚语大多是两句式，其次为单句式、三句式、四句式，多句式谚语并不常见。

第二节　青海方言谚语的句法结构

谚语是表述性的语言，在结构上是表示某一个完整意思的句子。青海方言中的谚语从一个单句的句式到六句、八句、十二句句式不等，这里的句子是完整意义上的句子，应该说，多句式谚语往往是一个句群。这些谚语从句子内部的结构来看，有的是单句，而有的则是复句。

一、单句型谚语

单句谚语是相对复句谚语而言的，是由一个句子构成的谚语（一个句子的谚语并非只是单句型，也有复句型），其中有主谓句句型与非主谓句句型之分。

1. 非主谓句

非主谓句句型谚语整个句子没有主语，只有谓语部分。如“当中里睡觉不拉毡”，“当中里”为状语，“睡觉”为谓语，“不拉毡”则是补语，整个句子无主语。非主谓句句型谚语又可以分为动词性非主谓句句型和名词性非主谓句句型。如本章第一节中例（1）的“狗肚子里”为状语，“装不下酥油”则是一个述宾短语，整个谚语则是动词性非主谓句句型。当然，该句中的“狗肚子里”是个方位短语，有的语法教科书把这种句型的方位短语看作是主语的；又如“立夏不种高山麦”，“立夏”为时间状语，“种高山麦”为述宾结构，整个谚语为一个动词性非主谓句；再譬如“冬走十里不亮”，“冬”为时间状语，“走十里不亮”则为述补短语，整个谚语仍为动词性非主谓句句型。“好厨师的一把盐”，名词“盐”为中心成分，其余的为修饰语，整个谚语为名词性非主谓句。

在青海方言谚语中，非主谓句句型的谚语数量很少，其中大部分为动词性非主谓句，名词性非主谓句句型的谚语也仅是偶或一见，形容词性非主谓句和特殊性非主谓句句型则还未见，这大概与谚语本身是传授知识、经验，具有描述性的特征有关。

2. 主谓句

主谓句句型是由主谓短语构成的句子，能分析出主语和谓语两个直接成分。青海方言中的单句谚语主要是主谓句句型，有以下几种情况：

A. 动词谓语句型谚语：谓语部分由动词或动词性短语充当。青海方言中的单句谚语大部分是动词性谓语句型，谓语均为述宾结构。譬如：

（1）春天的乏羊要饮足水。（乏羊：交配的种公羊。）

（2）腊月的羊羔得痢疾。

（3）早种田强如货郎转半年。

B. 名词性谓语句型谚语。名词性谓语句型的谓语是由名词或名词性短语构成，主要有名词谓语句、数量谓语句和定中谓语句三种类型。在青海方言中，名词性谓语句型的谚语甚少。例如“一分秋雨一分寒”，其中的“一分寒”为数量短语，属名词性谓语句型。而纯粹由名词充当谓语或者由定中短语充当谓语的，在青海方言谚语中尚未发现。

另外，青海方言单句谚语中还有少量的形容词性谓语句，如“今儿的肝子比明早的肉香”，其中的“比明早的肉香”就是一个形容词性的短语。

总之，青海方言中的谚语，由于受谚语自身语义和地方方言的影响，单句型谚语大多是动词性谓语句型，名词性谓语句型和形容词性谓语句型的单句谚语偶或一见，在句型上呈现出单一性的特点。

另外，从句型来看，单句型谚语中还有部分貌似单句而实为复句的谚语，这部分谚语在青海方言单句谚语中占了一定比例，这部分内容我们将在下面的内容中探讨。

二、复句型谚语

谚语多数是以传授知识或讲道理为目的的，每一条谚语都蕴含着丰富的内容，正因为如此，谚语的结构较为复杂。与所有的谚语一样，青海方言中的谚语也是复杂的，这从语法结构上来看，就体现为以复句为主，即使单句型的谚语，其中也有大部分是由复句紧缩而成的。青海方言中的谚语，既有基本复句句型，也有多重复句的，还有紧缩复句型的。

（一）基本复句

复句是由两个或两个以上在意义上密切相关，结构上互不包含的分句所构成的语言单位。按照分句之间的逻辑语义关系，并且借助分句次序、关联词语等形式，青海方言谚语的基本复句关系类型主要有以下几种：

1. 并列复句

前一分句提出一件事情作为“标本”，后续分句则相应提出在意义上并存、平行或对立的事情，往往同时说明或描写几件事情或同一事物的几个方面。例如：

（4）月亮盘场吹风哩，太阳盘场下雨哩。

（5）真正的瞎子是那种看不见错误的人，真正的聋子是那种听不进别人劝告的人。

（6）聪明不在于相貌而在于头脑，力气不在于外表而在于肌肉。

（4）（5）（6）都是并列复句，但是三者还是有不同的地方：（4）是描述两种自然现象，二者在语义上是并列的，各自传授一种气象知识；（5）和（6）各自的分句之间也是并列关系，各自叙述一种现象、说明一个道理，但是前后分句又是在共同传授同一种知识、经验，（5）要说明的是人应该看得见自己的错误、听得见别人的意见，（6）则是说明看人看事要看本质，不能只看外表。

2. 因果复句

例如：

（7）嘴长惹是非，脚长搅露水。

（8）话说三遍淡如水，茶滚三遍没颜色。（青海人喜欢用开水煮茶，称熬茶。）

（9）没戴过笼头的驴嘴巴硬，没有学问的喇嘛口气硬。

（10）拄着拐棍绊不倒，遇事商量错不了。

因果复句分句之间是“原因—结果”关系，其中一个分句是用已知的事实指出这是导致事实的原因，另一分句则指出某种必然结果。一般情况下，原因分句在前，结果分句在后，如例（10）即是如此。有时候原因分句也可以后移，如例句（7）（8）（9）均是原因分句后移。青海方言中的因果复句谚语多数是结果分句在前，原因分句在后，这大概是受青海方言倒装句式影响所致。

因果复句一般都有关联词语“因为……所以……”，而青海方言中的因果复句谚语大都没有关联词语，且往往也不能补充出关联词语来，它只是一种语义上的因果，在形式上则没有明显的标志。

3. 条件复句

青海方言中存在着大量的条件复句谚语，如：

（11）若要亲戚好，甭拿钱财搅。

（12）若要远年富，年年要栽树。

（13）若要养奶牛，月月四两油。（指饲料的营养要丰富。）

（14）挤奶要赶紧完成，全凭十指久练功。

（15）正月十五雪打灯，今年庄稼必定成。

（16）要想日子甜，家无一人闲。

（17）久雨猛晴天，必下雨蛋蛋。

（18）黑云滚蛋蛋，定遭窟窿天。

条件复句的分句之间是“条件”与“结果”的关系，分句与分句之间常用关联词“只有……才……”联结。青海方言中的条件复句谚语，部分谚语前后分句之间有关联词，常用的关联词是“若要……要/甭……”，如例（11）（12）。有时候表条件分句中的关联词省略，只有结果分句有关联词“必”或“定”，如例（17）和例（18）即是如此。另外，部分谚语前后分句之间并无关联词语，只是语义上的条件复句，如例（14）（15）（16）均属此类谚语。

4. 转折复句

转折复句的前一分句先以承认某种客观存在的事实作为前提，在语义上有轻微让步的意思，后续分句不是概括前一分句的语义按照常态趋势发展，而是转到跟前一分句常态语义趋势相反或相对的方面去了。青海方言中的谚语有一小部分是由转折复句构成。如：

（19）龙吃千江水，还有不到处。

（20）牡丹虽好，要绿叶扶持。

（21）瞎老鼠拉给了一夏，没够老犍牛一挂。（瞎老鼠：草原上一种体形较大的鼠类，对草场破坏性极大。一挂：一下。）

（22）三五年能学个买卖人，一辈子学不透庄稼人。

（23）相识满天下，知心能几人？

（24）没游江湖想江湖，游了江湖怕江湖。

（25）蜜糖虽然甜美，还是糌粑经吃。（糌粑：藏语，一种食物，用炒熟青稞磨成面粉，与酥油等和制而成。）

5. 选择复句

选择复句的几个分句分别说出几个待选项，并表示从中有所取舍。选择复句有取舍已定式、取舍任选式和取舍限选式三种类型，青海方言选择复句式谚语主要是取舍已定式，一般都有关联词“宁…，不/嫑…”。如：

（26）宁给狠人牵马缒镫，不给皮拉松出谋定计。（皮拉松：青海方言，意即无能耐之人。）

（27）宁吃仙桃一颗，不吃烂杏半背斗。

（28）宁叫肚子饿，嫑叫袖子破。

（29）能叫肚子挣下疤，嫑叫锅里剩下汤。

（二）多重复句

多重复句是由三个或三个以上的分句在两个或两个以上的层次上组合起来的复句。青海方言中有一部分多重复句，如：

（30）日影单，过不去三；日影双，晒烂缸。

(31) 青稞倒，吃不了；麦子倒，一抱草。

(32) 人是活宝，财是死宝，动手动脑，怀里揣宝。

(33) 能工巧匠，生财有方，手勤脚忙，兜里硬梆。

(34) 阿妈虽不好，心是善的；靴子虽不美，脚是热的。

从以上例子可以看出，青海方言中的多重复句谚语大部分为二重复句，且第一层往往是并列复句，如例（30）的“日影单，过不去三”与“日影双，晒烂缸”二者之间构成一个并列复句，“日影单，过不去三”则为第二层，“日影双，晒烂缸”之间也是第二层，两者均为假设复句。例（31）和（34）也是第一层为并列复句，第二层则与例（30）有所不同。例（32）（33）也是二重复句，“人是活宝，财是死宝”与“动手动脑，怀里揣宝”、“能工巧匠，生财有方”与“手勤脚忙，兜里硬梆”分别构成复句的第一层——补充复句，然后“人是活宝”与“财是死宝”、“动手动脑”与“怀里揣宝”、“能工巧匠”与“生财有方”、“手勤脚忙”与“兜里硬梆”分别构成复句的第二层次。

（三）紧缩复句

紧缩复句是一般复句在分句与分句之间取消语音停顿，并且省略了一些关联词而构成的复句，青海方言中有一小部分这种句型的谚语，如：

(35) 早看东南晚看西北。

(36) 河里无鱼世上寻。

例（35）的“早看东南”与“晚看西北”之间是并列关系，例（36）的“河里无鱼”与“世上寻”之间为假设关系。

青海方言中的紧缩复句谚语大多出现在多层复句之中，如：

(37) 犏牛虽好是黄牛的后代，牦牛虽坏是野牛的后代。(坏，青海方言音［xA］，意即脾气倔强。)

(38) 人没本事不富，马无夜草不肥。

例（37）中的“犏牛虽好是黄牛的后代”与“牦牛虽坏是野牛的后代”之间为一个并列复句，而“犏牛虽好”与“是黄牛的后代”、“牦牛虽坏”与“是野牛的后代”之间均是紧缩复句。例(38)的“人没本事不富”与“马无夜草不肥”之间为并列复句，而“人没本事”与“不富”、“马无夜草”与“不肥”之间则是关系紧缩复句。

第三节　青海方言谚语的语义特点及分类

谚语是以传授知识为目的，是“智慧的结晶”，具有知识性；谚语所传授的知识涉及面很广，包括自然、社会，各行各业都有谚语，因此，又具有行业性；同时，各民族语言都有自己的谚语，使得谚语具有民族性。这是每一种地方谚语的共性，青海方言谚语也不例外。我们在这里探讨青海方言谚语的语义特点，主要是从语言学的角度，研究其整体意义和构成谚语各部分之间的关系。

一、青海方言谚语的语义特点

（一）意合性谚语

所谓意合性谚语，是指谚语在实际运用中所表现出来的真正意义，不能从组成谚语的各个部分及其语法关系直接推断出来，其意义是一个不可分割的统一体，而且与青海当地民众宗教信仰、风俗习惯、社会制度、历史传说等密切相关。要理解其意义，必须对谚语所涉及的外部语境进行意合才可明了。如“蛙体虽小，却是龙族”这条谚语就和藏族的原始信仰有关。在青海，人们把蟾蜍、青蛙之类称为“癞肚儿”或“癞呱呱”。《太平御览》中把蟾蜍与驼背放在一起，说它们是人世间最丑陋的形象，因此人们一般都很鄙视它们，如果要按常理去理解“蛙体虽小，却是龙族”这一谚语，就很难解释了。其实，并不是所有的民族都把蟾蜍、青蛙之类视为丑物，在藏族的原始信仰中，就把“癞肚儿”、蛇、鱼、蝌蚪等均视为龙神，从不以之为食。在贵德县黄河边的罗汉堂乡还有一个栩栩如生的石雕大青蛙，张口欲扑向天空，被当地群众视为神灵，顶礼膜拜，经常给它煨桑、抹酥油。在藏族同胞心中，“癞肚儿”乃为神物，是尊贵的，是“龙族”，所以才有“蛙体虽小，却是龙族”之说，用以比喻事物虽小却也有其可贵之处，不可小视。这种谚语其总体意义蕴含着丰富的民族文化，在内容上和形式上洋溢着浓厚的民族气息。

1. 与宗教信仰密切相关的意合性谚语

青海是一个多民族的地区，也是一个宗教信仰复杂的地区，如藏传佛教、汉传佛教、伊斯兰教、道教、基督教等，其中以藏传佛教和伊斯兰教影响最为广泛，青海方言谚语受它们的影响非常大。如：“不要攀登玛积雪山的背坡，如攀登会出现人马的尸体；不要挖大河岸边的积沙，如强挖会惊走青蛙和游鱼。”这条谚语是对攀登神山阿尼玛卿山和在黄河边上挖沙子的人的警诫。谚语中的“玛积雪山”就是阿尼玛卿山，之所以不可攀登其背坡，一是因为那里太险峻，二是因为此山乃藏族同胞心目中的神山。“阿尼玛卿”是藏语，其含义：一说“阿尼”意为“祖先”，“玛卿”意为“太玛神”；另一说，“阿尼”为“年长”，“玛卿”是一位修养极高的菩萨。不管是哪种说法，都与藏传佛教有关。而所以“不要挖大河岸边的积沙，如强挖会惊走青蛙和游鱼”则与藏族原始宗教有关，黄河边上的青蛙和游鱼是藏族原始宗教中的“龙族”，古谚说“蛙体虽小，却是龙族”。据说触犯了龙族就会得上麻风病一类不治之症。因此，这里的“青蛙和游鱼”绝不是一般意义上的青蛙、游鱼。

2. 与风俗习惯相联的意合性谚语

俗话说：“十里不同风，百里不同俗。”青海是一个多民族聚居地，各民族均有其独特的风俗习惯，这些独特的习俗在谚语中留下了鲜明的痕迹，形成了一些别具一格的谚语。如“阿舅打外甥，墙上抹臭虫”，这是一条阐述人际关系的谚语，青海土族人认为舅舅对外甥有特别的权力，称舅舅为骨肉之主，是靠山。遇有重大事情时，舅舅会亲自出面解决，在举行宴会时，舅舅总要坐在最醒目的位置上，他往往和宾客中的那位年长辈高的老人并列坐在上席座位。其实，青海回族、撒拉族、汉族中都有这样的习俗，因此在青海汉族方言中就有了“阿舅打外甥，墙上抹臭虫”这样的谚语。

青海人当中有一条十分流行的谚语：“到陕西嫑喊‘乱弹’，到河州嫑唱‘少年’，到西宁嫑丢‘谑杆’。”这是一条告诫谚语。青海方言中“嫑”指不要做/说什么，“乱弹”是戏曲秦腔之别名，青海人也爱唱，但由于方言等原因唱起来不如陕西人唱得好，所以告诫青海人到陕西就不要唱“乱弹”了，以免班门弄斧；“少年”是民歌“花儿”之别名，《河州大全》就源于河州，因此谚语告诫爱唱“花儿”的人到了河州就不要唱了；“谑杆”是青海方言中开玩笑的语言，又名“斜话”，西宁人特别擅长说“斜话”，因此谚语告诫人们到了西宁就不要丢“谑杆”。再比如说“只要把理讲得通，牵羊搭红自然行”这条谚语，“牵羊搭红”是青海的风俗，是旧时代参与纠纷的当事人向对方表示认错的方法：打架评理后，理屈的一方牵上活羊一只，带红布一条，到对方家登门认错。

青海方言谚语中的意合性谚语，还有一些与民间故事、寓言等密切相关，我们在理解语义时一定要联系其语境才可明了。

（二）深层语义谚语

所谓深层语义谚语，是指谚语的字面意义明白易懂，但其真正意义并不是话语的表层意思，它的作用是借以引出实际意义，谚语的真正意义是在表层意义的基础上引申出来。如“一碗糌粑千颗粮，一块酥油千滴奶”这条谚语，表层语义是说一碗糌粑要很多粮食才能做成，一块酥油由很多牛奶提炼而成，它的实际意义是说人们要珍惜粮食和酥油，不能浪费每一粒粮食和每一滴酥油。再譬如“嘴再大也在鼻子底下，山再高也在蓝天底下”，表面上是说嘴与鼻子、山与蓝天的关系，而实际上都是比喻事情总有一定的局限，告诫人们要谦虚谨慎、戒骄戒躁。这类谚语的语义由构成部分的词面意义引申出来，读者应从构成谚语各部分的词面意义去领悟整个谚语的语义。青海方言中的这种谚语比较多，其深层语义的产生主要有以下几种方式：

1. 抽象

有些谚语的表层语义所传递的信息是个别的、具体的，而这种个别的、具体的知识却具有某种抽象性、普遍性和共性的知识，这才是这个谚语的实际语义。例如：

（1）蜜糖虽然甜美，还是馟粑经吃。

（2）犏牛死山野，牛皮剥回来。

（3）箭头不快，努折箭杆。

上述谚语的表层语义都很具体、明确，阐释的只是某种自然现象，其深层语义要在此基础上抽象出来方可知晓。例（1）的表层语义仅仅是就蜜糖与馟粑而言，其中实际上包含了一个普遍性的道理：表面上好的东西并不一定最有用；例（2）表面上说犏牛死后应把其皮取回，不可弃之，而实际上却说明了“有用之物虽已破旧，即使在远处也要妥善处理”的道理；例（3）表面上是谈开弓射箭的问题，而实际上却是要阐明“为懦弱无能的人效力，不但无济于事，反而会损伤自己”的道理。这些谚语在使用过程中的实际意义，一定要透过表象去发掘其深层语义，切不可望文生义，只有这样，才能运用得恰到好处。

2. 概括

有一部分谚语的深层语义需要从谚语表面上所述的两件或两件以上的事情中概括出来。如：

（4）娶亲要看姑娘妈，买马要看种公马。

（5）半夜里说黑，烟筒里绕手。

（6）天上云多天不晴，地下石多路不平，河里鱼多水不清，地上人多心不公。

例（4）“娶亲要看姑娘妈，买马要看种公马”讲的是两件事，但有共同之点，这就是做事情要从老看小，从上看下；例（5）说的是“半夜里说黑”与“烟筒里绕手”这两件事，二者的共同之处就在于对不明事理或不听劝告的人讲道理，等于白费口舌、枉费心机；例（6）叙述了“天上云多天不晴，地下石多路不平，河里鱼多水不清，地上人多心不公”这四件事情，但四件事情有一个共同之处，那就是任何事情过多、过滥就会好事变坏事。这种谚语，字面所叙的几个表层信息并不是它原来的实际意义，谚语的实际意义是透过表象所概括出来的深层语义——几件事情的共同点。

3. 联想

有些谚语字面表层信息形象生动，读者可以由此联想到深刻的哲理语义，这个哲理语义才是其实际语义。例如：

（7）河里的石头也要翻三翻。

（8）山羊腿安不到绵羊身上。

（9）老母羊远走不忘关照羔羊。

例（7）的表层语义看似不合情理，却能使人联想到一个道理：对任何事情都不可能看死，它总会起变化的；例（8）的表层语义很浅，但能进一步使人联想到“性质不同的两种事物，不可相提并论”的道理；例（9）的表层信息能使人联想到“做主的人或父母远走他处时不会忘记照顾下属或儿女”的道理。这些谚语的实际意义就是从表层语义所联想出来的深层语义。

（三）偏义复合语义谚语

有些谚语由两个句子组成，两个句子在表义上往往有主次之分，整个谚语的语义主要由起主导作用的句子表示，另一个句子对整个谚语的语义表达只起辅助作用，我们把这种谚语称作偏义复合语义谚语。例如：

（10）老羊皮隔风，老实话受听。

（11）拄着拐棍绊不倒，遇事商量错不了。

（12）不吭不哈无事非，大襟蒙头不受风。

以上例子都是两个句子构成的谚语。构成这些谚语的两个句子，从语法上看属于并列关系，但从语义上看：例（10）的“老羊皮隔风”并无实在意义，“老实话爱听”才是谚语中的语义；例（11）的“拄着拐棍绊不倒”只是起辅助作用，“遇事商量错不了”才是整个谚语语义的中心；例（12）的“大襟蒙头不受风”没有实际意义，“不吭不哈无事非”是整个谚语的语义，意思是只要少说话，安分守己就不会招灾惹祸。

这种谚语中起辅助作用的句子，在整个谚语当中所发挥的作用也不一致。有的起比兴作用，增强谚语的形象色彩；有的只起映衬作用，把中心语义衬托得更加鲜明、突出。例如：

（13）人争一口气，佛争一炉香。

（14）人比人活不成，驴比骡子驮不成。

（15）福不可重受，油饼子不可加肉。

（16）小小溪水易喧闹，无知的人爱骄傲。

（17）有志的娃娃一条龙，无志的娃娃一包脓。

（18）便宜是害，萝卜是菜。

例（13）（14）（15）（16）中的“人争一口气”“人比人活不成”“福不可重受”“无知的人爱骄傲”均是起主导作用的句子，整个谚语的语义由它们表达，而“佛争一炉香”“驴比骡子驮不成”“油饼子不可加肉”“小小溪水易喧闹”则在谚语中起比兴作用，使谚语语义显得生动形象。例（17）（18）中的“有志的娃娃一条龙”“便宜是害”是谚语中表达实际语义的句子，而“无志的娃娃一包脓”“萝卜是菜”则对其进行有力的映衬，使其语义更加突出。

（四）直接组合性语义谚语

有些谚语的整体意义是直接由构成谚语的各个词的意义组合而成，我们称之为直接组合性语义谚语。这类谚语的整体意义与其字面意义的逻辑组合是一致的，或基本一致。如：

（19）好汉有话当面说，常人有话问时说，坏人有话背后说。

（20）高山放马，大滩荡羊。

（21）母羊膘好不掉羔，阉羊膘好价格高。

（22）秋季不贮草，冬雪坑死人。

这种谚语阐述得非常直白，直截了当地陈述知识。直接组合性语义谚语，大多是用于阐述自然知识，如“朝立秋，凉飕飕；暮立秋，热到头”“人黄有病，天黄有雨”“小鸡发愁叫，风雨冷雪到”等。关于生活哲理、思想修养、人际交往等方面的谚语，它们的语义就较少通过字面直接组合而成。

二、青海方言谚语语义分类

对于谚语，可以按照不同的标准而分出不同的类型来。青海方言谚语内容丰富，涉及的对象十分广泛，从它们的具体语义内容来看，可以分为自然谚语和社会谚语两大类。

（一）自然谚语

自然谚语指传授自然知识的谚语，主要是物质生产方面的知识以及与生产相关的知识，其中大部分是关于农、林、牧、副、渔等业的生产知识，另外还有天象、乡土地理及日常生活方式等方面的知识。青海方言谚语受地理环境的限制，在农、林、牧、副、渔业等方面的谚语大都集中在农业和牧业上，林业、副业等方面的不多，渔业方面的谚语就更少了，几乎未见。

1. 农业谚语

传授农业知识的谚语，或讲农业重要性，或讲农事季节，或述土壤改良，或者传授农业技巧等。例如：

（23）千买卖，万买卖，离不了庄稼人翻土块。

（24）犁地不耕边，少了一大片。

（25）麦收有五忙：割拉碾晒藏。

（26）麦黄上场，三岁娃娃没娘。（意为妈妈忙得顾不上孩子。）

(27) 青稞叶宽硬秆秆，十有八九能增产。

(28) 洋芋多壅土，一亩能顶一亩五。

(29) 只要不撒尖（青海口语，即偷懒），肥料堆成山。

2. 林业谚语

传授林业知识的谚语。青海地处青藏高原，林区较少，且有沙漠戈壁横贯其中，树木栽培极为重要，但又难以存活。因此，在青海方言林业谚语中，讲植树造林好处的较多，讲种植管理方法的则较少。例如：

(30) 不栽树，不种草，人无粮，畜不饱。

(31) 家有百树，不愁吃穿住。

(32) 林是庄稼的保姆，挡风保墒固沙土。

(33) 治山治水不栽树，有土有水保不住。

(34) 山上长松柏，黑刺生山沟，河水沿上栽杨柳。

(35) 人怕伤心，树怕剥皮。

(36) 干榆湿柳水白杨，杏树栽在半山腰。

3. 牧业谚语

青海是全国五大牧区之一，畜牧业在其国民经济中占有相当大的比重。牧区 6 个民族自治州的国民经济中，畜牧业产值比重处于绝对主导地位。因此，在青海方言谚语中，牧业谚语所占比例较大，涉及畜牧业的方方面面。例如：

(37) 养马没窍，草料喂饱。

(38) 一寸草，铡三刀；不见料，也长膘。

(39) 牛怕肚子冷（圈湿），马怕满天星（无圈棚）。

(40) 不怕使十天，就怕猛三鞭。

(41) 一天刷三道，强如多给料。

(42) 短骡子长马，好牛脖子一大柞。

(43) 母驴吃霜草，产驹很难保。

(44) 今年不积草，明年牛卧倒。

(45) 羊儿一天三个饱，年年下的对头羔。

(46) 放羊要赶早，牧马要贪黑。

4. 副业谚语

传授副业知识的谚语谓之副业谚语。副业是相对于“正业”而言，是农牧民附带经营的事业。青海地处高原，副业主要是养猪和养鸡，副业谚语也主要是关于这两者的。例如：

(47) 买猪要会挑，体大脚要小。

(48) 要享福，养五母（母牛、母猪、母羊、母兔、母鸡）；要受穷，贩毛虫（倒贩牲口）。

(49) 多养鸡兔，穷能变富。

(50) 鸡鸡鸡，二十一，鸭鸭鸭，二十八。

5. 气象谚语

气象谚语是指传授时令季节和气温变化知识的谚语。青藏高原气候多变，人们十分关注其变化状况，正如谚语所言“寺院的喇嘛听鼓声，草原的牧人看天时”“出门看天色，进门看脸色，炒菜看火色”，也就是说草原人对天时的关注如同寺院喇嘛对鼓声的关注一样，就像进门看人的脸色、炒菜看火候一样重要，会以此作为行事的重要标准。因此，在青海方言中有大量的关于气象问题的谚语。例如：

(51) 日落胭脂红，无雨必有风。

(52) 一点一个泡，还有大雨到。

(53) 黑云夹着红云跑，时刻警惕降冰雹。

(54) 清明前后落透雨，夏秋草茂牛羊肥。

(55) 大年初一见水雪，这年必定雨水缺。

(56) 冬至晴，百物成。

(57) 早上拉了雾，后晌晒死兔。

(58) 久雨猛晴天，必下雨蛋蛋（冰雹）。

(59) 夏至响雷三伏旱，三伏不旱连根烂。

6. 风土谚语

风土谚语是传授各地名贵物产、名胜古迹和乡土风情等方面知识的谚语，青海方言谚语中也有许多阐释青海风土人情的谚语。如：

（60）宁可三日无粮，不可一日无茶。

（61）三月的羊儿见不得（因缺草瘦弱），八月的羊儿舍不得（舍不得宰着吃）。

（62）门源油，满街流。

（63）强盗不反抗是凶兆，新娘不哭不吉祥。

（64）汉人凭字据，藏人凭口据。

（65）念经不先念《皈依经》没法念，谈笑不先说笑没法谈，吃饭不先敬神佛没法吃。

（66）门源人的亲，三天两头说不清。

（67）马和歌，是蒙古人的两只翅膀。

7. 生活谚语

生活谚语是传授人们日常生活知识的谚语，涉及衣食住行、卫生保健等方面。例如：

（68）冻的是闲人，饿的是懒人。

（69）洗脸洗鼻窝，扫地扫墙角。

（70）家有千斗粮，白萝卜是消食的王。

（71）青油细白面，吃成个瘦干纤；青稞面当饭，吃成个罗汉。

（72）吃羊肉不吃蒜，味道减一半。

（73）大路不走草成窝，坐立不正背成驼。

（74）无事勤扫屋，强如上药铺。

（二）社会谚语

社会谚语是传授哲理、社会知识的谚语，主要是关于认识论、方法论和道德修养等方面的知识。青海方言中有大量的社会谚语，主要涉及人生哲理、思想修养和社会知识三个方面。

1. 人生哲理

包括真理、是非、爱情、处世等。如：

(75) 说真假辨别才知道，羊肥瘦宰了才知道。

(76) 真正朋友遇难就帮，假心的朋友遇难就嚷。

(77) 水渠源头浑，渠尾水不清。

(78) 真的虽是酥油也不会化掉，假的虽是铁也会戳破。

(79) 青稞越磨越细，道理越说越明。

(80) 坏人哈干不得好，狗哈铺不得草。

(81) 人横有道理管着，马横有缰绳拴着。

(82) 指亲戚，靠邻居，不如个家（自己）跑着做。

(83) 帮人要帮心，浇树要浇根。

(84) 相马看口齿，交人摸心底。

2. 思想修养谚语

青海方言中的思想修养谚语主要包括理想、道德、智慧、求知等方面的内容。

(85) 鸟惜羽毛虎惜皮，做人惜的是名誉。

(86) 人靠智慧鱼靠尾，鸟靠翅膀兔靠腿。

(87) 驽人使气俩，狠人使智俩。

(88) 饱满的青稞穗头儿总是低着头。

(89) 没戴过笼头的驴嘴巴硬，没有学问的喇嘛口气硬。

(90) 即使胸中着火，莫叫口中冒烟。

(91) 勤奋越学越好，懒惰越学越坏。

3. 社会知识谚

青海方言谚语中社会知识谚语也极为丰富，涉及友情、待客、劳动、辞令等各方面。如：

(92) 不懂得丹慧（藏语借词，意谚语），就不懂得人生。

(93) 大河里没水小河里干。

(94) 箭头咋快翎毛扶持，箭头不快窝折箭杆。

(95) 伴儿来，伴儿去，不要叫伴儿害下气。

(96) 饭要尝着吃，话要想着说。

(97) 口是血盆牙是钉，舌头尖儿上害人生。

(98) 短尾马跑时像乱蹦，愚蠢人说话像吵架。

(99) 走遍天下，礼节为大。

(100) 邀客的不穷，做贼的不富。

第四节　青海方言谚语的修辞特点和表现手法

修辞是运用各种方法、手段来提高语言表达效果的一种语言活动，在人们的眼里总是与写文章相关，与文人相联，是高层次的语言追求，似乎与老百姓的口头言语无关。其实不然，老百姓的口头言语是一座语言宝库，是语言学习者的丰富源泉，谚语是人民群众所创造、所使用的，其中广泛使用了修辞手法，具有独特的语言魅力。

一、青海方言谚语的修辞特点

(一) 语言材料“风搅雪”

青海人把“花儿”中以各民族语词汇混合成句的唱词谓之“风搅雪”。实际上，这种现象并不仅存于民歌演唱中，在日常生活的口语交谈中也很常见，如汉语言中表示同意对方叙述的内容时，用“阿来”回答，这个“阿来”就是藏语中的“是的”。青海方言谚语大部分取材于汉语，同时也吸收了其他民族语言，形成了独特的“风搅雪”现象。

藏族是具有悠久历史和灿烂文化的青藏高原世居民族之一，在与汉族的长期交往中，其语言自然而然地影响着汉语方言，这在青海方言谚语中也能寻见踪迹。如：

(1) 不爱部落的宏保，必然被部落唾弃。

(2) 雪地里走路需穿酸巴，乱世里处世需要智谋。

(3) 人生好比直曲水，莫怕惊涛当头来。

(4) 绚丽夺目的嘉琅，是用千针万线绣成的。

例（1）的“宏保”、例（2）的“酸巴”、例（3）的“直曲”、例（4）的“嘉琅”均为藏语音译词。“宏保”意为“头人、领袖、长官”；“酸巴”指一种高腰皮靴；“直曲”指长江；“嘉琅”是藏族妇女的一种服饰，是已婚女性的重要标志之一。

青海是一个宗教信仰复杂的地区，一些宗教词语在谚语中也留下了烙印。例如：

（5）穷没啥，富不怕，半拉户头上寻拜俩。

（6）作恶天不见，孽罐还没满。

（7）修身不请高僧念《却巴》，心诚何必去到嘛呢磨。

例（5）的“拜俩”是伊斯兰教语，“灾难”的意思。例（6）的“孽罐”、例（7）的“却巴”“嘛呢磨”均与佛教有关。“孽”是指身、口、意三方面的活动，“孽罐”是指容纳罪孽的容器，“孽罐满”就是恶贯满盈之意；“却巴”是喇叭教的经名，民间称为“平安经”；“嘛呢磨”是藏族宗教祈祷工具之一，形似磨，为长圆柱，上下有轴承，手推能转动。

（二）雅俗并存，生动传神

谚语是老百姓创造出来的，流传于老百姓的口语中，许多谚语平铺直叙，用语十分质朴。青海方言中也有许多直白的谚语，有些谚语甚至就用方言写成。如：

（8）聪明不在于相貌而在于头脑，力气不在于外表而在于肌肉。

（9）牧草多的地方牛羊壮，群众多的地方智慧多。

（10）能叫肚里挣下疮，嫑叫锅里剩下汤。

（11）人的后头有人哂，山的后头有林哂。

（12）宁给狠人牵马缒镫，不给皮拉松出谋定计。

以上例子都是直陈，其中还有大量的青海方言词，如例（10）的“能”“嫑”，例（11）的“哂”，例（12）的“狠人”“皮拉松”。“能”是“宁可”之意，“嫑”即“不要”，“哂”为青海方言中常见的语气词，“皮拉松”指没本领的人，“狠人”意为有主意的人。这些语词虽然质朴无华，但非常生动传神，抓住了事物的本质特征，表达了深刻的哲理。

青海方言谚语有一部分来自文言文，还有部分来自《萨迦格言》《水喻格言》和《木喻格言》，这些谚语显得古朴、典雅，为青海方言谚语增添了神奇的色彩。例如：

（13）路遥知马力，日久见人心。

（14）学识渊博的圣人，虚怀若谷不自矜；
果实累累的树木，树头朝下迎主人。

（15）志同者远也有益，离心者近亦分离。

（16）一个人能够知足，幸福会享用不完；
追求财富不知足，痛苦像雨水连绵。

例（13）出自宋·陈元靓《事林广记》，已流行于全国各地；例（14）出自《水喻格言》；例（15）（16）出自《萨迦格言》，长期流传于民间，为广大百姓所喜爱。

（三）形式整齐，音韵和谐

青海汉族方言谚语中单句谚语较少，大部分为双句式谚语，还有部分多句式的谚语。无论是双句式，还是多句式，它们有一个共同点，那就是形式整齐，而且音韵和谐，给人以美感。如：

（17）一树之果有酸有甜，一母之子有愚有贤。

（18）饱了要丢干粮，热了要丢衣裳。

（19）和尚多了水缸干，枪手多了兽不见。

（20）云跑东，一场空；云跑南，水上船；
云跑西，水渍渍；云跑北，瓦碴晒成灰。

例（17）（18）（19）均为双句式谚语，例（20）为多句式谚语，它们不仅形式整齐，而且押韵。例（17）为八言句式，“甜”“贤”押尾韵；例（18）为六言句式，押尾韵；例（19）为七言句式，押尾韵；例（20）为多句式谚语，每两句一换韵，均押尾韵，十分和谐，读起来琅琅上口。

青海方言中有些谚语押头韵，或者是押中韵。如：

（21）嘴长惹是非，腿长揽露水。

（22）人不求人一般大，水不流来一样平。

（23）一根麦草抛不过墙；一根木头块不起梁。

（24）帐房家搬上三次（哈）富哂，庄稼人搬上三次（哈）越穷哂。

（25）满瓶子不响，浅瓶子嘁叮咣当。

例（21）押尾韵，同时一二句中“长”字为同音字相叠；例（22）的一二句“不”字相叠，“求”“流”相谐；例（23）“墙”“梁”押尾韵，且“一根”同词相叠；例（24）一二句中“搬上三次”同字相叠，“帐”与“庄”二字相谐；例（25）尾字“响”与“当”押尾韵，头字“满”与“浅”押头韵。

（四）精挑语词，巧用辞格

谚语出自民间，朴实无华，但这并不是说谚语语言粗劣，毫不讲究。其实，谚语要用简练的语言表达丰富的内涵，就必须注意挑选词语，且注重辞格的选用。青海方言谚语很注重遣词造句。例如：

（26）人上十口，吃饭累吼。

（27）日头不能常晌午。

（28）说了的话嫑推翻，做了的事嫑中断。

例（26）的“累吼”为一方言词语，负担重、拖累大之意；例（27）的“晌午”也是方言词，“正午”之义；例（28）则是选用了青海地方方言特有的句式——动宾倒装句，“说了的话嫑推翻”即不要推翻说了的话，“做了的事嫑中断”即不要中断做了的事。正是这些独具特色的方言词、方言句式的选用，使得这些谚语所阐释的哲理显得形象生动、通俗易懂，具有极强的亲和力，人们乐于接受。

为了更精确地表情达意，青海方言谚语也注意同义词和反义词的选用。例如：

（29）牛大有个绊牛的法，家大有个治家的规。

（30）一箭易断，十箭难折。

（31）河里的石头有三翻，人活阳间有三转。

（32）骂人的不高，挨骂的不低。

（33）大家做事平常，小家做事慌张。

例（29）的“法”和“规”、例（30）的“断”和“折”、例（31）的“翻”和“转”分别为近义词，它们把前后紧密联系在一起，不仅突出了谚语语义，而且上下句语词不重复，显得错落有致；例（30）的“易”与“难”、例（32）的“高”与“低”、“骂人的”与“挨骂的”、例（33）的“大家”（指大户人家）与“小家”、“平常”与“慌张”，它们分别是反义词或对义词，形成对比，正反相形，使谚语语义鲜明突出。

青海方言谚语不仅注重词语的挑选，而且也很注意修辞格的使用，下面我们将专题讨论这个问题，在此就不赘述。

二、青海方言谚语常用辞格

辞格是人们在长期的语言交际过程中，在本民族语言特点的基础上，为提高语言表达效果而形成的格式化的方法、手段。青海方言谚语常使用比喻、夸张、对偶、反复等修辞格，使其形象生动，活泼有趣。

（一）比喻

比喻是用某一事物来说明与其本质不同而又有相似之处的另一事物，可分为明喻、暗喻（隐喻）、借喻等。有人认为，隐喻不光是一个语言的问题，它更是一种思维模式，我们赖以思考和行动的概念系统大多是以隐喻的方式建构和界定的。应该说，这种观点在谚语当中体现得十分充分，青海方言中有这样一条谚语：“骏马奔时像是走，贤者讲话比喻多。”其实，并非“贤者”讲话才用比喻，可以说每个人讲话时都会使用到比喻这种辞格，在青海方言中，很多谚语都使用了比喻的手法。如：

（1）公道好比对面镜，人人都能看分明。

（2）庄社好比戴不烂的铁纱帽，抬头不见低头见。

（3）实践是知识的母亲，知识是生活的明灯。

这三条谚语中的例（1）和例（2）都采用了比喻中的明喻，本体、喻体和比喻词都有。值得注意的是，这里的比喻词不同于普通话中常见的“像”“如”“恰似”等，而是用了“好比”一词，比喻都用在上一句，而下一句则是对其语义作进一步的补充说明。例（3）的上下句都用了暗喻，主体和喻体之间用判断词“是”联结。

青海方言谚语中有大量的谚语是双句式的，其中大部分是一句为喻体，一句为本体，例如：

（4）有话说出口来，有谷碾出米来。

（5）水没有爪子刨下坑，话没有箭头射烂心。

（6）吃搅团要菜哂，打官司要理哂。

例（4）“有话说出口来”为本体，“有谷碾出米来”为喻体；例（5）中“水没有爪子刨下坑”为喻体，“话没有箭头射烂心”为本体；例（6）的“搅团”为青海的一种地方食品，“吃搅团要菜哂”为喻体，“打官司要理哂”为本体。这种谚语中，本体就是整个谚语语义的核心句子。

有些谚语则是只出现喻体的暗喻，其本体需要听者、读者通过隐喻的思维模式去思索，寻求其语义。例如：

（7）天晴搭个落雨铺，小时想个老来路。

（8）制马鞍接头要坚固，立柱子基石要稳当。

（9）草地虽已枯黄，兔吃有草香。

（10）豢养狼崽难作守门犬。

（11）山羊腿安不到绵羊身上。

例（7）用“天晴搭个落雨铺”和“小时想个老来路”这两个生动形象的喻体来喻指做任何事情都必须深谋远虑，未雨绸缪；例（8）用“制马鞍接头要坚固”和“立柱子基石要稳当”这两个喻体喻指基础要扎实；例（9）用“草地虽已枯黄，兔吃有草香”这一喻体喻指虽然对方已经不复存在，但另一方对之仍抱有希望；例（10）则喻指品质恶劣之人不值得培养；例（11）则是比喻性质不同的两种事物，不可相提并论。

（二）对偶

对偶是中国人民喜闻乐见，颇有民族特色的一种语言形式，是形式对称均衡、意义相联的两个句子。这种方式在青海方言谚语中也较为常见。例如：

（12）妻贤夫祸少，子孝父心宽。

（13）穿衣裳看袖子，娶媳妇看舅子。

（14）树大嘀揽风俩，花好嘀招蜂俩。

（15）入山擒虎易，开口告人难。

（16）见财起意即是贼，顺手牵羊乃为盗。

当然，谚语作为民间口语，其对偶对音律用字的讲究不甚严格，与近体诗的对偶是有一定差距的。

（三）夸张

夸张是从主观出发，采用艺术的手法，对客观事物故意夸大其辞，以加深人们的印象。谚语是给人们传授知识的，似乎不宜夸张，但事实上夸张也是谚语比较常用的一种辞格，青海方言中也有很多运用夸张手法的谚语。如：

（17）早上云雾落滩里，下午晒干河里水。

（18）草锄头遍如上粪，草锄三遍土变金。

（19）栽上三百柳，吃穿再不愁。

太阳再大，也不可能在一个下午就晒干河水；锄草无论锄多少遍，土还是土，永远也不可能变成“金”；只栽三百柳树，不可能就有吃有穿。这三条谚语显然都使用了夸张的修辞手法，言过其实了，但是由于它们抓住了事物的本质特征，并不会给人以虚假的感觉，反而能够加深人们的印象，收到更加突出的表达效果。

第五节　青海方言谚语的语用分析

语言一经使用，就成为动态的言语，语用学是对言语作语言学分析，它要研究语言手段、语言建构、交际者的心理因素、语用背景、言语背景、言语目的等。谚语，是一种特殊的语言形式，它来自民间，言简意赅，内涵丰富，给人以启迪。从 Van Dijk 对“话语”的定义来看，谚语活跃于老百姓口头，属于话语的范畴，对其进行语用分析十分必要。

每个国家、每个民族都有属于自己的谚语，除了共性之外，还有许多独特之处。青海是一个多民族的省份，长期以来，汉族同其他少数民族友好相处，交往十分密切，语言间的接触与影响比较突出，汉语也从少数民族语言中汲取了丰富的养分，形成了具有独特表现力的汉语方言。青海方言谚语有其独特的语用价值和语用特征。

一、语用功能

谚语广泛地活跃于老百姓的生活中，是“语言中的盐”，语言中如果没有了谚语，就像饭菜没有了食盐一样淡而无味。青海谚语极其丰富，尤其在少数民族群众中，大多数人都会说谚语，而且以掌握谚语的多少作为衡量人的才智的一个标准。一个人若能掌握很多谚语又能灵活运用，就会受到人们的尊敬，被尊为“客哇”（即善于说辞的人）。许多藏文、蒙文著作中都大量使用谚语，一些著名学者、文人的著作中也不乏谚语，诸如夏日仓活佛的《噶丹道歌》、夏嘎仓的《口角贡道歌》以及《格萨尔》系列故事等，都是谚语的宝库。由此可见，谚语在青海各族人民生活中是不可或缺的，正如藏族谚语所言：“活佛凭经典，人民靠丹慧（谚语）。”“经幡插到门上，谚语挂在嘴上。”我们不妨看一个语言片段：

“出言于口要落到实处，敲骨于髓要吃到嘴里。青梅卓玛，你还是收下我这个长工吧!”队里的一个不务正业的小伙子扎西，一见面就弯下身子，伸开两手，讥讽她。她就回答他：“言语只是水上的泡影，实践才是金子水的熔滴！扎西啦，你白长了一身力气!”青梅卓玛照样放她的羊。（王云甫《朋嘎尔牧歌》）

在这段短短的对话中，就运用了“出言于口要落到实处，敲骨于髓要吃到嘴里”“言语只是水上的泡影，实践才是金子水的熔滴”两条谚语，由此可见谚语在青海人口头交际中的使用频率之高。

从总的情况来看，青海方言谚语在口头交际、书面交际中，主要是用来阐释缘由，进行劝诫、警告，或者是用以起兴。

1. 阐释缘由

在人们的日常生活中，万事“理”为先，但理并非人人皆知，因此释“理”也就成了做事的一个不可缺失的环节。青海方言中的许多谚语就常常用来作为释“理”的一个缘由。如：

（1）她果断地回答：“农谚说‘鹰飞高空，无风即雨’。头顶上飘的叫‘碎积云’，那是大风的尖兵!”（钱佩衡《雪莲》）

（2）这里的人们有句俗话说：“撒拉尔的丫头俊不俊，看眼睛就知道；撒拉尔的地方好不好，看天池就明了。”美丽的天池就是撒拉人智慧的眼睛。她，深居层峦叠峰的高山之巅，夏天，披云中雾纱；冬天，穿银装素裹。（韩新华《我们家乡的天池》）

例（1）前文写的是作者“我”与文中主人公“她”在草原上行走，蓝天白云，十分惬意，主人公突然对作者说：“快走，午后有大风哩!”作者大为不解地说：“这样明净的天空，哪有风的影子?”针对作者的疑惑，主人公“她”用“鹰飞高空，无风即雨”这条气象谚语进行了阐释，很有说服力；例（2）这个谚语描写的是天池的美丽，认为天池就是撒拉人的智慧的眼睛，为什么把天池比作眼睛呢？借用本地的一句谚语作答，阐明了原因，因为撒拉族女子的眼睛最为漂亮。

2. 劝诫他人

青海有句谚语："吵架劝人，丹慧最灵。"这就是说，要劝慰他人，丹慧最为灵验。"丹慧"是藏语词，指的就是谚语，用谚语劝诫就有理有据，使人容易接受。如：

(3) 青梅卓玛受到了委屈，急忙走上去说："……扎西啦，要吃酥油，先喂奶牛，你该参加队里的劳动啦!""我不是包了驮牛队了吗?""好，咱来个比赛!""好吧，好马不回头，好汉不食言，咱们走着瞧!"扎西昂头说着，又赶着驮牛走了。

(王云甫《朋嘎尔牧歌》)

(4) 雄鹰飞过三座老林，还要歇一歇翅膀；骏马翻过五座大山，也要溜一溜蹄子。尊敬的柴曼巴，咱们是不是休息一下?

(刘文琦《爱的复活》)

例文(3)主人公青梅卓玛为了劝扎西参加队里的劳动，她没有直接说该怎么办，而是引用了青海当地的谚语"要吃酥油，先喂奶牛"，既显得婉转，又贴近青海当地人民的生活，很容易被人理解，让人接受，所以扎西非常爽快地答应了，而且也用了一句谚语"好马不回头，好汉不食言"表明了自己的决心。例文(4)是主人公柴振民去看病人的途中向导桑泰尔所说的一段话，当时柴振民有强烈的高原反应，口干舌燥，四肢乏力，胸闷气喘，向导桑泰尔见他神色疲惫，便很关心地说了这一段话，劝其先休息一下再走，听了他的这番话，柴振民非常感激，停下了脚步。在这段不长的文字里，也引用了青海人非常熟悉的谚语"雄鹰飞过三座老林，还要歇一歇翅膀；骏马翻过五座大山，也要溜一溜蹄子"，非常形象地说明了一张一弛的道理。

3. 警告、阻止功能

日常生活中，我们常常会碰上一些不如意的事情，要警告他人，某事不可做，如果直截了当地说"不能做""不能为"的话，听者是很难接受的。因此常常要找一些委婉的话去劝阻对方，方能达到预期效果。可以说，这是一条会话原则。委婉的方法很多，引用谚语也是其中之一。如：

（5）达吉娃大婶劝阻姑娘说："说你是他亡妻的转世，那是假的，谁不知道你是个汉族姑娘，猫对山岩念经，其心在想岩头上的小鸟！"

依希卓玛姑娘说："大婶，刨来狼毒根不是为了当菜吃，而是要看看它毒在哪里！""呀呀！"达吉娃大婶点头应道。

（郭玉道《依希卓玛》）

（6）"青梅卓玛，该请咱们吃喜糖了吧！"一个姑娘跑来逗着。啊！原来大伙在说自己，青梅卓玛一下就羞红了脸。可她没有这回事啊！真的没有，想都没想。饭有多少，邻居的妈干最了解；心思如何，自己心里最清楚。咋能无中生有呢！她一咬牙嗔怒了："放盐要鲜盛，说话要明白；谁有那回事啦！""哈哈……"姑娘们又大笑起来，笑得都弯了腰，捧着肚子笑出眼泪。"肉不分大小要肥香，人不论长幼要老实。青梅卓玛你快说吧！"

（王云甫《朋嘎尔牧歌》）

例文（5）是主人公依希卓玛与达吉娃大婶的一段对话，达吉娃大婶劝阻依希卓玛不要听喇嘛的胡说八道，用了"猫对山岩念经，其心在想岩石上的小鸟"这一俗谚加以否定，非常有力；而依希卓玛有自己的想法，她没有接受大婶的劝告，但她没有直接否定大婶的意见，而是引用了"刨来狼毒根不是为了当菜吃，而是要看看它毒在哪里"这一谚语，婉转地表达了自己的意见，大婶也就很容易地明白了。例文（6）是主人公青梅卓玛与众姐妹们的一段对话。短短的一个语段中就用了三条谚语：一是"饭有多少，邻居的妈干（青海方言，指老阿奶）最了解；心思如何，自己心里最清楚"。这是青梅卓玛的内心独白，是对姐妹们玩笑话的否定；二是"放盐要鲜盛，说话要明白"，这是青梅卓玛对姐妹们玩笑话的口头否定，意思是对方说话让她不明白；第三条谚语是"肉不分大小要肥香，人不论长幼要老实"，这是姐妹们对青梅卓玛话的善意否定，认为青梅卓玛没对姐妹们说心里话。正是这几条极富地方特色的青海方言谚语的使用，把青藏高原牧民姑娘开朗活泼、富于智慧的性格特征表现得淋漓尽致。

4. 比兴的功能

比，是比喻、比拟，也就是“以彼物比此物”；兴，是“先言他物以引起所咏之词”，可以起到寓意、联想、象征、烘托气氛等多种作用。青海方言谚语也往往被老百姓用来作为说事传情、作文时的比兴之语，正如青海的一句谚语所言：“话没有引子咋说哩，树没根子咋长哩。”例如：

(7)“啊啦啦！”索南从山洞里跑下来，到了肖勇面前，弯腰伸臂，友好地说，“‘山羊碰不破缸，兔子翻不过山’。不是勇敢的汉子，到不了这里。尊敬的朋友啊，我欢迎你来作客。”

（言公《情深似海》）

(8) 孔雀不怕中毒，大山不怕雪压。你要承认自家还是个党员，就把腰杆挺得直直的。（言公《情深似海》）

(9) 俗话说，旧衣裳缝上新领子看着好，旧神箭配上新弓弦拉着好，旧亲戚续上新亲戚听着好。我们两家的新姻缘，还要我们两家来续。（李克郁《土族婚丧文化》）

例文（7）的谚语“山羊碰不破缸，兔子翻不过山”让人联想到主人公索南所在的地方异常艰险，而来到这里找索南的肖勇则非常勇敢，是条汉子。例文（8）则是用谚语“孔雀不怕中毒，大山不怕雪压”来比喻共产党员宁折不弯的坚强品格。例文（9）用谚语“旧衣裳缝上新领子看着好，旧神箭配上新弓弦拉着好，旧亲戚续上新亲戚听着好”作为一个引子，引出了“两家的新姻缘还要我们两家来续”的话题。

二、语用环境

语用环境就是人们说话写文章所涉及的特定的时间、地点、范围、一定的题旨等。当然，我们这里所探讨的谚语语用环境，不能与一般意义上的语境视为等同。一般意义上的语境所涉及的对象很多，而我们这里所说的语用环境，主要指的是谚语所使用的具体场景，是一种场景语境，只涉及谚语使用的主体、客体、交际目的等要素。

（一）交际者——谚语使用的主体和客体

“交际者”指话语交际中的角色类型，也就是主体与客体。交际中的主体和客体是一对矛盾。交际双方在交际过程中必须相互适应，必须具有必备的合作精神和礼貌原则，双方的交际才能进行。同时，不同的交际对象需要选择不同的方式、手段进行交际。青海方言谚语作为语言交际的一种素材，也有着它特定的使用群体。一般来说，谚语更多地是活跃于老百姓的口语交际之中，在青海，使用谚语的更多的则是广大农民和牧民，尤其是牧民。从使用的民族来说，少数民族使用谚语的频率远比汉族要高。我们曾对青海地区的几篇小说作过详细的研究，其结果如下表：

小说名	交际者	谚语使用数量
杏花雪飘	农民	4
朋嘎尔牧歌	牧民	14
前哨尖兵	市民	1

从上表可以看出，使用谚语，在青海牧民当中非常盛行，在少数民族同胞的口里随处可见，正如青海藏族同胞的谚语所言：“不懂得丹慧，就不懂得人生”，“丹慧虽短，能触及灵魂”，“活佛凭经典，人民靠丹慧”（“丹慧”就是谚语）。在青海地区，不只是藏族，其他民族也一样热爱谚语，谚语在人们生活中使用得非常频繁，譬如土族家境贫寒的人家给儿子娶媳妇时要吃熬饭，知客们要热情款待娘家人，他们一边添菜，一边放开嗓门大声地说：“群星里贵的是启明星，木材里贵的是檀香木，亲戚里贵的

是娘家人。尊敬的阿央颛人们，你们光临寒舍，土炕不热，饭食简便，碗盏不齐，照顾不周，大家受冻挨饿，确实对不起各位，不要客气，多吃点熬饭，暖暖身子，充饥解渴。”在这一大段说辞中，前三句就是青海当地流行的谚语。土族人在求亲时，男方母亲渴望得到女方父母对这门亲事的态度，她要极力说些好话。诸如：“一根木材砌不成房子，一块石头筑不起城郭，美好姻缘还需要你来帮，没有你们的允诺，再好的姻缘也无望。”这段说辞中“一根木材砌不成房子，一块石头筑不起城郭”就是谚语。

总之，在青海地区，谚语使用的主体与客体大多是少数民族，汉族次之；牧民居多，城市市民少用。

（二）交际目的

在交际过程中，交际的双方总是带有一定的目的的，或陈述事件，或说明道理，或提出问题，或请求帮助，或者道歉、致谢……说写者的目的就是要通过自己的言语把自己的意思表达清楚，让听读者易于理解并接受自己的观点。从语言学的角度来看，交际目的也是一种语境，而且是一种十分重要的语境。交际目的不同，话语表达者就会随之调整表达方式，选择合适的语言材料，从而使对方明了自己的意图。青海人在陈述某种事实、阐述自己的观点或请求他人帮助的时候，常常要以谚语这种语言材料作为工具之一。例如：

（1）在赛马场返回的路上，我的哈萨克族朋友库尔斯克告诉我：“看罢赛马，再看歌舞，你就会对我们的民族有一番新的了解。”“何以见得？”库尔斯克捻了下卷曲着上翘的小胡子，不慌不忙地说：“骏马和歌舞是哈萨克族的两只翅膀。”我惊呆了，被这浓缩着诗意的谚语打动了。　　（王贵如《花海采风录》）

（2）雄鹰真可以称作哈萨克人的忠实朋友。有句谚语讲：“猎人养下一只鹰，金峰银峰敢攀登。”　　（同上）

哈萨克族原居住在新疆，1935 年至 1941 年间，他们不堪忍受新疆军阀迫害追逐，前后有 1800 多户哈萨克人自新疆陆续迁移到祁连山麓的甘肃酒泉和青海西部的茶卡、马海等大漠草原。

以上两个语言片断中，都用了谚语来陈述事实。例（1）中库尔斯克用谚语“骏马和歌舞是哈萨克族的两只翅膀”陈述了哈萨克族人的特点，例（2）用谚语“猎人养下一只鹰，金峰银峰敢攀登”陈述了雄鹰是哈萨克人的忠实朋友这一事实。

谚语也常常被青海各族人民用来阐明事理。如：

（3）俗话说：烈马的缰绳要长啦，干部度量要大啦！

（程秀山《桑巴九周》）

（4）“治虫不隔夜，隔夜菜遭殃”，得连夜组织人扑灭。

（王志忠《前哨尖兵》）

例（3）中的“烈马的缰绳要长”是青海人民熟知的一句谚语，文中说话者以此来阐明“干部度量要大”的道理。例（4）的“治虫不隔夜，隔夜菜遭殃”是一句农谚，文中主人公用来说明必须连夜组织人扑灭蚜虫的理由，很有说服力。

青海人在请求他人帮助时也喜欢用谚语，譬如说，土乡人家男孩子成人时，家人就会为其考虑娶亲之事，父母会拿上酒去请求能说会道的媒婆帮忙，他们一般会对媒婆这样说：“天上没有云彩哪来雨水，地上没有媒人哪来婚嫁，他们两家的婚姻靠你来牵……”在这一大段说辞中，前两句就是青海方言谚语，媒人听了这样的赞美词之后，就会很愉快地去说媒。

三、语用特征

谚语广泛地在口语中流传，在流传过程中自然而然地会产生变体，这是谚语语用的一大特点，青海方言谚语也不例外。

（一）语义内容等同的谚语在不同地区的变体

青海省地域辽阔，总面积 72.12 万平方公里，是仅次于新疆、西藏和内蒙古的中国第四面积大省，全省共六州两市。一地有一地的风土习俗，各地的谚语有同有异，同一道理、同一知识经验的谚语在不同的地区说法也不一定相同。例如：

（1）青稞倒，吃不了；麦子倒，一抱草。

（2）青稞倒，产量少；麦子倒，一把草。

这两条谚语所传达的农业知识是完全相同的，都是说青稞和麦子倒伏，收成就不会好。例（1）是互助地区的农谚，例（2）则是湟中县的农谚，两者在用词上略有不同。再譬如：

（3）寸草铡三刀，无料也有膘。

（4）一寸草铡三刀，不喂料，也长膘。

这两条谚语所传播的知识也是完全一致的：养马养牛，草料一定要铡得很细才行。例（3）是湟源县流行的谚语，例（4）则是湟中县流行的谚语，两个地方的表达方式是一致的。湟源县的说法，是整齐的五言句式，文言味较浓，湟中县的说法则变为了六言式和两个三字句式，更为直白了。

青海方言谚语在不同地区的变体，主要有以下几种情况：

1. 近义词（短语）和同义词（短语）的交换使用。

（5）三年能学成买卖人，一辈子学不会庄稼人。

（6）三年学个买卖人，一辈子学不下庄稼人。

例（5）是湟中地区谚语，例（6）是民和地区的谚语。前者用词更接近于普通话，后者则更多地运用了地方方言，“学个”与“学成”意思相近，“不会”与“不下”意思相近，仅有两个语素不同。再譬如：

（7）闭口无言无是非，头藏怀中不受风。

（8）不吭不哈无是非，大襟蒙头不受风。

这两条短语所表达的语义是完全相同的，仅仅是语言材料不同而已：例（7）的短语“闭口无言”与例（8）的短语“不吭不哈”为同一意思，“头藏怀中”与“大襟蒙头”也是近义短语。

2. 句式的不同。如：

（9）人吃土来常常事，土吃人来永无踪。

（10）人吃土，世上在，土吃人，永不来。

例（9）和例（10）所传授的知识一样，但表达的句式不同：

前者为七言两句，后者为三言四句式。再如：

（11）人后头的人，山后头的山。

（12）人的后头有人哩，山的后头有林哩。

例（11）是海北地区的谚语，例（12）是大通地区的谚语，两者所表达的内容是一致的，但例（11）是两个无主句，例（12）是主谓句，且地方色彩浓郁。又如：

（13）刀子再快，割不了刀把子。

（14）灯盏咋亮照不了灯炷儿，刀子咋快割不了刀把儿。

例（13）是湟源县谚语，例（14）是门源县谚语，二者语义一致，但句式不一：例（13）为单句，例（14）为复句。

（二）语义内容等同的谚语在不同民族间的变体

青海是一个少数民族聚居的省份，少数民族人口约占总人口的47%，主要的少数民族有藏族、回族、土族、撒拉族、蒙古族。在这些不同的民族间，也流传着许许多多语义内容等同但表达方式不同的谚语，而这些民族的谚语进入汉语就带有了不同民族的特征。例如：

（15）一根木杆支不起帐房，一粒粪蛋烧不滚茶水。

（16）一丝毛成不了头发，一棵树成不了森林。

（17）一颗儿粮食磨不成面，一块石头砌不成墙。

（18）石头虽小垒成山，羊毛虽细擀成毡。

（19）一根竹竿容易弯，三根丝线拉断难。

这五条谚语都是传授“集体力量是无穷的”这一经验，是几个民族根据自己的生活经验总结出来的，道理是一样的，但由于民族不同、生活环境不同，说出来的话也就不同了：例（15）为藏族同胞所言，他们是游牧民族，帐房就是他们的家，粪蛋是柴火，茶是日常生活中不可缺少之物，所以以这些事物作比来说明道理；例（16）为居住在海西的蒙古族同胞所言；例（17）为互助的土族所言；例（18）为循化撒拉族所言；例（19）为回族所言。这里，五个民族在传授同一哲理时，使用了不同的语言材料。在青海，像这样因民族不同造成的语义等同而表现形式却不同的谚语还有很多。如：

（20）斑纹老虎回林中，红角野牛归深山。

（21）兔儿满山跑，回来进旧窝。

（22）陌生地方的金子，不如故乡的泥土。

这三条谚语都是阐述乡恋情结的。对家乡的眷恋，人皆有之，但不同的民族有不同的表达方式：例（20）是藏族谚语，例（21）是青海回族的谚语，例（22）是青海蒙古族谚语，各自的语言材料均不同。

综上所述，青海方言谚语广泛活跃于老百姓的口语交际中，人们常用谚语来阐释因由、说明道理、陈述事实，与广大农牧民的生活息息相关。

第六节　青海方言谚语的文化特征

文化是一个内涵十分丰富的概念，它是为社会成员共同拥有的生活方式和为满足这些方式而共同创造出来的各种事物，是基于这些方式而形成的心理和行为。它与语言有着水乳交融的关系，文化是语言的镜像，语言是文化的载体，特别是语言中的词汇，始终忠实地记录着社会现实并反映着民族的各种文化理念。谚语作为俗语的一部分，自始自终都凝结着创造使用语言民族的文化特征，青海方言谚语语料在相当程度上源自对青海各民族语言的吸收和容纳，别具青海高原地域特色，不可避免地打上了各民族文化的烙印。

一、青海方言谚语与独特的高原农业文化

青海位于青藏高原，在这片神奇而富饶的土地上，农业发展有着较长的历史。河湟地区是主要农业区，此外还有牧业区农业、半农牧区农业等形式的农业，这和内地的农业生产是不大相

同的。青海农业区的农业谚语流传相当广泛，这些谚语大多是老百姓生产实践经验的总结，有着很强的地方文化特色。

1. 农作物种植谚语

（1）惊蛰春雷一叫，庄稼人吓得跳三跳。

（2）解冻三寸，开始下种。

（3）火里的菜子，泥里的青稞。

（4）谷雨前后，种瓜种豆。

（5）“九九”尽，收拾打牛棍，再“一九”，耕牛遍地走。

（6）清明的辣子谷雨的瓜，播种覅让时节差。

（7）清明到立夏，土旺种胡麻。

（8）立夏种麦子，有牛没有格子。

（9）要想洋芋大，种到清明至立夏。

从这些谚语中可以看出，青海地区所种的农作物主要是麦子（这里的麦子还包括青稞，青稞又名“元麦”“裸大麦”）、洋芋（马铃薯）、油菜等，远不如内地农业品种那么丰富。青海是我国著名的春小麦高产区，春小麦是青海省的主要粮食作物；青藏高原是最早栽培青稞的地区，青稞是藏族人民食用的主要粮食；油菜是青海的六大作物之一；青海的洋芋个头大、水分少，皮薄质沙，是青海农村餐桌上的主食，因此又有“洋芋丰收不烦愁”之谚。

青海地区的农作物不仅在品种上有其不同于内地之处，而且在播种的时间上也是与内地完全不同的。从这些农谚中我们可以看出，麦子、青稞、洋芋和油菜等农作物播种的时间都在清明谷雨季节，有些农作物甚至可以到立夏时候才种，这主要是青海气候条件所致，青海位于世界屋脊，气温较低，且早晚温差很大，冬季很长，要到三四月份才有春的气息，因此农作物的播种时间比内地要晚得多。但这在内地就是不可思议的事情，在内地，清明谷雨之时就是这些庄稼准备收获的时节。

2. 反映农艺的谚语

青海独特的自然环境决定了青海人民在种植庄稼时不可能从

内地人那里去学习经验，自己必须在生产实践中进行总结。多年来，青海人民把自己在生产实践中的经验总结成谚语，一代一代地传了下来。例如：

（10）豆子拔三遍，角角长成串；洋芋拔三遍，一窝二升半。

（11）石头堆里种庄稼，杂草窝里收青稞。

（12）洋芋要大，刀口朝下。

（13）麦浇芽，豆浇花，青稞浇水淹老鸹。

例（10）和例（11）都是传授拔草的知识，“豆子拔三遍”的“拔”就是锄草的意思，例（10）这条谚语指出种庄稼要勤拔杂草，而例（11）这条谚语似乎与例（10）有矛盾之处，说是“杂草窝里收青稞”。其实，这就是青海农业区与半农半牧区、农牧结合区的不同之处。在青海，农业区主要分布在河湟谷地，这里气候温和，农民种植经验丰富，降水量也较为充沛，农田广阔，土地肥沃，农田田间管理很细致，每季要拔 2～4 遍草；而半农半牧、农牧结合地区，农业经济和牧业经济各占一半，共同发展，较农业区农业而言，田间管理没有那么细致，而且多是旱地农业，靠“天水”浇灌，庄稼一般不拔草或只拔头茬草，所以才会出现“石头堆里种庄稼，杂草窝里收青稞”这种现象。谚语例（12）是说种洋芋要想丰产，洋芋刀口必须朝下，洋芋是把切下的块薯作为种子，播种时，刀口朝下，芽眼朝上，这样出苗才又快又整齐。例（13）是说种麦子、种豆、种青稞，都必须及时浇水，“淹老鸹”指青稞苗身高过老鸹（乌鸦的俗称）。

3. 农业收获谚语

（14）夏至五月头，不吃馍馍尽吃油；夏至五月中，十座油房九座空；夏至五月底，十座油房九座闭。

（15）十收九成，九收十成。

（16）麦收时节误一工，风吹雨打一声空。

（17）羊过清明马过夏，人过小暑再不怕。

例（14）是说“夏至”这天如果在阴历五月初，油菜籽就有丰收的可能；如果在五月中旬的话，油菜籽就有可能欠收；如果“夏至”这天是五月底的话，油菜籽恐怕就没有收成了。例（15）的意思是说庄稼黄到十成收割，籽粒掉得多，只能收到九成；如果庄稼黄到九成就收割，就可以颗粒归仓，能收十成。例（16）是强调收获之时一定要抓紧，所谓“麦黄上场，三岁娃娃没娘”，到了收获的季节，三岁的孩子也得不到照顾，妈妈也得把全部心思都用在收割上。例（17）的意思是清明之后的绿草可供羊啃，立夏之后的绿草可供马吃，小暑之后粮食就已经成熟了。从这些谚语可以看出，庄稼人不仅对及时收割的重要性有充分认识，而且对什么农作物该在什么时候收割都把握得很到位。

二、青海方言谚语与高原畜牧业文化

畜牧业是青海重要的传统生产方式之一。日月山以西的藏族、蒙古族居住的大部分区域主要从事畜牧业生产，东部农业区的部分地区也兼营一定量的畜牧业。广大农牧民在从事牧业生产过程中所获得的经验教训，在青海方言谚语中都得到了充分的展示。

1. 反映畜牧业重要性的谚语

在青海，从事畜牧业的主要是藏族和蒙古族人民，畜牧业对于他们而言就是生命，他们用很多谚语来表达了自己对其重要性的认识。如：

（1）草原上落户，必依靠畜牧。

（2）靠海的捕鱼，靠山的放牧。

（3）庄稼人爱土地，牧羊人爱草场。

（4）家有一对牛，种田不用愁。

从这些谚语中可以看出，牧民们对畜牧业的重要性的认识是非常清楚的。

2. 反映放牧技巧的谚语

青海各民族都是吃苦耐劳的民族，特别是广大牧民在放牧生活中，掌握了许多放牧的技巧。从表面上看，放牧是一件很轻松的事情，实际上它是一项十分艰辛且富有技巧的劳动，正如谚语所言："经堂有经典，放牧有技艺。"

青海有一句很流行的牧谚："夏季放牧上高山，春秋返回山腰间，冬季赶畜去平川。"这就是青海牧区轮牧习惯的反映：青海的牧场有冬、夏、秋三季之分，在各个不同的季节里，严格按照划分的季节牧场放牧。牧人把牧场叫做"窝子"，冬季牧场叫"冬窝子"，多位于避风向阳的山沟平川，"冬窝子"很重要，必须早早选好，所谓"明年的事情要今年定，冬窝子要在夏天选"；夏季牧场叫"夏窝子"，多选在地势较高的边远草场；秋季牧场叫"秋窝子"，多选在冬夏"窝子"之间的山腰地带。一年四季，牧民们要根据气候的冷暖变化，赶着畜群逐渐移动，绝不混牧，因此又有"冬草夏不食，夏草冬不食"之谚。

"夏秋不抓膘壮，冬季难保活"，"取鹿茸要抓住二杠子（即刚分两枝的嫩鹿茸，是鹿茸中的上品），抓羊膘要抓好夏秋季"，"夏饱，秋肥，冬瘦，春死亡"，这三则谚语传授的都是对牛羊要抓膘以及何时抓膘的知识。在青海，每年农历七、八、九三个月，气候温和，水草肥美，是给各类牲畜抓膘的最佳季节，正所谓"清明前后落透雨，夏秋草茂牛羊肥"，只要清明节前后下透雨，夏秋季节定能牧草茂盛，牛羊必然膘肥体壮。

"不披星戴月的人，不会有肥壮的牛羊"，"凌晨放马，露里放羊"，"牛要日饱，马要夜草"，"沙地里不赛马，泥泞处不放羊"，这几则谚语是在传授具体放牧知识。实行"早牧"和"夜放"是牧民们的经验之谈，为了让牛、马赶吃露水草，在夏季天亮以前，牧民们就要把牛、羊、马赶出来，因为露水草鲜嫩可口，而且也容易使牲畜长膘。在冬季，由于牧草缺乏，也实行"早牧"和"夜牧"，以延长放牧时间，正如俗话说："马无夜草不肥。"因此放牧是件很辛苦的事情，需早出晚归，披星戴月，同时，还要注意，不能在沙地或泥泞处赛马。

3. 反映爱惜牛羊的谚语

牲畜是牧民们的命根子，所谓“额前的眼睛，体内的心脏”，“爱羊羔如金银，自然会牛羊成群”。在这两条谚语中，牧民们把牲畜比作了人的“眼睛”“心脏”，比作“金银”，指出对牲畜必须要加倍地爱护方能牛羊成群。

正因为牲畜是“眼睛”“心脏”，因此在放牧时，牧民们对牧畜便得精心照顾。牧民们说“骑在马上当大大，下了马后当儿子”，就是说对马要像父母爱子女一样地照顾，“大大”是青海土语，指爸爸。“牧人不淌汗，牧畜不长肥膘”，“人对牛羊付多少代价，牛羊就给人多少的报酬”，是说对牧畜一定要精心饲养。在青海，牧人每天收牧牦牛后，就给牛喂一点盐，以使牦牛多长膘，少得疾病，对羊也是每隔三五天就要喂一次盐。他们还说“若要养奶牛，月月四两油”，要想奶牛产奶量多质好，每个月还得补饲四两葫麻油。对于怀孕和瘦弱的牛羊还得特殊照顾，要补饲青稞、曲拉、茶叶等，所以有“瘦马怕泥滑，孕畜怕霜草”之谚。牧民们还进一步指出，牛羊需适时饮水，所谓“春天的乏羊要饮足水”，就是说熬过冬季的瘦弱羊，饮水非常重要。

牧民们对待牲畜就像对待自己的儿女一样，从不随意使用，随意鞭打，他们说“没头脑的青年乱跑秋后之马”，“不怕使十天，就怕猛三鞭”。前者的意思是说秋季育肥的马不能狂驶，只有二愣子式的人，才骑马乱跑，后者的意思是说不可以鞭打牧畜。

4. 反映棚圈建设的谚语

棚圈是牧畜，特别是幼畜顺利越冬的基本保证。在冬天，天气寒冷，牲畜的热量消耗很大，如果没有合格的棚圈，很多牲畜就会因为抗不过寒冷而冻死，因此，棚圈建设是发展畜牧业的一个基础，部分青海方言谚语就反映了青海地区棚圈建设的特点。如：

(5) 圈干槽净，牲口没病。

（6）牛怕肚子冷，马怕满天星。

（7）圈要干，槽要净，防止牲畜传染病。

（8）东牛西马南羊圈，北面的猪圈不要看。

（9）马圈牛棚向东南，夏遮热来冬抗寒。

例（5）（6）（7）条谚语说明牲畜的圈棚一定要干燥、卫生。所谓“牛怕肚子冷”指牛最怕牛棚潮湿，使肚子受寒；“马怕满天星”的“满天星”是指马棚是无圈的，马不能放在望得见满天星星的露天棚圈。例（8）和例（9）两条谚语则是说修建牲畜圈棚一定要选择朝阳的地方。

三、青海方言谚语与青海饮食文化

青海海东人有一句口头禅：“走遍天下，吃食为大。”它的意思也就是“民以食为天”。的确如此，自古及今，饮食在人类生活中都是极其重要的一个问题，它不仅满足了人们的生理需求，而且在人类历史进程中不断完善，形成了独具一格的饮食文化。青海各民族因其信仰和饮食习惯的不同而形成了独特的饮食文化。

1. 独具特色的食品

“内地人的菜，青海人的馍”，这则谚语非常准确地概括了青海人与内地人在饮食习惯上的最大区别。一般来说，青海的汉族、土族、回族、撒拉族等是以面食为主，一日三餐，早、中两顿都习惯于喝茶吃馍馍，青海人的馍馍不仅花样多，而且味道香、颜色美。

“蜜糖虽然甜美，还是糌粑经吃”，“糌粑吃多了自己伤胃，父母说多了儿女伤心”，这两则谚语都与“糌粑”有关。糌粑是藏语词音译，主要原料是青稞炒熟后磨成的面粉，在青海农业区讲汉语的人称之为青稞炒面，它是藏族农牧民的主食。糌粑并不仅仅是青稞面粉，其中还掺有茶、酥油、曲拉、糖等，吃起来酥软可口，既有酥油的芬芳，又有曲拉的酸脆，还有糖的甘甜、茶的清香，具有高蛋白、高脂肪、高淀粉的特点，营养十分丰富，既充饥又可御寒，因此又有另一则谚语：“二两下肚，一天不饿。”当然，吃糌粑的人并不限于藏族同胞，其实青海的汉族、土族、蒙古族、回族等民族同胞也吃糌粑，所以兄弟省的同胞往往把青海人叫“炒面头”（因糌粑又名青稞炒面）。“炒面”二字在青海人生活的许多方面都有所反映，比如说青海人学说普通话，时不时会带出地方土语，别人就会说他是：“皮袋口口没扎紧，炒面渣渣胡溅哩!”情人、朋友送行也常常以炒面相赠，作为路上食品。

“冰茬羯羖草芽鸡，八月的绵羊宰着吃”。“冰茬”指冬天河水结冰的时候，“羯羖”是青海人对山羊的一种叫法。据清代周伯度《本草思辨录》记载，山羊“好登历山崖倾仄处，略无怖意。其肾气之充固，非它畜比”。立冬以后的山羊，因为在春秋之季吃遍了花草，所以十分肥壮，此时食用，营养价值非常高。“草芽鸡”指春天小草刚刚发芽时的鸡，这时的鸡脂肪厚、产蛋多，吃了这个时候的鸡可以补虚温中，如果吃不到鸡，吃鸡蛋也很好，所以青海当地又有一则谚语——“二月里的蛋，八月里的蒜”。绵羊遍布青海各牧区，八月的绵羊与初冬的山羊一样，是一年中膘情最好的时候，中医主张用这个时候的羊肉补虚劳、益气力，所以青海撒拉族中有一条谚语叫“三月的羊儿见不得，八月的羊儿舍不得”，因为三月的羊儿缺草而瘦弱，所以看上去让人难受，而八月的羊儿因草丰林茂而长得体肥膘壮，所以舍不得宰着吃。另外，青海的烤羊肉，肉嫩味香，不膻不腻，营养丰富，以它特有的风味和制作方法吸引着越来越多的食客。尤其是西宁，无论冬夏，每到晚上大街小巷到处都能见到一座座白色小帐篷，帐篷四周溢着烤肉的浓烈香味，让人垂涎欲滴，所以人们常说“宁吃烤肉一两，不吃煮肉一斤”。当然，并不是所有的人都这样认为，其实还是有很多人喜欢吃煮肉，特别是手抓羊肉。此外，青海人吃羊肉必以大蒜为佐料，不像内地人那样觉得大蒜之味难以接受，他们说“吃手抓不吃蒜，味道减一半”。

“好马相随千里，好茶相伴终身”“宁可三日无粮，不可一日无茶”，这是在青海藏族同胞中广泛流传的两条谚语。茶，特别是湖南益阳出产的茶砖和四川产的松潘茶，历来是高原藏族不可缺少的生活必需品。据《明史·食货志》记载：“蕃人（指藏族）嗜乳酪，不得茶则困以病。”对这种现象，清人顾炎武解释说：“茶之为物、西戎、吐番古今皆仰之，以其腥肉之食，非茶不消；青稞之热，非茶不解，故不能不赖于此。”时至今日，茶已成为了高原各民族生活必需品，在青海各民族生活中有着很重要的作用，譬如在婚礼中就必不可少。汉族提亲说媒牵线凑缘的过程必须要以茶为礼，也叫“下茶包”。在西宁地区，汉族下茶包一般要经过“提话茶”“头回茶”“二回茶”“定茶”四次方罢。订婚的时候，媒人要将用大红纸包的两个大茶包及核桃、桂圆等物送至女方家，这种茶叫“桃果茶”，取其谐音“讨果茶”，意在“讨得结果”，择吉定亲。青海的回族、撒拉族婚礼过程中也少不了茶。

2. 反映节约用粮观念的谚语

“走遍天下，吃食为大”，这在今天的人看来，并不以为意。其实这种观念的形成，应该说是历史上多次战乱、灾荒以及官府的苛捐杂税使得农民手中常常颗粒无收的境况所致。青藏高原，因地理条件所限，粮食品种少、产量低，对此的体会应该说是尤为深刻，当地人在谚语中说：“好花要绿叶扶持，人壮要粮食扶持”，“衣破精神短，粮断身体弱”，“香不过讨来的饭，暖不过借来的衣”，“饥饿时菜根也是香的，寒冷时破皮袄也是暖的”，“家中有衣不觉冷，仓里有粮不觉饿”。

过去的饥荒、战争生活，使青海人民深切体会到“饿了一口难得”，所以经常用谚语告诫后人要节约用粮。诸如“勤是摇钱树，俭是聚宝盆”，“只有勤来没有俭，好比有针没有线”，“大河涨水靠小河，过好日子靠节约”，“冬不节约春要愁，夏不劳动秋无收”，这些谚语都强调了节约的重要性。

缺粮的日子不仅让人们感到了粮食的可贵、节约的必要，而且还让人们学会了如何节约。青海人常说：“念麻尼不如捻线，吃‘搅团’不如擀面。”“搅团”是用杂面搅拌而成的稠糊糊，比较费面粉，而青海人擀的面，主要是“寸寸”，寸寸是两寸长的擀面条，费面粉较少，因此说“吃‘搅团’不如擀面”。即使是吃擀面，喝“寸寸”，老人们还要告诫“薄擀细切，多余待客”，要求擀得越薄、越细为好。

老百姓非常反对大手大脚，主张按人用粮。他们说“有钱不置半年闲，有米不做剩锅饭”，有的甚至主张少吃开胃的蔬菜，叮咛人们“家有千石粮，要叫白萝卜就干粮!”，家里即使有“千石粮”，也不要吃萝卜，因为萝卜开胃，如果就着它吃杂合面做成的大饼干粮，就会越吃越香，越香越多吃，吃掉很多的干粮。老人们还说“能叫肚里挣下疮，要叫锅里剩下汤”，一点也不可浪费，即使是汤也不能剩下。

青海人也反对挑食，他们说：“嫌妻没好妻，嫌饭没好饭。”“青油细白面，吃成瘦干签；青稞洋芋蛋，吃成胖罗汉。”不要挑剔食物，青稞、洋芋都要吃，认为“青油白面”会越吃越瘦，青稞、洋芋虽是粗粮，却能使人长得壮实，因此“细粮加粗粮，吃了身体强”，这既强调了“吃”的科学性，也是在强调不可挑食。

总之，语言忠实地反映了一个民族的全部历史、文化，所有的文化成果都保存在语言的信息系统之中，我们可以透过一个地区、一个民族所使用的语言系统去再现其文化。

四、青海方言谚语与社会时政

谚语能够很好地反映社会时政，反映某些社会现象。老百姓把自己对客观世界的看法、认识，把自己的喜乐怒哀、爱憎情感，通过谚语表达出来，从而使谚语深深打上时代的烙印。青海方言俗语中有大量的反映社会时政的谚语，既有对祖国的热烈歌颂，也有对腐朽制度、黑暗社会的抨击；有对敌我矛盾的认识，也有对多民族和谐共处、共建美好家园的憧憬。

青海是一个多民族聚居地区，也是三江源头、资源富集之省，在国家稳定、生态安全和资源开发等方面占有重要地位。千百年来，生活在这里的各族儿女，在悠远的历史长河中，历经了分裂、统一的交替，历史的变故让这里的人们深知“祖国如母亲，人民乃儿女”（藏族）的道理，而且各族群众都通过谚语把这个道理进行了阐释，并将这个道理代代相传，让子子孙孙铭记在心。如海西地区的蒙古族群众说：“打扮自己莫忘修饰家庭，装饰家园别忘效忠国家”；回族同胞说“爱国是伊玛尼的一部分”“爱国就是爱教，保国就是保身”；藏族同胞说“国家的疆土不安宁，要饭人的睡处也不稳”“水阔鱼儿乐，国泰百姓安”“离开了家乡，也不可忘记家乡的语言”“鳃鱼虽然长着翅膀，但是无权自由飞翔”“失去爱人哭三年，失去家乡泪不干”……这些谚语与汉族的古谚“天下兴亡，匹夫有责”有异曲同工之妙，都表达了国强则民富、国泰则民安的朴素道理。各民族文化在“爱国”“爱家乡”这个做人的根本点上达到了高度的认同。各民族人民不仅以相同意蕴的谚语互励共勉，而且以自己的行动作了最好的诠释，每当国家有难，他们都会义无反顾地与各民族兄弟一道，同仇敌忾，共同抵御外侮，保家卫国，谱写出了一曲曲爱国主义壮丽篇章。

作为多民族聚居地，青海境内少数民族人口占了46%，我国56个民族，其中54个民族就生活在青海境内。长期以来，汉、藏、回、土、蒙古、撒拉等54个民族的人民在这块土地上休戚与共，和谐相处。经过漫长的交流融合，已经形成了相互依存的共生关系，为祖国大家庭的繁荣昌盛贡献着自己的力量，缔造出了璀璨的文明。正如青海有位领导所说：“青海是一个多民族、多宗教地区，推动青海的发展，团结尤为重要，和睦尤为可贵，这是我们在发展和建设中得出的最为宝贵的共识。”这种共识，在老百姓口耳相传的民间谚语中就有很多，可以说，颂扬民族团结是青海谚语的一个重要内容。藏族谚语说“茶叶离不开盐巴，汉藏两族是一家”“天上有一对太阳月亮，地上有一对松赞文成”“各族人民一家人，谁也离不开谁”“篝火能把严寒驱散，团结能把困难赶跑”“三人同心，国政会合乎规矩；三石相靠，则大锅能够支稳”；回族谚语说“回汉人民心连心，个个是患难的弟兄”“回汉一条心，黄土变成金”“回汉是两教，理是一个理”；蒙古族则说“众人种树树成林，大家栽花花满园”“天空的美丽是太阳、月亮和星星；群山的美丽是野果和森林；一个国家的美丽就在于人民”“像一杆箭似的易折，如五杆箭似的坚实”；土族同胞说“石油里面有金子，人民里面有圣人”“一根筷子容易折，一把筷子折不断”“众人力量大，柴多火焰高”；撒拉族说“一根柴难燃着，单个人难富裕”“人和能成事，流水可移山”；汉族说“珍珠玛瑙不稀奇，团结和气无价宝”…… 这些谚语选用不同的物象作比，从不同的角度鼓励人们友好相处、团结互助，都阐明了同一个道理：团结互助、精诚合作是民族兴盛、社会进步的不竭源泉。由这些谚语不难看出，长期生活在这里的各族人民对和睦相处、患难与共、同乳共生早已有了共识，青海是一方民族团结的热土，这片热土上，各民族群众同呼吸、共命运，描画出了一幅幅民族团结的壮美画卷。

新中国成立以前，青海高原阶级矛盾十分尖锐，因此青海方言中还有一部分反映当时政权之腐朽、统治者之凶残的谚语。如藏族谚语有“老虎吃人狼作帮凶，头人刮民奴才当先”“官军下帐房，牧民遭了殃”“人世间最苦的是奴隶，树木中最苦的是砧板”“犄角高者是牧人套绳的目标，财物多者是头人敲诈的对象”“若要千户发善心，东面的太阳西面升”“虽有嘴巴，但无权说三句话；纵有双腿，却无权走三步路”，还说“压榨穷人得财，淘洗砂子得金”；撒拉族谚语“天下狠毒莫过于黄蜂，人间歹毒莫过于富人”，“富人的心，冰草（血吸虫）的根”，“财主的钱，穷人的命”，“有钱汉顿顿吃肉哩，穷苦人处处吃亏哩”，“十日的雨，一日晴天就会晒干；十村穷人，一个富人就能榨干”；蒙古族谚语“老百姓是绵羊，老爷是条狼”，“瘦马身上鞭子多，穷人身上老爷多”……这一类谚语非常有力地批判了农奴制度，揭露了头人、老爷对老百姓的残酷压榨，反映了老百姓所受的痛苦，也表达了老百姓对统治者的憎恶之情。由这些谚语，我们不难看出，当时的社会矛盾十分突出。

五、青海方言谚语与宗教文化

青海是一个多民族地区，同时也是一个多宗教地区，境内几个世居少数民族几乎全民信教，宗教文化早已成为各民族文化的重要组成部分，渗透在各民族日常生活的方方面面，青海方言谚语不可避免地成为了宗教文化的载体。青海地区典型的宗教文化是藏传佛教文化和伊斯兰教文化，藏族、土族、蒙古族和部分汉族信仰藏传佛教，主要分布在海西、海南、海北、黄南、玉树、果洛等广大牧区，西宁的部分地区也有。回族和撒拉族信仰伊斯兰教，主要分布在西宁东关及化隆、循化、门源、民和等地。

据考证，藏传佛教于公元7世纪传入藏区，经过上千年的发展，如今已渗透到广大藏族群众的心灵之中，影响着他们生活的各个方面。据调查，“藏传佛教1958年有756座寺院，1996年仍有666座，可谓寺院林立。从僧尼人数看，解放初期约49 300人，1958年宗教改革前约57 600余人，另有2万多社会流散僧尼，1996年全省宗教大调研时有住寺僧尼24 478人和社会流散僧人3650名，共28 128人，比1958年下降近64%，但加上本教徒300余人，教职人员约占全省藏、土、蒙古族总人数的2%。”①

① 蒲文成《青海民族宗教及其管理工作现状分析》，《青海民族学院学报》2002年第4期。

在青海境内的藏族、蒙古族、土族家中，孩子们自幼就接受宗教教义的熏染，长辈通过民间故事、寓言故事和谚语等形式对孩子进行教育，这就使得有些藏族谚语本身就成了宗教教义的传播媒体，如“庙里的主圣是先巴，佛经的要义是六字”“经文源头要找《甘珠尔》，黄河源头要达玛沁山”“佛教先在印度转，诵经先诵《皈依经》”“六道轮回的众生，是报应因果的场所”“念经不先念《皈依经》经没法念，谈笑不先说笑没法谈。吃饭不先敬神佛没法吃”等谚语，本身就是直接宣讲佛教教义。“先巴”是弥勒佛，“六字”即六字真言；“《甘珠尔》”是佛教经典之珍品，由“译成藏文佛说三藏四续经典汇编而成的一部丛书”①。也有些谚语反映了佛教习俗，如“无名手指爱弹祭，来世是山神的侍从”，这条谚语就反映了藏族同胞的一种宗教习俗“弹祭”，虔诚的佛教信徒每当饮酒、饮茶时，都要先用左手托住酒杯、茶杯，然后用右手的无名指沾起酒、茶，向空中弹一下，如此反复三次之后才能饮用，以此表示供养佛、法、僧三宝。在藏族人眼中，无名指是敬神的指头。有些谚语反映了佛教文化艺术，如“只要吾屯的红土用不完，佛像就塑不完”，这是在青海黄南地区广为流传的一条谚语，它反映的就是佛教宗教艺术“热贡艺术”之泥塑艺术。“热贡”是一个藏语词，译为汉语就是“金色谷地”的意思，指的是黄南州同仁县的吾屯、脱屯、年都乎、郭麻日一带，这里的人们“几乎人人会作画，家家以艺术为生”，创造出了举世闻名的热贡藏传佛教艺术，其中的泥塑艺术，几乎与唐卡一样有名，每个经堂都有泥塑佛像，即使是家庭里的小经堂，泥塑佛像也必不可少，这种泥塑是用红土做泥胎的，所以当地人说“只要吾屯的红土用不完，佛像就塑不完”。

正因为佛教文化在青海境内影响深广，所以不少的谚语都运

① 《黄南藏族民间谚语》(内部资料)第307页。

用到佛教文化词语，如：

每个活佛各有各的教条，每条山沟各有各的方言。

愚人话多会暴露自己的缺陷，活佛无知便是轮回的根子。

有了轮回没安乐，有了安乐不轮回。

不见黄河不解渴，不见释迦不解疑。

自己不念嘛呢，念珠不借他人。

夏琼寺在石崖上，大哥的办法在肚里。

要有像鱼一样灵活的智力，要有白海螺般纯洁的心灵。

……

“活佛”是汉族对佛教中修行有成就、能够根据自己的意愿而转世的人的称呼，藏语叫“朱毕古”，蒙古语叫“呼毕勒罕”；“轮回”就是佛教的“六道轮回”，佛教认为一切有生命的东西，如不寻求“解脱”，将永远在天、人、阿修罗、畜生、饿鬼、地狱“六道”中生死相续，无有止息，永不超生；“释迦”即释迦牟尼；“嘛呢”又叫“玛尼”经筒，梵文 Mani，中文就是“如意宝珠”的意思，与六字真言有关，藏传佛教认为持诵六字真言越多，表示对佛、菩萨越虔诚，由此可得脱离轮回之苦；“念珠”也叫“念佛珠”，是念佛号或经咒时用来计数的串珠；“夏琼寺”是青海境内一著名寺院，公元 1349 年，顿珠仁钦所倡建。宗喀巴大师 16 岁入藏之前，一直住在这里；“海螺”是吉祥八宝之一，是佛音的代表，梵语称“Shankha”，藏语音“Dungkar Yakhyil”，象征佛法音闻四方。①

伊斯兰教在青海境内的影响也比较大，回族和撒拉族群众都信仰伊斯兰教，他们是全民信教的民族。公元 7 世纪，伊斯兰教在阿拉伯半岛发源，其后随着信奉该教的商人经商的轨迹传入中国。唐宋之际，随着部分阿拉伯人、波斯人经商大军的足迹，伊

① 见 http：//www.tibet328.cn/11/30/201101/t20110121 _ 137811.htm。

斯兰教来到了青海东部。元初，大批穆斯林随元朝蒙古大军迁徙到了青海。公元13世纪，随着撒拉族的迁入和明清“移民实边”政策的实施，青海地区的穆斯林越来越多，伊斯兰教文化影响越来越大，据调查，“全省伊斯兰教1958年有清真寺932座，1996年增至1339座，现有清真寺1356座，教职人员2400余人，信仰伊斯兰教的穆斯林群众近92万，占全省总人口的17.74%”。①

对于回族和撒拉族来说，伊斯兰教不只是一种宗教信仰，而且是他们社会生活的一种组织制度、一种风俗习惯，伊斯兰宗教文化与他们的全部生活息息相关，因此，回族和撒拉族谚语作为其传统文化的一部分，自然而然地也就与伊斯兰教密不可分。一方面，谚语作为文化的载体，将伊斯兰教教义直接传达给信众，如“多下五功苦，少说天堂话”，这里的“五功”就是伊斯兰教基本项的总称，即念功、礼功、斋功、课功和朝功。“念功”是对信仰的表白；“礼功”就是礼拜，一日五次；“斋功”就是斋戒，也就是“封斋”；“课功”就是“散天课”，施济贫困；“朝功”就是朝觐麦加“克尔白”。“五功”是伊斯兰教信仰的行为实践。再比如“新教老教都是伊斯兰”“六信是穆斯林的根本”“五功是伊斯兰教的五根支柱”“虔诚的穆斯林，临危也念着伊玛尼”等谚语，也是直接传播伊斯兰教教义和功修内容的。

广大穆斯林有着许多不同于其他民族的生活习惯，这些习惯其实都是伊斯兰教文化的一部分，这种生活习俗通过谚语得到了广泛的传播。如：

一天不抓五遍水，不能算是好回回。

勿思里（阿拉伯语，沐浴）是回回的盔甲。

自古回回少不了，汤瓶吊罐小白帽。

主麻（阿拉伯语，忏悔）上殿，身净心善。

---

① 蒲文成《青海民族宗教及其管理工作现状分析》，《青海民族学院学报》2002年第4期。

身上不净，礼拜没用。

污秽以清水洗净，罪孽凭讨白（阿拉伯语，忏悔）消除。

人里头有人哩，阿达玛（撒拉语：汤瓶）里有水哩。

这几条谚语都反映了穆斯林信众讲究卫生、讲究洁净的生活习惯，同时也是伊斯兰教文化在信士生活中的反映。伊斯兰教教义认为只有身心洁净之人才能亲近真主，才能抵御邪魔入侵，洁净是武装信士的盔甲。因此，每个穆斯林家庭中都备有“汤瓶”，都保持着每日大净和小净的习惯。

伊斯兰教文化也深深植根于穆斯林的道德修养、人生观、价值观以及为人处世的原则之中。伊斯兰教义主张人要诚实守信，反对欺诈行为，走正道、不说谎、不欺诈是穆斯林现实生活中追求的原则，所以有“回回心口一”“说钉是铁，宰羊见血”“两面讨好的人最坏”“念经不遵行，等于驮经驴”“要说话，拿执把（藏语，凭证）”这样的谚语；惩恶扬善，行善积德，追求真善美，这是各族人民共同的生活准则，在穆斯林中广为流传的谚语“人心不公道，不如狗尾巴”“行善一点真主看得见，作恶多端死后往火里钻”“做出好事一件，摆脱灾难一千”“散乜贴（波斯语，布施）是给自己聚财”“散乜贴者随心意，诚心者像阿斯玛尼（波斯语，天）”等也表明了同样的道理。在穆斯林群众中，非常重视尊老爱幼，与人为善，和睦相处，谦虚礼让，“闲手要打没娘娃，恶语要骂老汉家”“真主的喜，在父母的喜里面；真主的恼，在父母的恼里面”“孤儿不能欺，乞丐不能呵”“最先道色俩目（阿拉伯语，回民见面时的问候语，意思是真主会降给你安宁）的人最先接近真主”“客人进家门，伯来克提（真主的恩泽）伴随”等谚语在广大穆斯林中间广为流传。这些谚语，不仅具有深刻的寓意，而且具有鲜明的伊斯兰教文化特色。

第七节　青海方言谚语选注

一、自然谚语

农业谚

B

薄地怕富汉，六月里翻四遍。

C

铲子底下三分雨。

春雪淌成沟，十种九不收。

稠庄稼好看，稀庄稼吃饭。

草是五谷病，不除就要命。

草锄头遍如上粪，草锄三遍土变金。

草尖绿，根子黄，底下必定有沙子。

稠麦浪豆，牛卧菜籽，针扎胡麻。

成了麦子，不成了豆。注：①种麦、种豆看情况，凡事总有结果。②青海人谈论婚事时的一种风俗。

D

多拔一遭草，多收一成粮。

多拾粪，好种田，苦下一年顶两年。

豆子拔三遍，角角长成串；洋芋拔三遍，一窝二升半。

豆角有眼角，穷人饿着揉眼窝。

豆茬倒麦茬，小麦结穗绾疙瘩。

打场要天晴，扬场要好风。

E

二九冷，豆儿滚。注：如果“二九”的时候气温低的话，当年的大豆、豌豆等豆类产品就能丰收。

二月里人哄地，八月里地哄人。

F

防旱抢墒早下种，种的庄稼先扎根。

G

干不翻，湿不翻，不干不湿土松散。

干板湿跷，不如家里睡觉。注：干板湿跷，指土地过干或过湿时翻茬。

耕牛是农家宝，早晚伺候好。

割麦子时间误一误，一年的辛苦难弥补。

H

灰粪洋芋猪粪菜，羊粪麦子最实在。注：菜，指油菜。

火里的菜子，泥里的青稞。

活人不结死人仇，有钱不买河边地。

黑着油，臭着屎，上着地里成了米。

J

鸡不吃食难下蛋，地不上肥不增产。

家有十样种，不怕老天哄。

家有一对牛，种田不用愁。

家粪是个宝，少了庄稼长不好。

K

坷垃碎，浮籽少，地无底楞好出苗。注：坷垃，土块；浮籽，没埋进土的种子；底楞，未翻透的硬土条。

L

犁地不耕边，少了一大片。

犁三遍，磨三遍，不怕老天晒半年。

犁檐要弯，犁头要直。

露水玉麦，火耖糜子。注：火耖糜子，是说下籽也有时间学问，如种玉米，清早为好；种糜子，中午为宜。

腊肥金、春肥银，过了清明不留情。

立夏不种高山麦。

留种要晒干，藏种要常翻。

六月秋，留的留，收的收。

驴粪上地，不如羯羖放屁。注：羯羖，山羊。

M

麦收有五忙，割拉碾晒藏。

麦收时节误一工，风吹雨打一声空。

麦黄上场，三岁娃娃没娘。注：意为妈妈忙得顾不上孩子。

麦茬地里种青稞，婆娘娃娃养不活。

麦子上场，碌碡就忙。注：碌碡，用石头打制成的棱柱形石碾，用来碾轧收获的农作物。

麦浇芽，豆浇花，青稞浇水淹老鸹。

麦子开花火上烤，豆儿开花水上漂。注：火上烤，耐晒；水上漂，耐雨。

没粪光填土，庄稼白受苦。

门前没有大粪堆，种好庄稼是瞎吹。

N

脑山阴湿土性凉，磷钾不足少打粮。

你有千担粮，我有秋茬地。

捻线要站，拾粪要转。

P

扒炕灰要勤，晒干土填圈。注：扒炕灰，把火炕中的灰扒出来，换上新土。

Q

千买卖，万买卖，离不了庄稼人翻土块。

秋翻深，春耕浅，旱涝不用管。

秋季不深翻，几年变荒滩。

秋季雨水少，来年害虫少。

秋风雨，憋了秕。注：憋，颗粒饱满；秕，与憋相反。

清明种麦豆，谷雨种青稞，立夏种洋芋，小满种燕麦，芒种种菜籽。

清明前后一场雨，强如秀才中了举。

清明对立夏，种了种，不种了罢。

青稞叶宽硬秆秆，十有八九能增产。

青稞倒，产量少，麦子倒，一把草。

勤快人儿积肥哩，懒干人儿串门哩。

勤磨镰，多割田。

抢墒地里坷垃打的光，榔头底下能保墒。注：田间土壤中的水分叫“墒”。

七月秋，憋的秕的一起收。

R

若要豆儿圆，种在清明前。

若要庄稼成，晚夕里下来白天晴。注：晚夕里，晚上。

若想当富汉，六月里翻四遍；若要当穷汉，六月里翻头遍。

人要活动，地要调种。

人要天天学，树要天天棵。注：棵，剪除树的枝条。

人是铁，饭是钢，地里缺肥庄稼荒。

人有换肩劲，地有倒茬力。注：在同一块土地上轮换播种农作物。

人少不了血，地离不了水。

S

三年能学成买卖人，一辈子学不透庄稼人。

三分种，七分管，人勤地不懒。

暑天翻歇地，瘦地变肥地。

随黄随收，龙口（雹灾）夺食。

深耕浅种，强如上粪。

深翻浅种细犁地。

深耕细作肥料大，才能长出好庄稼。

湿种麦子干种豆，胡麻种在泥里头。

水土不下山，庄稼长得欢。

石头堆里种庄稼，杂草窝里收青稞。

霜降霜降，格子架着梁上。

沙娃的金子在砂坑里，庄稼人的金子在炕洞里。注：沙娃，淘金的人。

T

头九热，麦子皂。注：如果“一九”的时候天气较暖和的话，当年的麦子就能够长得颗粒饱满。

头署萝卜二署菜。

土地不平整，费水又费劲。

土改人翻身，改土地翻身。

土地不深翻，麦根没处钻。

天旱不如拔草的，雨下不如浇水的。

天下要忘浇水，天旱要忘拔草。

W

五月五，种萝卜。

五月小节，河湾地儿少种。

豌豆不挑地，瘦地变肥地。

误了一个春，三年难翻身。

X

夏天比粪堆，秋天比粮堆。

夏天的草，冬天的宝。

夏至五月中，油籽贵成金。

细犁浅种，等于上粪。

细收要细打，颗粒要还家。

Y

洋芋多壅土，一亩能顶一亩五。

洋芋要大，刀口朝下。

有收无收在于种，收多收少在于管。

一选二拌三引种，出苗整齐无病虫。

要想庄稼好，一年四季早。

要有大粪堆，天天积成灰。

野灰打成面，家粪打成蛋。

油足灯盏亮，肥足苗儿壮。

Z

杂草有“四盖”，四个大祸害：红盖马刺杆，黄盖野菜菜，蓝盖黑燕麦，白盖娘子菜。

治虫不隔夜，隔夜菜遭殃。

只要不撒尖（青海口语，即偷懒），肥料堆成山。

种子换一换，多收一两石。

种子不入土，庄稼咋出苗。

种地不种边，三亩种成二亩半。

种地不倒茬，十年九年下。注：倒茬，在同一块土地上轮换播种农作物。

种田地，千年计。

庄稼要好，底粪上饱；底肥要饱，追肥要早。

庄稼一枝花，全靠粪当家。

庄稼人不离地口，买卖人不离市口。

庄稼人多种一亩田，胜过买卖人跑半年。

庄稼人盼的收成好，买卖人盼的利润高。

猪粪上地，一本万利。

正月十五雪打灯，今年的庄稼好收成。

林业谚语

B

不栽树，不种草，人无粮，畜不饱。

G

干榆湿柳水白杨，杏树栽在半山腰。

J

家有百树，不愁吃穿住。

家有千棵柳，山上不要走。

L

林是庄稼的保姆，挡风保墒固沙土。

Q

清明立夏一月天，植树当令莫拖延。

渠边多栽柳，强如派人守。

前人栽树后人享，辈辈栽树辈辈强。

R

人怕伤心，树怕剥皮。

若要远年富，年年要栽树。

S

山上长松柏，黑刺生山沟，河水沿上栽杨柳。

山上没有树，庄稼保不住。

山上毁林开荒，山下必定遭殃。

深栽实砸，铁树发芽。

T

桃三杏四梨五年，枣树当年就卖钱。

享近福，攒粪土，享远福，要栽树。

移树要记原方向，向阳肯活又肯长。

雨水前后，植树时候。

要想保水土，种草又种树。

Z

治山治水不栽树，有土有水保不住。

栽树忙一天，得益一百年。

栽上三百杨，盖房不愁怅。

只栽不保，越栽越少。

牧业谚语

A

爱羊羔如金银，自然会牛羊成群。

B

不怕使十天，就怕猛三鞭。

不披星戴月的人，不会有肥壮的牛羊。

犏牛虽好是黄牛的后代，牦牛虽坏是野牛的后代。

白天防盗，夜间防狼。

C

草膘、料力、水精神。

草原上落户，必依靠畜牧。

春甲子冻死牛羊。

春天的乏羊要饮足水。注：熬过冬季的羊很瘦弱，一定要多饮水。

D

短骡子长马，好牛脖子一大柞。

冬牛不塌膘，春耕使劲跑。

冬草夏不食，夏草冬不食。

E

额前的眼睛，体内的心脏。注：爱护牲畜要像爱护自己的眼睛、心脏一样爱护。

F

放羊要赶早，牧马要贪黑。

放羊看山场，牧马看草坡。

富人爱鹰爱犬，穷人爱牛爱羊。

G

高山放马，大滩荡羊。

H

好马不卧，好牛不站。

J

今年不积草，明年牛卧倒。

今冬养好牛，开春不用愁。

经堂有经典，放牧有技艺。

九月九，乱撒牛。注：一入农历九月，各家要抓紧收获所剩作物，结束田间农事，因为牲畜不再专人管理，放牧者也要松弛一下了。

挤奶要迅速完成，全凭十指久练功。

脚勤牛羊肥，手勤草成堆。

K

渴了要急着饮水，饿了要急着喂料。

靠海的捕鱼，靠山的放牧。

L

腊月的羊羔得痢疾。注：冬季的羊羔最好在腊月之前产完。

凌晨放马，露里放羊。注：意为放马要早起，放羊要晚归，马、羊才能长得膘肥体壮。

喇嘛勤，经法深；牧人勤，羊成群。

两腿怕累，牛羊不肥。

M

母驴吃霜草，产驹很难保。

母羊膘好不掉羔，羯羊膘好价格高。

马圈牛棚向东南，夏遮热来冬抗寒。

马吃饱了想山，羊吃饱了想圈。

忙料喂在嘴上，常料喂在腿上。

没头脑的青年乱跑秋后之马。注：意思是说秋天养肥的马不能狂使，只有二愣子式的人才会骑马疯跑。

明年的事情要今年定，冬窝子要在夏天选。

牧人不淌汗，牧畜不长肥膘。

縻牲口缰绳要长，办事儿心胸要宽。注：縻牲口，用长绳将牲口拴在草滩上吃草。

N

牛怕肚子冷（圈湿），马怕满天星（无圈棚）。

牛要日饱，马要夜草。

牛喂三九，马喂三伏。

泥里的骡子，雪里的马，平处的尕驴儿不用打。

Q

圈要干，槽要净，防止牲畜传染病。

秋季不贮草，冬雪坑死人。注：意为冬季如果没能贮存好干草，到冬天下大雪的时候牲畜就没有饲料，难以保活。

取鹿茸要抓住二杠子。注：即刚分两枝的嫩鹿茸，是鹿茸中的上品。抓羊膘要抓好夏秋季。

骑在马上当大大，下了马后当儿子。注：就是说对马要像父母爱子女一样地照顾，“大大”是青海土语，指爸爸。

勤添草，草要少，牲口才能吃个饱。

R

若要养奶牛，月月四两油。注：用胡麻油灌牛。

若要牛羊繁盛，草原要年年更新。注：意思说只有建设保护好草原，牧草茂盛，牛羊才能成群。

乳牛下乳牛，三年五头牛。

群羊好牧，独羊难放。

人对牛羊付多少代价，牛羊就给人多少的报酬。

人哄羊一嘴草，羊哄人一茬毛。

人没本事不富，马不吃夜草不肥。

人瘦脸黄，马瘦毛长。

S

四月的初月见光知时，是骏马抓膘之时。

瘦畜怕泥滑，孕畜怕霜草。注：意为体弱的牲畜害怕天下雨，有身孕的牲畜害怕吃被霜打过的草。

寺院的喇嘛听鼓声，草原的牧人看天气。

沙地里不赛马，泥泞处不放羊。

T

驼腰牛，弓腰驴，选马要看四个蹄。

X

夏秋不抓膘，冬春难保成活。

夏季放牧上高山，春秋返回山腰间，冬季赶畜去平川。

Y

一天吃两饱，保证下双羔。

一寸草，铡三刀；不见料，也长膘。

一天刷三道，强如多给料。

羊儿一天三个饱，年年下的对头羔。

羊放山，马放滩。

羊儿虽小，浑身是宝。

羊靠人放，膘靠草长。

养马没窍，草料喂饱。

饮后不转弯，吃饱不加鞭。

有狼无狼，看鹰飞翔。

鱼靠水活，牛靠草肥。

Z

筑堤防水，打圈防狼。

住城市的靠买卖，住草原的靠牛羊。

庄稼人爱土地，牧羊人爱草场。

做好药浴，牛羊少疫。

副业谚语

C

场上碌碡响，地里萝卜长。

D

多养鸡兔，穷能变富。

J

鸡鸡鸡，二十一，鸭鸭鸭，二十八。注：孵小鸡需要二十一天的时间，孵小鸭需要二十八天。

L

萝卜白菜葱，多用大粪攻。

骡马三匹，挣钱的宝贝；母牛三头，牛奶像海水。

M

买猪要会挑，体大脚要小。

母畜好，好一窝；公畜好，好一坡。

N

能工巧匠，生财有方，手勤脚忙，兜里硬梆。注：硬梆，有钱。

Q

勤快人儿积肥哩，懒干人儿串门哩。注：懒干人，青海方言，指无品行之人。

清明的辣子谷雨的瓜，播种要让时节差。

清明到立夏，土旺种胡麻。

R

若要富，开“水铺”。注：水铺、粉、酒、醋、油坊。

S

十五的月儿明亮，十月的狐皮毛好。

X

杏花败，收拾种瓜菜。

Y

要享福，养五母。注：五母，母牛、母猪、母羊、母兔、母鸡。

要受穷，贩毛虫（倒贩牲口）。

Z

猪离母，四十五（天），离的早，活的少。

气象谚语

B

冰冻一瓦，能驮一马。注：要是冰结到有一瓦之厚，就能承负一匹马的重量。

C

春东风，雨淋老祖宗；夏东风，日头热烘烘；秋东风，晒死老鱼公；冬东风，雪花白蓬蓬。

春旱不算旱，秋旱减半年。

早上云雾落滩里，下午晒干河里水。

D

大年初一见水雪，这年必定雨水缺。

冬至晴，百物成。

冬不冷，夏不热；冬不白，夏不绿。

冬天猛冷下雪哩，夏天猛热下雨哩。

冬天像老虎一样来势凶猛，夏天像父母一样温暖而到。

冬季飞禽忙搭窝，草原一定下厚雪。

东虹热头儿西虹雨，南虹出来嚇卖儿女。

地牛吼，山要走。注：指地震。

低云落到山脚下，连日阴雨再不下。

E

二月雪如胶，四月霜如刀。

二八月最紧，绣姑娘出门。注：二月春种，八月收割，为农事最忙的时候，就是待嫁姑娘也要下地干活。

G

高山顶上起妖云，瓢泼雷雨要降临。注：妖云：异常的云。

H

黑云夹着红云跑，时刻警惕降冰雹。

黑云黄边子，必定有雹子。

黑云滚蛋蛋，定遭窟窿天。注：滚蛋蛋：上下翻滚；窟窿天：雹灾。

红云朝日生，劝君莫远行；红云日落生，次日更晴明。

J

久雨猛晴天，必下雨蛋蛋。注：雨蛋蛋，冰雹。

“九天”狂风多，伏天猛雨多。

惊蛰寒，冷半年。注：如果惊蛰那天气温很低的话，那么后半年的气温也会很低。

L

立冬三场白，明年猪狗吃得肥。

连日太阳出云海，和风细雨缓缓来。

M

猫睡脸朝天，连日雨绵绵。

N

奶桶穿裙，大水进门。

南山不放脸，北山干跳弹。注：喻南山有云才能下雨。

牛犊乱跑不吃草，跑了牛犊大雪到。

牛羊脊背湿润生，大雨不降雾锁空。注：意为如果牛羊脊背上出了汗，就会起大雾。

Q

青盐化，雨要下。

青海湖罩雾，定下不误。

清明前后落透雨，夏秋草茂牛羊肥。

清明对立夏，牛羊上不去洼。注：要是从“清明”到“立夏”不落雨，野草不长，牛羊就会瘦弱不堪。

七月七（下雨），连阴带下十月一。

圈儿套月亮，大风满天扬。

R

热头儿盘场嘀下雨哩，月亮盘场嘀刮风哩。

日落云彩红，无雨也有风。

T

天上勾勾云，地下雨淋淋。注：勾勾云，勾状积雨云。

头九热，麦子憋。注：“头九”即“一九”。如果“头九”天气暖和，来年小麦颗粒饱满。二九冷，豆儿滚。注：“二九”天气寒冷，来年豌豆就会丰收。三九四九，关门洗手。注：“三九”“四九”正是一年最冷的时候，要时时注意防冻。瞎五九，冻死狗。七九八九，净肚儿娃娃拍手。九九尽，收拾打牛棍。九九加一九，犁铧遍地走。

W

乌鸦叫，风就到。

瓦渣儿云晒死人。注：瓦渣儿云，鱼鳞形状的云。

X

夏至响雷三伏旱，三伏不旱连根烂。

夏走十里不黑，冬走十里不亮。

小雪雪满天，来年是丰年。

小鸡发愁叫，风雨冷雪到。

星星挤眼，下雨不远。

Y

云往东，一场空；云往南，水上船；云往西，水汲汲；云往北，瓦渣晒成灰。

云到东，车马通；云向西，雨凄凄；云到南，水成潭；云向北，晒干麦。

一点一个泡，还有大雨到。

月亮盘场吹风哩，太阳盘场下雨哩。注：月亮盘场，月周围有雾气圈，即月晕；太阳盘场，太阳四周有雾气圈。

月亮外边带圈，来日定然刮风。

羊过清明牛过夏，人过三伏再不怕。

羊吃回头草，明天晴不了。

野狐山戴帽，不是今日就是明早（下雨）。注：野狐山，拉脊山山蜂之一。

夜晚睡觉皮袄湿，不上三天要下雨。

Z

早烧有雨晚烧晴。注：早烧，早晨东方天空出现的火红色的云；晚烧，傍晚西方天空出现的火红色的云。

晚烧，晒死人。

早上拉了雾，后响晒死兔。

早拉雾，晒死兔：晚拉雾，淌断路.

早晨立了秋，晚夕凉飕飕。

早烁有雨晚烁晴。注：烁，方言，指霞。

风土谚语

A

阿舅打外甥，毡窝里抹臭虫。

B

不要攀登玛积雪山的背坡，如攀登会出现人马的尸体；不要挖大河岸边的积沙，如强挖会惊走青蛙和游鱼。

冰茬掰捯草芽鸡，八月的绵羊宰着吃。

C

吵架劝人，丹慧最灵。

吃尽美味还是盐，穿尽绫罗还是棉。

吃药不戒口，枉费先生手。注：先生，指大夫。

吃肉了吃个手抓，喝酒了喝着吐下。

吃羊肉，走丹噶儿；喝烧酒，走威远；漫少年，下东川。注：丹噶儿，旧地名，今湟源县；威远，今互助县城；东川，湟水河在西宁东的流域；漫少年，唱花儿。

D

当百姓时想出家，当阿卡后想还俗。

到陕西要喊“乱弹”，到河州要唱“少年”，到西宁要丢“谑杆”。

丹慧虽短，能触及灵魂。

对夏日格不要扔石头，对父母不能道恶语。注：夏日格，藏语，指秃鹫。

E

二月里的蛋，八月里的蒜。

二月二，咬虫儿。注：咬虫儿，吃大豆。青海民间传说，腊月初八喝完麦仁粥，人们便迷了心窍，乱吃乱花，要等到二月初二吃完大豆后才能开窍，开始劳动，节衣缩食。

二月二，龙抬头。

G

过去日月山，一个脖子两个脸。注：日月山，位于湟源县西南，为历史名山，传说是月亮和太阳落下去的地方。过去一过日月山，工头对待沙娃（淘金的人）的态度就变了。

过去日月山，席芨棍儿唱乱弹。

H

汉人凭字据，藏人凭口据。

汉民攒钱，藏民散钱，回民挣钱。

汉民的被子在炕上，藏民的被子在身上。

喝酒的时候闲话多，下雪的日子脚印多。

活佛凭经典，人民靠丹慧。

好马相随千里，好茶相伴终身。

火烧的芍药，酒醉的牡丹。注：西宁民俗，供牡丹花的海碗中酹酒一碗。

J

旧衣裳缝上新领子看着好，旧神箭配上新弓弦拉着好，旧亲戚续上新亲戚听着好。

L

浪迹天涯都是家，走到水边便是茶。

猎人养下一只鹰，金峰银峰敢攀登。

M

门源油，满街流。注：门源县盛产清油。

门源人的亲，三天两头说不清。

马和歌，是蒙古人的两只翅膀。

马性再弱不要抓它小腿，人性再弱不可压他的头颈。

蜜糖虽然甜美，还是糌粑经吃。

拉马搭缎，拉羊上门。

N

宁可三日无粮，不可一日无茶。

宁穿贱人的靴子，也不戴贵人的帽子。注：本地风俗，帽子不能随便乱戴。

宁吃烤肉一两，不吃煮肉一斤。

念经不先念《皈依经》经没法念，谈笑不先说笑没法谈，吃饭不先敬神佛没法吃。

念麻尼不如捻线，吃搅团不如擀面。

内地人的菜，青海人的馍。

能吃仙桃一口，不吃凉李儿半背篼。

P

破褐衫上莫放虎皮领，破毡袄上莫饰水獭边。

Q

强盗不反抗是凶兆，新娘不哭不吉祥。

群星里贵的是启明星，木材里贵的是檀香木，亲戚里贵的是娘家人。

青油细白面，吃成瘦干签；青稞洋芋蛋，吃成胖罗汉。

七月二十二，羊肉胡茄儿。注：民间传说七月二十二是财神爷赵公元帅诞辰日，民间有吃羊肉、烧茄子的习俗。

R

人伙里的孙子，钱儿里的金子。

S

三月三，脱掉棉袄换布衫。

三月的羊儿见不得（因缺草瘦弱），八月的羊儿舍不得（舍不得宰着吃）。

识字不识字，胸挎两支笔。

上去日月山，仰绊肚儿摸着天。注：仰绊肚儿，指人仰卧。

拾了帽，往后摞；拾了鞋，拿进来。

陕西人的乱弹，民和人的少年，西宁人的斜杆。

山上的清水比油贵。

山西的客帮，三川的喇嘛。

T

天上的龙肉香，地上的驴肉香。

W

“完德”边哭边学“尕卡”，新娘边哭边上“沃达”。注：完德，小和尚；尕卡，藏文字母前两字母的发音，借指学习文化；沃达，藏语“沃赫达”的略语，意为迎娶新娘的乘马。

X

夏至五月头，不吃馍馍尽吃油；夏至五月中，十座油房九座空；夏至五月底，十座油房九座闭。

寻针寻线，拙老婆的营干。注：营干，营生，事情。

先叫老子，苦破脑子，先叫娘，满圈羊。注：老子，父亲。

新人上床，先到为强。

喜事不请不到，丧事闻风而至。

Y

有钱没钱，光光头过年。注：青海习俗，过年之前均要理发。

一地有一地的风俗，各人有各人的信仰。

一碗糌粑千颗粮，一块酥油千滴奶。

一匹马一杆枪，一顶帐篷走四方。

崖根是家，河水是茶。

Z

帐房家搬上三次（哈）富哂，庄稼人搬上三次（哈）越穷哂。

砖大门对砖大门，土大门对土大门。注：意思是门当户对。

醉汉送醉汉，送到鸡叫唤。

日常生活谚语

B

薄擀细切，多以待客。注：擀面条时擀得越薄，切得越细，出的面条就越多，就可以招待更多的客人。

不喝隔夜茶，不饮过量酒。

不怕外界风寒，就怕体质虚弱。

不吃生奶生肉，肠胃疾病少有。

不惜一线一毛，生活难以提高。

C

吃羊肉不吃蒜，味道减一半。注：吃羊肉时要以大蒜为调料。

吃饭没量，难保健康。

吃饭先喝汤，到老不受伤。

春天要捂秋天要抗。注：春天到来的时候不要急着换单衣，秋天到来时也不要急着加衣服，要耐冻，否则就易生病。

车轱辘怕的堵羊圈，没牙怕吃撒粘饭。

葱怕露水韭怕晒，热馍馍最怕揭锅盖。

D

冻的是闲人，饿的是懒人。

大路不走草成窝，坐立不正背成驼。注：人站或坐的时候都要端正。

大蒜是个宝，常吃身体好。

大气多生病，常笑添寿命。

弟兄们合心家盛，先后们有祸不敢生。注：先后，方言，指妯娌。

E

饿了不吃萝卜，渴了不喝打拉。注：打拉，牛奶提取酥油后的剩水，颜色像奶，味淡如水。

二夫男嫁上落羞名，双鞍鞯备上骑不稳。

F

饭后走上百步，一辈子不进药铺。注：人吃完饭以后一定要活动，否则就会生病。

饭是人家的，肚子是个家的。

富油罐，穷酒瓶。

H

花盛开在夏天，人强壮在少年。

寒从脚起，病从口入。

好饭莫饱，饭后莫跑。注：意为精美的饭菜，不可吃得太饱；饭后不可做剧烈的运动。

狠汉子的眼里火出来，怂汉子的眼里水出来。注：狠汉子，硬汉子；怂汉子，懦弱的男子。

面黑不怕，馒头蒸下；肉蛋蛋切大，嗓子里不下。

喝酒吃纸烟，少活十五年。

喝酒图醉，骑马图快。

喝酒没怂人，赌场没穷人。注：怂人，胆小的人。

J

家有千斗粮，白萝卜是消食的王。

酒坏身子水坏路，趁早不戒老来苦。

酒喝（哈）人不好，雨下（哈）路不好。

酒多伤身，气大伤神。

酒是疯汉，不可多缠。

酒是汽馏水，醉了先醉腿，嘴里说胡话，眼里活见鬼。

酒是糊涂宝，没酒不热闹。

酒透酒，好朋友。

酒令大似军令。

疾病是人世一大痛苦，行医是人间高尚事业。

L

路近省时，病久难治。

狼吞虎咽胃不好，细嚼慢咽身体好。

老（嗬）老，刀刀；破（嗬）破，靴靴。

M

毛毛雨淋湿衣裳，杯杯酒吃穷家当。

摸不得的老虎嘴，碰不得的野牛角。

N

能吃有情有义水三杯，不喝无情无义酒千盅。

能舍千军万马，不舍纸烟把把。注：纸烟把把，烟头。

能叫眼睛淌血，覅叫嘴上受穷。

能叫肚子撑下疮，覅叫锅里剩下汤。

宁叫肚子饿，覅叫袖子破。

年轻人不吃饭，老汉们看不惯。

年轻是夫妻，年老是伴。

Q

青油细白面，吃成个瘦干纤；青稞面当饭，吃成个罗汉。注：人们的日常饮食要多吃青稞等粗粮。

清明剪头发，一年长一拃。

清的吃胖哩，稠的吃懒哩。

亲戚不走根断哩，木鱼不敲鋬烂哩。

气气恼恼多生病，嘻嘻哈哈添寿命。

七十三、八十四，阎王爷不请了个家去。

穷了穷，覅贪色；冷了冷，覅吹风。

R

热水洗脚，强如吃药。注：每天用热水洗脚，比吃药管用。

热脱夹衣冷穿袄，背心一年不可少。

人捂腿，狗捂嘴。

人老了吸哩，猫老了吃哩。

若要瞌睡睡得尽，轻轻儿得下个病。

S

生活有规律，疾病自然少。

水线上坐不得，崖根里站不得。

三杯通大道，一醉解千愁。

三人划拳，一人喝酒。

T

剃头洗脚，赛过吃药。

W

无事勤扫屋，强如上药铺。注：家里常打扫就可以避免疾病的发生。

弯弯套弯弯，强如盖毡毡。注：两人胸背相拥而卧就可以互相取暖，不至于受冻。

背儿靠背儿，强如盖被儿。

为了身体健康，病死牛羊人不尝。

娃娃是绊大的，葫芦是吊大的。

X

洗脸洗鼻窝，扫地扫墙角。注：打扫卫生时要注意死角。

细粮加粗粮，吃了身体强。

雄狮要靠雪山来保，猛虎要靠森林来保。

心急哩，眼跳哩，家里必定有事哩。

Y

一日吃三枣，一辈子不见老。

一生愁到老，百年无快活。

一家养女百家求，一马不行百马忧。

姨娘解了纽，闻见亲娘肉。

有钱难买老来瘦。

牙痛不算病，疼死没人问。

夜长梦多，脸黄病多。

要知父母恩，怀里抱子孙。

Z

走路要防跌，吃饭要防噎。

早上吸的烟多，晚上咳的嗽多。

针线在纽扣上，茶饭在饼饼上。

猪多了没好食，人多了没好饭。

二、社会谚语

人生哲理

A

安乐时头要低，困苦时头要高。

挨火的馍馍肯焦，出头的椽子肯糟。

B

帮人要帮心，浇树要浇根。

不宰黑牦牛，难见黄板油。注：任何事情必须仔细观察才能了解实情。

不怕崖崩，就怕志倒。

不吭不哈无是非，大襟蒙头不受风。注：意为安分守己就可以没有是非。

不会分肉的人，往往没有自己的份。注：意为如果办事没有计划或者计划不周到的话，最终事与愿违。

不吃剩饭不得饱，不穿破衣不得老。注：喻指人生道路崎岖坎坷，不可能一帆风顺。

C

春天再冷，挡不住百草萌动，困难再大，阻不住勇士前进。

吃不穷，穿不穷，打算不到一世穷。

炒面在碗里，办法在心里。

常揭你短处的人，不一定是仇人；常夸你长处的人，不一定是朋友。

唱戏要嗓子，钉鞋要掌子。

聪明的人事前考虑，愚蠢的人事后追悔。

聪明不在于相貌而在于头脑，力气不在于外表而在于肌肉。

苍蝇跟着肉转哩，铧杖跟着牛转哩。

D

淡淡长流水，酽酽不到头。注：做事情要懂得细水长流，不可铺张浪费。

独火难着，独人难活。注：人与人要交往，不能脱离社会。

单线织不成布，独木成不了林。

带东西带少哩，带话带多哩。

赌博出贼盗，贪色出命案。

帝王上面有帝王，喇嘛上面有喇嘛。

F

父言说多了伤子心，甜食吃多了伤人心。

富人说自己穷，是想显富；恶人说他坏，是想发怒。

G

鼓在家里打，嗡声传外边。注：任何事情无论做得多么隐秘，总会留下蛛丝马迹。

高处更有高处在，强中自有强中手。

高了腾云驾雾，低了寸草藏身。

沟是水冲出来的，路是人走出来的。

格桑花因开在草原上，才有了沁人的芬芳。

光勤不俭，没有积攒。光俭不勤，山也吃空。

H

坏人哈干不得好，狗哈铺不得草。

黄河是堵不住的，嘴是封不住的。

好鸟飞翔天空，好汉走遍世界。

好马都是骑出来的，能干的人都是磨出来的。

好花要绿叶扶持，人壮要粮食扶持。

话多易乱，线长易断。注：意为多嘴多舌必然招来是非。

害人的人儿终害己，会水的鱼儿浪打死。

J

胶多不粘，蜜多不甜。注：做事情要适可而止，否则就会适得其反。

极贵重的麝香，吃错了也会丧生。

金银是死宝，人才是活宝。

酒中不语真君子，钱财分明大丈夫。

奸猾并不是聪明，老实不等于愚蠢。

将要离别的人，你不要拿言语把他伤；飞奔的骏马，不要拿鞭子把它抽。

积雪如果不是落在高山上，就放不出百里外能见的光芒。

奖赏小偷，放生恶狼。注：意为对不良行为不予制止，就等于支持坏人胡作非为。

饥饿时菜根也是香的，寒冷时破皮袄也是暖的。

家中有衣不觉冷，仓里有粮不觉饿。

K

宽大的皮袄不扯，商量的事情不错。

口疮难医，手疮易治。注：意为恶语伤人后很难得到受伤者的原谅。

狂风能摇动大树，但摇不动高山。

孔雀不怕中毒，大山不怕雪压。

L

龙瘦入不到海里来，驾不起云来；虎瘦毛长威风在，打不到食来；

人老无事威名在，撑不起事来；金盆虽烂分量在，它本是真才；

夜明珠儿土里埋，时运不来；君子人欠下小人债，抬不起头来。

龙吞千江水，总有不到处。注：人的能力是有限的。

老羊皮隔风，老实话受听。

鹿的花纹在身上，人的品德在心上。

烈性马再烈也在鞍底下，须弥山再高也在天底下。

骆驼的脖子再长，也够不着天上的星星。

两条腿虽短，能走遍天南海北。

两个勇士并肩，成制敌的铁锤，两个嫂嫂合心，烧茶成海洋。

M

马狂瘙出来，人狂祸出来。注：人不可狂妄自大，否则就会招致祸端。

马莲繁了根乱哩，人口多了家烂哩。

骂你扭头走，十乐九不愁。

木刀切刀杀死人，花舌头底下压死人。

梅花鹿尚能成群，一个人怎能无友。

没鞘的刀子不能带，没理的话不能说。

没尝苦和甜，不知福和难。

麋鹿的犄角虽长，不能做上天的梯子；兔子的四肢虽短，却能够翻越天山。

牡丹虽好，要绿叶扶持。

N

宁叫牛挣死，覅叫车翻掉。

宁扶别人的水缸，不扶自己的油缸。

牛大有个绊牛的法，家大有个治家的规。

P

便宜是害，萝卜是菜。注：占便宜得不到好处。

漂亮话不管用，喝盐水不解渴。

Q

勤是摇钱树，俭是聚宝盆。

青稞越磨越细，道理越说越明。

钱财再多是露水，友谊是真正的宝贝。

全民一条心，四海能填平。

R

人横有道理管着，马横有缰绳拴着。

人的后头有人哂，山的后头有林哂。

人拿情感，驴拿棍赶。

人比人，没活头；驴比驴，没驮头。

人移了活哩，树移了死哩。

人们不嫌幸福多，学者不嫌知识多。

人有七高八低，山有烂泥碱滩。注：意思同普通话“十个指头不一样长”。

若牵烈马缰绳须长，若砍老树斧把须长。

若讲道理须明智，若装肥肠须油脂。

S

说真假辨别才知道，羊肥瘦宰了才知道。注：事情是真是假，必须仔细辨识后才能知晓，不可随意臆测。

生的吃不得，虚的说不得。注：做人要实在，不可说假话空话。

生小气会害自己，小山坡也会伤害乘马。注：意为即使是生小气，在气头上也会做出不合情理的事情来。

树大嘛揽风哩，花好嘛招蜂哩。注：超凡出众的人，往往会招人嫉妒。

烧柴多了火焰旺，人员多了主意多。

水淌的水手，狼吃的猎手。

水没爪子刨下坑，话没箭头矢烂心。

事入耳三思为妙，气上心以忍为高。

沙凹里有金子，单诙里有哲理。注：单诙，谚语。

手拿到利器要小心，听到冷语要细心。

三九天送柴是兄弟，吃饱了送饭假朋友。

山高要慢慢登，大事要慢慢做。

狮子在雪山，才是真的狮子；狮子到了平川，不过是条老狗。

石头虽小垒成山，羊毛虽细擀成毡。

T

同骑幸福之马，同当痛苦之难。

贪吃的人没饥饱，小心眼的人没欢乐。

檀香木虽木性清凉，过分的摩擦也会起火。

兔子的腿虽短，崎岖的道路无法阻挡。

兔儿满山跑，晚来入旧窝。

兔子不吃窝边草，老鹰不打巢下食。

太阳虽暖不当衣，墙上画马人难骑。

天空的彩虹虽然美丽，要做首饰是愚蠢的幻想。

天上云多天不晴，地下石多路不平；河里鱼多水不清，地上人多心不公。

天晴搭个落雨铺，小时想个老来路。

天地德大，日月光大，父母恩大，王法力大，君子量大。

W

完德多了水缸干，枪手多了兽不见。注：完德，小僧人；枪手，猎人。

维人维实心，尊人尊自己。

乌云靠风驱散，愁怅靠喜讯冲淡。

无笼头的野马难驾驭，无鼻圈的野牛难驯服。

弯过了头会折，拉过了头会断。

X

相马看口齿，交人摸心底。

相识满天下，知心能几人。

雪里埋人，雪消自明。注：事情总有水落石出的时候。

小事是大事的根。

小处不小受穷哩，大处不大丢人哩。

兄弟相帮亲加亲，家庭和睦土变金。

瞎老鼠拉给了一夏，没够老腱牛一挂。

Y

与一人不和兴许是别人的错，与众人不和肯定是自己的错。

有根据的话要对证，有骨头的肉要对骨节。

有福不可重受，油饼不要加肉。

羊毛太白了肯黑，毛线太长了肯断。

羊角长不到马头上，歪理说不到点子上。

一步步走遍天下，一滴滴积成大海。

一句好话三冬暖，一句歹话六月寒。

一个指头遮不住天，蚂蚁的尿湿不了地。

一根麦草抛不过墙，一根木头块不起梁。

一根木杆支不起帐房，一粒粪蛋烧不滚茶水。

一根竹竿容易弯，三根丝线拉断难。

一丝毛成不了头发，一棵树成不了森林。

一颗儿粮食磨不成面，一块石头砌不成墙。

一箭易断，十箭难折。

影子瞒不过太阳，谎话骗不了明人。

言语只是水上的泡影，实践才是金子水的熔滴！

要吃酥油，先喂奶牛。

Z

糌粑（炒面）嚼细了再咽，话想好了再说。

真正朋友遇难就帮，假心的朋友遇难就嚷。

真正的瞎子是那种看不见错误的人，真正的聋子是那种听不进别人劝告的人。

真的虽是酥油也不会化掉，假的虽是铁也会戳破。注：真的假不了，假的真不了。

真金不怕火里炼，心正不怕香炉倒。

指亲戚，靠邻居，不如个家跑着做。

只踏着别人的脚印走，不会发现新路。

只有勤来没有俭，好比有针没有线

珍珠玛瑙不珍贵，团结和气价值高。

嘴再大也在鼻子底下，山再高也在蓝天底下。注：意为凡事总有一定的限度。

智者失之一庹，愚人失之一拃。注：庹，中国一种约略计算长度的单位，以成人两臂左右伸直的长度为标准，约合五市尺；拃，量词，指张开大拇指和中指（或小指）两端的距离。谚语的意思是说智者失误后果严重，而愚蠢的人所犯的错误影响不会太大。

知事少时烦恼少，识人多处是非多。

思想修养谚语

B

饱满的青稞穗头儿总是低着头。注：喻指有才干的人总是谦让。

不上高山，不知平川。注：站得高才能看得远。

不怕难，就怕懒。

不怕收入薄，就怕漏洞多。

不经苦乐就分不清苦甜，不翻山岭就到不了平川。

不怕慢，单怕站。

别人对你的恩情要牢牢记住，你对别人的好处要快快忘记。

败家子弟用金如粪，成家子弟积粪如金。

博学莫离书，困苦莫丧气。

C

吃饭吃饱，做事做好。注：比喻做事情要有始有终，不可半途而废。

绸缎虽旧花纹在，英雄虽死美名扬。

出言于口要落在实处，敲骨于髓要吃到嘴里。

D

大家做事平常，小家做事慌张。

刀快是磨下的，人狠是学下的。

读书没在心上，费时白吃干粮。

读千本书，不如走万里路。

对大众要有爱护的心愿，对朋友要有和睦的语言。

但能依本分，终须不烦恼。

F

房宽不如眼宽，眼宽不如心宽。注：做人要心胸开阔。

风里练枪，雨里练马。

G

跟上高人高三分，跟上低人低三分。

高茶贵饭待亲戚，贼打火烧喊邻居。

狗勤守门牢，人勤积财多。

哥哥打兄弟，强如攒金子；兄弟打哥哥，一辈子要馍馍。注：兄弟，青海方言指弟弟。要馍馍，讨饭。

H

活着心地纯洁，死了骨头清白。

好马都是骑出来的，能干的人都是磨出来的。

猴儿头西瓜长不大，小气人大事办不下。

慌慌张张的男子认不清敌人，匆匆忙忙的女人待不好客人。

J

即使胸中着火，莫叫口中冒烟。注：无论遇到什么事，都不能口无遮拦，出口伤人。

将过去丢在背后，把未来抱在怀中。

己嘴金门户，冒出毙命爷。注：自己说话不注意，就会招来横祸。

精明父亲酒虽醉，大事面前不糊涂。注：意思是表面上稀里糊涂，内心却是一清二楚。

K

看不见东西请上高山，不知道情况请问老人。

口说空话是泡影，时间珍贵如黄金。

开弓能射得飞雁，劳动能创造财富。

L

懒人的劲道在嘴上，勤谨人的劲道在腿上。

锣鼓长了没好戏，人癫狂了没好事。

M

没戴过笼头的驴嘴巴硬，没有学问的喇嘛口气硬。注：没有本事的人嘴上功夫好，善于辩解。

马要烈，人要正。

马在软地上要打前失，人在甜言上常栽跟头。

毛驴到西藏是因为老妈的恩惠，牧主稳卧床是因为牧人的操劳，弟子学识博是因为老师的教导。

N

鸟惜羽毛虎惜皮，做人惜的是名誉。注：每个人都要珍惜自己的名誉。

驽人使气哂，狠人使智哂。注：聪明人靠智慧办事。

牛尾长了，到春天是害；纠葛久了，对自己是害。

牛角上的豆儿滚掉哩，酒肉的朋友哄着哩。

宁给狠人牵马缒镫，不给皮拉松出谋定计。注：皮拉松，意为无本事之人。

宁吃仙桃一棵，不吃烂杏半背斗。

年轻的时候不稳当，老了就是个颠慌。注：颠慌，方言，慌慌张张、行动不稳重的样子。

P

偏听砍偏斧，兼听不糊涂。

品行端正像箭杆，心地纯洁像海藻。

Q

勤奋越学越好，懒惰越学越坏。

求教众多的老师，才能获得渊博的知识。

群居怕惹事，独居怕邪心。

R

人靠智慧鱼靠尾，鸟靠翅膀兔靠腿。注：人要有智慧。

人心要实，火心要空。注：对人要真心实意。

人品是学来的，耕牛是调成的。

人生好比直曲水，莫怕惊涛当头来。

人要学着做，路要寻着走。

人老心没老，树老根没老。

肉不分大小要肥香，人不论长幼要老实。

让人是个礼，救人是个义。

日积一碗奶，十年积奶海。

S

树直了用途多，人直了朋友多。

树歪枯疤多，人正是非少。

书靠念，拳靠练。

伤心的话甭说，伤人的事甭干。

手怕不动，脑怕不用。

虽无百岁人，却有千年语。注：意思是，虽然人的寿命有限，但个人的名声好坏却会一直留在世上。

深思熟虑十二遍，对策提出二十五。注：意为凡事只要多动脑筋，就能想出很多办法来。

说了的话甭推翻，做了的事甭中断。

实践是知识的母亲，知识是生活的明灯。

识不完的理，走不完的路。

说话当面人爱听，不要背后批谑人。注：批谑，背后贬损人。

T

田靠务劳，人靠勤奋。

腿长揽露水，嘴长揽是非。

听上坏人的话，一辈子惹麻搭。注：麻搭，麻烦。

听的话多，知的事多。

甜言夺志，甜食坏齿。

X

需要做的事情不能等，已下的决心不能变。

小时偷针，大了偷金。

小小溪水易喧闹，无知的人爱骄傲。

小事须细心，大事要当真。

小河可以喧闹，但要灌进大海。

心胸要开阔，手脚要干净。

心地要正直，肚肠要干净。

绚丽夺目的嘉琅，是用千针万钱绣成的。

雪地里走路需穿酸巴，乱世里处世需要智谋。

Y

圆木解板要打直线，为人处世要有卓见。

有牦牛一样大的身躯，不如有纽扣大的智慧。

有志的娃娃一条龙，无志的娃娃一包脓。

有福同骑一匹马，有难同挑一副担。

有脓肿要治根，有缺点要指明。

有话说出口来，有谷碾出米来。

野马难骑，野牛难牵。

一步步走遍天下，一滴滴积成大海。

一人独坐注意火，两人说话注意嘴。

一毫之罪，劝人莫做。

衣要合身，话要睦友。

言语过多思维乱，贪食过多闹肚肠。

言语只是水上的泡影，实践才是金子水的熔滴。

Z

知识有如沙滩下的水，挖得越深越多。

做活做出头，帮人帮到底。

照格萨尔的智慧讲话，要仿珠牡的巧手做饭。

自心无愧羞，何惧中阴路。注：意思是只要自己问心无愧，就没有什么可怕的。中阴，佛教的说法，指人死之后投生之前的那个阶段。

忠厚自有忠厚报，豪强一定受官刑。

尊人尊自己，自大没人理。

社会知识谚语

A

阿妈虽不好，心是善的，靴子虽不美，脚是热的。

B

饱了覅丢干粮，热了覅丢衣裳。

不懂得丹慧（藏语借词，意谚语），就不懂得人生。

不懂知识为耻，学问不传为罪。

不求金屋重重贵，但愿子孙个个贤。

不攀登阿耶赛迈（藏语音译，指青海乐都南山），不知上山的艰险；不过库库诺尔（蒙古语音译，指青海湖），不知涉水的苦楚。

不用的人用三次，不走的路走三遍。

伴儿来，伴儿去，覅叫伴儿害下气。

白了白成雪，黑了黑成炭。注：是好是坏，非得辨明不可。

百灵鸟不忘树，梅花鹿不忘山。注：喻指人不能忘本。

半夜里说黑，烟洞里绕手。注：对不明事理或不听劝告的人晓以原委，等于白费口舌，枉费心机。

斑纹老虎回林中，红角野牛归深山。

闭口无言无是非，头藏怀中不受风。

背驮子的毛驴摇晃晃，托别人办事慢腾腾。注：意为托别人办事往往靠不住，最好自己亲自去办。

八十老儿门前站，一日不死要吃饭。

八十的阿奶狼没撵，狼撵时翻过九架山。注：意思是人在逼急了的时候什么事情都能做出来。

C

草地虽已枯黄，兔吃有草香。注：意为虽然对方已经离去，但留下的人依然对其念念不忘。

草原尽管展到天边，也是由每颗草凑成的。

吃搅团要菜哂，打官司要理哂。

穿衣裳看袖子，娶媳妇看舅子。

苍蝇也是肉，喇叭也是铜。

D

大河里没水小河里干。

大河涨水靠小河，过好日子靠节约。

大姐咋走，二姐咋扭。注：意思是说前面的人怎么做，后面的就会跟着学。

大鹏慑服飞禽，靠的是坚硬的翅膀。

刀子再快，割不了刀把子。

刀快不怕脖子壮，果大不怕把把细。

冬不节约春要愁，夏不劳动秋无收。

短尾马跑时像乱蹦，愚蠢人说话像吵架。

赌博要的精通，尕锅挂在空中。注：精通赌博的人，最终家徒四壁。

灯盏咋亮照不了灯炷儿，刀子咋快割不了刀把儿。

到那个山前割那个柴，到那个河边脱那个鞋。

肚饿了吃饭味可口，肚饱了吃饭无味道。

打墙的板儿上下翻，河里的石头跟浪转，前三十年我不如人，后三十年人不如我。

当年的羊羔儿没见过狼，不知世事险恶。注：当年的羊羔儿，刚出生不到一岁的羊羔。

E

儿有儿福，老有老福，谁给儿孙当牛马。

饿狼吃羊，还会留下骨骸；绵羊吃草，还会留下草根。

F

放盐要鲜盛，说话要明白。

饭有多少，邻居的妈干最了解；心思如何，自己心里最清楚。

饭要尝着吃，话要想着说。

父母不上炕，儿女不先睡。

佛学大师百个也嫌少，毁教分子一个也嫌多。注：意思是善良的人越多越好，坏人越少越好。

G

公道好比对面镜，人人都能看分明。

个家有个桌桌，把人不叫哥哥。注：个家，自己；桌桌，桌子。意思是自己有本事，不必低三下四求人。

滚烫的奶茶可以温暖身子，知心的话语可以温暖人心。

H

喝酒头脑要清楚，说话口舌要流畅。

活到老，经不了。注：世事复杂，一个人活到老年，虽说经历不少，但很多还是未曾认识、了解和体验。

荒年一年，话把一世。注：不可说过头的话、做过头的事，否则人们会长久地谈论它。

河里的石头有三翻，人活阳间有三转。注：意思是对任何事情都不能看死，它总会起变化的。

和尚多了水缸干，枪手多了兽不见。

和尚不管道家的事。

猴儿虽小用铁绳杠，骆驼虽大用毛线牵。注：凡事都有各自的准绳，而且要运用得当。

好汉有话当面说，常人有话问时说，坏人有话背后说。

虎死爪不烂，狐死毛不变。

虎身上的花纹去不掉，人心上的朋友拆不散。

豢养狼崽难做守门犬。注：意思是品质不好的人不值得培养。

花开花落年年有，人老了再不能转少年。

花里头挑花，挑了个眼花。

黄柏树上没老小，黄也落哩，青也落哩。注：意思与普通话的“黄泉路上无老少”一样。

J

箭头咋快翎毛扶持，箭头不快窝折箭杆。

箭头不快，努折箭杆。注：为一个懦弱无能的人去效力，不但无济于事，反倒会损伤自己。

见财起意即是贼，顺手牵羊乃为盗。

浇花要浇根，交人要交心。注：结交朋友，一定要了解其内心，不能光看表面。

君子盼的天下太平，小人盼的乱咕咚咚。

金瓦有多厚，玉瓦有多薄。注：待人要平等，处事要公道。

架上的碗儿轮流转，媳妇自有做婆时。

酒拉拉全身醉透，迷糊人一生全休。注：酒拉拉，即酒桶。

即使别人的房子是金子造的，也不如自家的毡房逍遥。

K

口是血盆牙是钉，舌头尖儿上害人生。

看娃娃自家的好，看庄稼旁人的好。

瞌睡没根，越睡越深。

L

老母羊远走不忘关照羔羊。注：意为主事的人或父母远走他乡时都不会忘记关照儿女、家人或乡亲。

两口子打仗（哈）没事，劝仗的人是多事。

驴比驴驮不成，人比人活不成。

鹿跑到泉边是想喝水，狼钻进棚圈是要吃羊。

龙无首不行，鸟无头不飞。

M

满瓶不响，浅瓶七停咣当。注：指对事物一知半解、无真实本领的人却喜欢不懂装懂。

木不钻不透，人不劝不省。

木刀杀不下人，红舌头杀人哩。

马跑脱了抓住哩，话跑脱了抓不住。

马肥挂缨子，鸡瘦雀儿鸽。注：喻指人如果没有本事就会受人欺负。

马瘦奋拉鬃，穷人说话没人听。

猛虎虽饿不食亲仔，雄狮虽冷不离雪山。

猫儿房上睡，一代传一代。

没游江湖想江湖，游了江湖怕江湖。

没有拉不直的绳子，没有改不了的过错。

美不美一泉的水，亲不亲一乡的人。

骂人的不高，挨骂的不低。

陌生地方的金子，不如故乡的泥土。

N

牛皮袋里的酥油香，辫辫夫妻的情意长。

奶子盆里养蛇哩，养大了叮人哩。

女人变心比磨快，男人变心比狼狠。

年轻人走的阳关道，老汉们走的独木桥。

年年防饥，夜夜防盗。

P

朋友多了，心胸像草原一样宽广；朋友少了，眼界像手心一样狭小。

犏牛死在山野，牛皮剥回来。注：有用的东西即使是破旧损坏了，也要妥善处理。

Q

千里路上吃嘴，不如家里喝水。

娶亲要看姑娘妈，买马要看种公马。

妻贤夫祸少，子孝父心宽。

骑马的不知道骑驴的，骑驴的不知道走的。

亲帮亲邻帮邻，党家儿帮给了一条绳。注：党家儿，同族同宗的人。

穷人怕病哩，富人怕另哩。注：另，分家。

前面的车轱辘碾了渠，后面的车轱辘不沾泥。注：渠，车辙。

R

人不说话有原因，牛不吃草定有病。

人老思乡，鸟老思林。

人养一个顶千金，猪下一窝毁墙根。

人要衣裳，马要鞍掌。

人不求人一般大，水不流来一样平。

人上十口，吃饭累吼。

人小帽子低，说话没人理。

人的儿子蛮着好，马的儿子快着好。注：蛮，指不厉害的人。

人穷了覅转亲戚，人乏了覅走歇地。注：意思是人在陷入困境的时候不能停下来，否则就永远站不起来了。

人留子孙草留根。

人怕出名猪怕壮，羊羔儿害怕野狐和狼。

入山擒虎易，开口告人难。

如果不是锋利的板斧，就不要去砍千年的大树。

若要亲戚好，覅拿钱财搅。

S

牲畜的花纹在外边，人的花纹在内心。

牲口吃了路边的田，儿子使了老子的钱。

剩饭再热冷着哩，后娘再好哄着哩。

僧家不管道家事，阿卡不问本布子。注：本布子，藏族红教僧人。

石头的心里水钻不上，娃娃的心里鬼钻不上。

石头打的万丈高，总有一落。

石头不当枕头，狼羊不成朋友。

石有十不同，花有一样红。

十曲九不同，同了没人听。

善者得佛果，恶人入地狱。

上沟里住时，要拜上沟堪布；下沟里住时，要尊敬邻居老妇。注：堪布，藏语，即佛学家或教师。

水银落地，无孔不入；饿狼出窝，见羊就扯。

死了的哭不活，撂掉的寻不着。

山中看见千年树，世上难逢百岁人。

山上羊多草不生，河里鱼多水不清。

山羊碰不破缸，兔子翻不过墙。注：喻指不具备本领的人无法做好事情。

山顶上说话，岩洞里有人；路旁边说话，草棵里有人。注：意思是做任何事情都会有人发现的。

说家说着好，是非跟着到；打架打着好，眼窝一世青。

T

填坑不用好土，吃饭不求筵席。

天上的星星有大有小，地上的黔首有强有弱。

天上饿不死会飞的，地上饿不死会跑的。

兔儿满山跑，回来进旧窝。

W

娃娃洒水，滑倒大人。

无事防备有事，天晴防备天阴。

乌云靠风驱散，愁怅靠喜讯冲淡。

无能的人说出来的都是甜言蜜语，寡言的人干出来的都是实事。

X

心事问别人，主意自己拿。

雄鹰只有在蓝天上才能张开它的翅膀。

雄鹰飞过三座老林，还要歇一歇翅膀，骏马翻过五座大山，也要遛一遛蹄子。

雄鹰没有孔雀那样漂亮的羽毛，可它能翱翔在碧蓝的天空。

小人见利而不见害，鱼儿见食而不见钩。

小时是弟兄，长大各分离。

需求的佛法得不到，无用的媳妇不缺少。注：意为出家人需要的东西没找到，没用的东西到处有。

嫌妻没好妻，嫌饭没好饭。

袖子里的火袖子里灭。注：意为内部问题内部解决，没必要四处张扬。

Y

邀客的不穷，做贼的不富。

有桥的河流秀美，有客的人家和美。

眼看飞着的大雁，不如手中攥着的麻雀。

用酒不能过量，用人不要过火。

有福时并辔连鞍，有难时携手并肩。

要想日子甜，家无一人闲。

要吃酥油，先喂奶牛。

雨里深山雪里烟，看是容易做时难。

一家有事，四邻不安。

一树之果有酸有甜，一母之子有愚有贤。

一文钱困死好汉。

遇上坏隔壁，又铐子又戴枷。

云里的热头儿门缝的风，蝎子的尾巴豺狼的心。

羊羔投入母羊怀抱不必羞羞答答，朋友与朋友说话不应虚虚假假。

Z

走遍天下，礼节为大。

走遍天下，吃食为大

众人里面有神仙，石头里面有金银。

贼偷单门独户，狼欺失群孤羊。

制马鞍接头要坚固，立柱子基石要稳当。

织成一座帐篷，不能靠一牛一羊之毛；要成大事，不能靠一亲一友之力。

庄社好比戴不烂的铁纱帽，抬头不见低头见。

庄稼不成误一年，老婆不成误一生。

掌柜的不忍，气死哩；伙计不磨（哈）做死哩。

站高不站低，听话听到底。

装满皮袋的铁钉，总会露出个尖尖。注：喻指任何秘密，总会被人发现的。

左犄角长也好，右犄角长也好，同样是野牛的骄傲。

最容易灭的是火苗，最容易割的是嫩草。

第四章　青海方言中的歇后语

第一节　青海方言歇后语的语法结构分析

一般来说，歇后语都是由“引子”和“注释”两个部分构成，人们把“引子”称为“引”，“注释“称为“注”。“引”和“注”的语法结构有相同之处，也有不同之点。

一、青海方言歇后语中“引”的构成

青海方言歇后语的引子部分，一般都是由短语构成，常见的有主谓短语、定中短语、动宾短语、联合短语和连动短语几种类型。

1. 主谓短语

主谓短语一般由前后两部分组成，前后两部分之间是陈述与被陈述的关系。青海方言中部分歇后语的引子就有由主谓短语构成的。如：

（1）和尚给丈人拜年——怪事。

（2）碌碡碾石头——石打石。

（3）韩家丫头给着韩家了——韩（还）是韩（咸）。

例（1）的“和尚”为被陈述的对象，“给丈人拜年”是陈述；例（2）的“碌碡”是被陈述的对象，是一种用石头打制而成的棱柱形石碾，用来碾轧收获的农作物颗粒，“石打石”为陈述部分；例文（3）中的“韩家丫头”是被陈述的对象，指韩姓

人家的女儿，“丫头”是青海人对女孩的通称，“给着韩家了”为陈述部分，是“嫁给了韩家”的意思。

主谓短语构成的引子，其主语部分往往是一个名词，如例（1）的“和尚”和例（2）的“碌碡”，再譬如“月婆子放屁——昏三愣四”中的“月婆子”、“苍蝇落着供台上——沾了大佛爷的光了”中的“苍蝇”。

在青海方言歇后语中，主谓短语构成的引子的主语部分还可以是“的”字短语，如：

（4）剃头的割耳朵——外行。

（5）放羊的拾柴禾——捎带。

（6）要馍馍的借算盘——穷打算。

例（4）中“剃头的”指剃头的人，例（5）中“放羊的”即是放羊的人，例（6）中“要馍馍的”指要馍馍的人，即乞丐。

由主谓短语构成的“引子”，其谓语部分往往是动词性的，一般由动宾式的复合词或动词性的短语充当，例如：

（7）阿卡拌炒面——自有拌（办）法。

（8）尕勒巴充犏牛——以假乱真。

（9）老鼠儿钻着烟囱里——越抹越黑。

（10）尕驴儿放屁——由不得尾巴。

（11）大麻子照镜子——个人观点。

例（7）（8）（9）的“拌炒面”“充犏牛”“钻着烟囱里”都是述宾短语做主谓短语的谓语。“阿卡”是藏语音译词，指藏传佛教寺院中的一般僧侣；“炒面”即糌粑；“尕勒巴”指雄黄牛与母犏牛杂交的第三代杂种，杂交优势退化，也不能很好地役使；“犏牛”则是雄壮的牛。例（10）的“放屁”和例（11）的“照镜子”则是动宾式短语。

2. 定中短语

有时候，“引子”的主语部分也可以是一个名词性的偏正短语，如：

(12) 没尾巴的尕驴打苍蝇——干磨屁股。

(13) 癞肚儿头上插鸡毛——自看自大。

(14) 三升麦子搭着九盘磨上了——不够黏。

(15) 三十晚夕盼月亮——没指望。

(16) 冲上沙滩的鱼儿——死路一条。

(17) 鞑子婆的辫子——丢在脑后。

(18) 风中的羊毛——忽上忽下停不住。

例（12）的引子部分“没尾巴的尕驴”是定中短语，例（13）的“癞肚儿头上”、例（14）的“三升麦子”、例（15）的“三十晚夕”都是定中短语。例（12）的“尕”是方言词，“小”的意思；例（13）的“癞肚儿”指青蛙；例（15）的“晚夕”是方言词，“晚上”的意思，“三十晚夕”就是“三十晚上。”例（16）（17）（18）三条歇后语的引子也都是定中短语，中心语与修饰语之间用助词“的”连接。有时候，修饰语与中心语结合得比较紧，也可以不用“的”。如：

(19) 二两棉花——难弹（谈）。

(20) 一面儿官司——不好打。

(21) 大河里一泡尿——有你不多，没你不少。

定中短语中的修饰语可以是形容词，也可以是名词或量词短语。在青海方言歇后语的定中短语引子中，修饰语大多是名词。如例（17）（18）中的“鞑子婆”“风中”“羊毛”。有部分修饰语是数量结构，如例（19）的“二两”、例（20）的“一面儿”，还有少量其他结构的修饰语，如例（16）的“冲上沙滩”则是一个述补短语，例（21）的“大河里”又是一个方位短语。

3. 状中短语

状中短语是由两个部分构成，前面部分为修饰限定成分，后一个部分为中心成分。状中短语的修饰限定成分可以是动词、形容词，还可以是各类谓词性词组。青海方言歇后语中由状中短语构成的引子，其修饰成分多为方位词组。如：

（22）褡裢里背冰——前心凉到后心。

（23）电杆上绑鸡毛——好大的掸（胆）子。

（24）额门头上打纸座——死要钱不要脸。

（25）脚巴骨里拴绳绳——拉倒。

（26）奶茶里泡酥油——美扎了（意即很美）。

青海方言歇后语状中短语引子中的修饰语还有时间名词短语，如：

（27）三十晚夕送灶爷——迟了。

（28）六月天穿皮袄——时候过早。

（29）三九天开桃花——稀奇古怪。

（30）元旦翻日历——头一页。

（31）三十晚上撒搅团——一搅二年。

还有些状中短语构成的引子，其修饰部分是一个动宾短语，如：

（32）端着金碗讨饭——装穷。

（33）抱着火炉吃西瓜——不是时候。

（34）提着自己的头发上天——办不到。

状中短语引子的中心成分一般都是动词、形容词或述宾短语，但青海方言歇后语的状中短语引子中有一部分引子的中心成分是古汉语句式的遗存——名词或名词性词组活用的动词。如：

（35）毛线疙瘩上一斧头——乱了头。

（36）猪尿泡上一刀——泄气了。

（37）干坷垃上一榔头——兴头儿打散了。（兴头儿：高兴劲儿）

例（35）的“一斧头”、例（36）的“一刀”、例（37）的“一榔头”都是名词性词组，在这里都活用作为动词性词组：“一斧头”就是砍一斧头的意思；“一刀”即砍一刀；“一榔头”即砸一榔头之意。

4. 联合短语

联合短语由两个或两个以上成分组成，构成并列、承接、选择或者递进等关系。青海方言歇后语的引子也有由联合短语构成的，如：

（38）反打羊皮正打鼓——两面光。

（39）鸡儿嗉子老鼠眼——吃不多，看不远。

（40）骆驼脖子牛板筋——死皮顽肉。

（41）割萱麻喂驴——空敬情。（萱麻：草本植物，带刺，扎伤极痛，加工可食。）

（42）越往桌上放，越往桌下溜——狗肉。

（43）咬不下大豆，咬麻麦——欺软怕硬。

例（38）的“反打羊皮”与“正打鼓”、例（39）的“鸡儿嗉子”与“老鼠眼”、例（40）的“骆驼脖子”与“牛板筋”之间构成并列关系；例（41）的“割萱麻”与“喂驴”之间为顺承关系；例（42）的“越往桌上放”与“越往桌下溜”构成递进关系；例（43）的“咬不下大豆”与“咬麻麦”为选择关系。

青海方言歇后语引子主要是由主谓短语、“的”字短语、定中短语、状中短语和联合短语构成，除此以外，还有少量的其他形式的“引”。如“凉粉不吃——板凳腾开”，这条歇后语的引子“凉粉不吃”是一个动宾倒置的结构。再譬如“舅母的麻麦没吃饱，阿舅的开水喝饱了——亲的就是亲的”，这条歇后语的引子已经不是短语，而是一个复句了。

二、青海方言歇后语中“注”的构成

“注”是歇后语的后半部分，对引子部分加以注释，点明整个歇后语的语义所在。青海方言歇后语注释部分，有的是一个词语，有的是一个短语，也有的是句子。

（一）单个词构成的“注”

（1）车子拉到河滩里——干蛋（比喻一点办法也没有，或喻指白费力气）。

（2）尕海的妈妈——大海（喻花钱大手大脚）。

(3) 乡里人的长面——干拌（办）。

(4) 放羊的拾柴禾——捎带。

(5) 挂面下者开水里——软（晚）了。

例（1）的注释“干蛋”为青海方言词，意思是所说的或做的事不起作用，没有效果；例（2）的注为“大海”；例（3）的注为“干拌”，是方言词，为青海地区的一种面食；例（4）的注为“捎带”；例（5）的注为“软了”，它们均是词。

（二）短语构成的注

1. 成语构成的注

成语是历史上沿用下来或者在群众中长期流传下来的见解精辟并含有特定意义的固定短语，青海方言中以成语为注释的歇后语，其成语既有历史上沿用下来的，也有在青海地区广为流传的俗成语。如：

(6) 十五个人喧板（聊天）——七嘴八舌。

(7) 羝羊上到石崖上——摇头摆尾。

(8) 两根马尾吊磨扇——小材大用。

(9) 骆驼脖子牛板筋——死皮顽肉。

(10) 月婆子放屁——昏三愣四。

(11) 红胶泥的擀杖——迷实筒筒。

例（6）的“七嘴八舌”、例（7）的“摇头摆尾”、例（8）的“小材大用”都是普通话中的成语，例（9）的“死皮玩肉”、例（10）的“昏三愣四”、例（11）的“迷实筒筒”则是青海地区广为流传的俗成语。“昏三愣四”的意思是昏昏沉沉，头脑不清醒之意；“迷实筒筒”则是形容一窍不通之状。

2. 主谓短语构成的注

主谓短语由两部分构成，前部分为陈述的对象，后一部分进行陈述。在青海方言歇后语中，有些“注”就是由主谓短语构成的。如：

(12) 吹口哨过坟地——个家给个家壮胆。

（13）后娘打娃娃——一挂是一挂。

（14）羺羖放屁——羊不服。

（15）鼻邋遢抖碟碟——故事儿稠。

例（12）的“注”“个家给个家壮胆”，前一个“个家”为主语，后面的“给个家壮胆”为述语，“个家”是方言词，即“自己”；例（13）的注“一挂是一挂”中“一挂”为青海方言词，“一下”的意思，前一个“一挂”为主语，后面的“一挂”为述语，“一挂是一挂”比喻下手很重；例（14）的“羊”为主语，“不服”为述语；例（15）的“故事儿”为主语，“稠”为述语，“多”的意思。

3. 述宾短语构成的注

述宾短语，前后部分是支配与被支配、关涉与被关涉的关系，述语多是及物动词，宾语一般是体词或体词性短语，也可以是谓词或谓词性短语。青海方言歇后语中，“注释”部分为述宾短语的，其宾语主要是体词或体词性短语。如：

（16）哈巴子蹲在粪堆上——充大狗。

（17）吃了搅团舔擀杖——留下抿（名）迹了。

（18）苍蝇落着供台上——沾了大佛爷的光了。

（19）见了王母娘娘叫丈母——想要个天仙女。

例（16）的“大狗”、例（17）的“抿迹”、例（18）的“大佛爷的光”均为体词或体词性短语，分别充当动词“装”“留下”“沾”的宾语；例（19）的“要个天仙女”为述宾短语，充当“想”的宾语。

4. 述补短语构成的注

述补短语前后两部分之间是补充与被补充的关系，述补短语中补语的情况比较复杂，青海方言歇后语中以述补短语形式构成的“注”也较为复杂。

A. 数量补语：不能带“得”，由量词结构说明动作的次数或动作延续的时间。如：

（20）初一早上贴对子——迟了一年。

（21）皮鞋里浇尿——热着一会儿。

（22）奶茶里泡酥油——吃了个香。

（23）孙悟空打筋斗——远着十万八千里。

例（20）的“迟了一年”中的“一年”，例（21）的“一会儿”都是表示动作延续的时间的长短；例（22）的“吃了个香”中“个香”就是“一个香”的意思；例（23）的“十万八千里”用数量说明路程之远。例（21）的“着”和例（23）的“着”都是青海方言中特有的助词，相当于普通话的“了”。

B. 结果补语：不带“得”，用形容词或动词表示动作的结果。如：

（24）红胶泥的喇叭——吹红了。

（25）怀抱茶窝儿——踏开。

（26）脚巴骨里拴绳绳——拉倒。

（27）吃了搅团喝拌汤——伤食到根了。

例（24）的“红了”、例（25）的“开”、例（26）的“倒”、例（27）的“到根了”分别对“吹”“踏”“拉”“伤食”等动作进行补充，说明这些动作发生后的结果。

C. 情态补语：说明动作或者有关事物的状态，述语和补语之间必须带“得”，如“骆驼的庞蹄牛板筋——犟得很”，用“很”补充“犟”的情态。青海方言中，以情态补语为“注释”的歇后语，与普通话的情态补语有所不同，普通话的情态补语和述语之间必须带“得”，而青海话是带“着”，有时候又写为“者”或“的”。如：

（28）两个哑巴亲嘴——好着没话说。

（29）癞蛤蟆打哨儿——憋着吼哩。

（30）老鼠洞里听声音——远着很。

（31）秋毛擀毡——来得尖钻。

（32）雀儿屎屙着牛粪上了——小者没了。

例（28）的“没话说”、例（29）的“吼”、例（30）的“很”、例（31）的“尖钻”、例（32）的“没了”都是补语，对前面的述语“好”“憋”“远”“来”“小”进行补充说明。例（28）（29）（30）的述语与补语之间带助词“着”，例（31）的述语与补语之间带助词“的”，例（32）的述语与补语之间带助词“者”，这三个助词都相当于普通话的“得”。另外，例（31）的“尖钻”也是一个方言词。例（29）的“憋着”是郁闷、肚胀之意，整个歇后语比喻很生气。

D. 可能补语：表示可能性或没有可能性的补语。例如：

（33）袖子里筒擀杖——转不过弯来。

（34）嘴里噙饼饼——说不出来。

（35）肋巴里挖油——办不到。

（36）冰滩上的驴——扶不起。

青海方言歇后语中，可能补语结构的“注释”，均表示行为动作不可能发生。上述几条歇后语的“注”均是如此。

5. 联合短语构成的注

青海方言中，有部分歇后语的注释是联合短语。如：

（37）癞蛤蟆过门坎——又敦屁子又敦脸。

（38）摔棍打雀儿——一头不着一头着。

（39）风匣板做锅盖——受了凉气又受热气。

（40）老鼠掉在面缸里——先喜后忧。

（41）身上的肉包饺子吃——香在嘴上疼在心里。

（三）句子构成的注

青海方言中，歇后语的注释不仅有词、短语，还有句子。如“公公背儿媳妇朝山哩——吃苦挨骂不说，还说是烧包头”，这条歇后语的注释就是一个句子，而且是一个复句。青海方言歇后语中的句子“注”主要有以下几种情况：

1. 单句

青海方言歇后语的单句“注”，主要是疑问句和青海独有的

“……嘛……者/哩”句式。如：

(42) 车轱辘上拴棒槌——轮不到嘛甩到哩。

(43) 月子里的娃娃——长大嘛早者。

(44) 月亮底下穿孝衫——人白嘛影子黑者。

(45) 骡子的后头耍看——看嘛踢人哩。

“……嘛……者/哩”这个句式中，“嘛”和“者/哩”都是语气词，没有实在的意义，但是具体到每一个句子中其作用又不完全一样。例（42）和例（44）这两条歇后语中，“嘛”和“哩/者”都可以省略，在青海方言中，这两条歇后语有些地方就直接说成“轮不到甩到”“人白影子黑”，但是在例（43）和例（45）这两条歇后语中，这两个语气词不能省略，去掉这两个语气词后，整个注释部分就站不住脚，让人无法理解。

在青海方言中，歇后语的注释部分是一个疑问句式的也不少。例如：

(46) 大年三十借蒸笼——你蒸者我煮吗？

(47) 老母猪见了麦麸子——阿里有哩？

(48) 两个麻眼作揖——谁见了？

(49) 口袋里装羊毛——白毛嘛黑毛？

(50) 吃了宴席喝拌汤——有啥吃头哩？

这五个疑问句表面上看不一样，实际上都是反问句。例（46）的“你蒸者我煮吗”意思是“你蒸了，难道让我煮吗”。例（47）的“阿里有哩”中的“阿里”是青海方言词，“哪里”的意思，“阿里有哩”有两解：一是说老母猪见了麦麸子，老母猪把麦麸子全部都吃了，“哪里还会有呢?”，这是个反问；第二个意思是说老母猪见到麦麸子，“哪有这样的好事情?”，也是一个反问句。例（48）的引子中的“麻眼”就是盲人，注释“谁见了”的意思是谁见了这样的事，“难道有人见过吗?”，也是反问；例（49）的“白毛嘛黑毛”从结构上看是选择问句，但从交际角度而言仍然是反问，意思是“装进口袋的羊毛，难道还能分清是白的还是黑的?”。例（50）的“有啥吃头哩”就是没吃头的意思。

2. 复句

青海方言中，部分歇后语的“注释”是由复句表达的。如：

（51）屎巴牛掉油缸里——不说是受罪，还说游江湖者。

（52）两家养着的哈八狗———没吃肥，跑瘦了。

（53）鸭子凫在水面上——上面不动，下面活动者厉害。

（54）苍蝇的尻子上插鸡毛——走兽不像走兽，飞禽不像飞禽。

（55）红嘴鸦儿沿沟走——吃了的嘴红，不吃的也嘴红。

例（51）的“注”为一个递进复句，例（52）的“注”也是递进复句，例（53）的“注”是一个转折复句，例（54）和例（55）的注文都是并列复句。这几条歇后语的“注”都是由汉语中的基本复句构成的。青海方言中，有些歇后语的注释是由紧缩复句来表达的。如：

（56）茶壶里煮扁食——有嘴倒不出来。（扁食：青海人又称饺子。）

（57）园子里的野鸡——饶了日子饶不了命。

（58）丫环配钥匙——当家不做主。

（59）三十晚夕晒衣裳——今年不干明年干。

（60）毛老鹰仰板睡——抓天不是抓地也不是。（仰板：仰面朝天。）

例（56）的“有嘴倒不出来”是转折复句，即虽然有嘴却倒不出来；例（57）的“饶了日子饶不了命”、例（58）的“当家不做主”也是转折复句；例（59）的“晚夕”是一古语词，“晚上”的意思，“今年不干明年干”是一假设复句；例（60）的“抓天不是抓地也不是”是一个并列复句。

三、“引”与“注”之间的组成

“引”与“注”之间的组成，也就是整条歇后语的结构问题，我们在这里探讨歇后语的结构，是从语法关系的角度上进行的。从语法关系上来看，青海方言歇后语的“引”和“注”之间的结构关系，主要有以下几种类型：

1.“短语——词”型歇后语

（1）暗室里穿针——难过。

（2）井里撂石头——咯咚（古董）。

（3）天空里放鞭炮——空想。

（4）瓦缸里倒核桃——干脆。

（5）八月的花檎——红丢丢儿。

（6）三九里生的娃娃——冷棒。

例（1）的“难过”、例（2）的“咕咚”、例（3）的“空想”、例（4）的“干脆”都是普通话中的规范词；例（5）的“红丢丢儿”是青海方言词语，“彤红”的意思；例（6）的“冷棒”也是青海地方词语，是骂人的话，比喻不开窍、不懂礼貌之人。例（5）的“引”为定中短语，“花檎”是一种水果，学名林檎，花红，味甜多汁，主要产于乐都、贵德、化隆等地。例（6）的“引”也是定中短语，“三九里”即三九天。

2.“短语——短语”型歇后语

（7）大毛头上戴花儿——俊扎了呗。

（8）碟子里喝茶——沿（言）浅。

（9）老鼠钻着仰尘里——上面活动。

（10）庙堂里长草——荒（慌）了神。

（11）脚面上放镜子——自高自大。

（12）咬不下大豆咬麻麦——欺软怕硬。

例（7）的“引子”是主谓短语，“注释”为述补短语，“扎了”是青海方言词，“厉害”“很”的意思；例（8）的“引子”为一状中短语，“注释”为一主谓短语；例（9）的“引子”是主谓短语，“钻着”是“钻进”的意思，“仰尘”指的是用木板或纸制成的天花板，“注释”为状中短语；例（10）（11）（12）的

“引子”均为状中短语，例（10）的“注”为述宾短语，例（11）（12）的“注”为成语。

3.“短语——句子”型歇后语

（13）棉花遇火——哪有不燃之理？

（14）驮着驴上没捎搭——我俩一样者哩。

（15）阎王爷嫁女——抬轿的鬼，坐轿的也是鬼。

（16）卖豆腐的扛马脚——生意不大架子大。

（17）老虎蹲在扁担上——一来担不动，二来不敢担。

例（13）（14）（15）（16）（17）的“引”均为短语，例（13）是主谓短语，例（14）是状中短语，例（15）为主谓短语，例（16）（17）都是主谓短语；这五条歇后语的“注”都是句子，例（13）是反问句，例（14）是判断句，例（15）是并列复句，例（16）是紧缩转折复句，例（17）是并列复句。

从以上分析来看，青海方言歇后语的“注”和“引”之间的结构关系是比较简单的，但是在其内部，“引子”和“注释”本身的结构却是复杂的。

第二节　青海方言歇后语的语义特征

歇后语是由“引子”和“注释”两个部分组成，其语义是由二者的意义有机地结合在一起构成的。“引子”和“注释”两个部分在表达语义时的作用是不一样的，“引子”在表义上所起的作用是辅助性的，常常表示某种附加意义；“注释”部分是歇后语语义的重心所在，整个歇后语的基本语义由“注释”部分表述出来。青海方言歇后语的语义特征与普通话歇后语语义特征基本一致，要探讨其语义的具体特征，须从“引子”和“注释”入手。

一、青海方言歇后语语义构成

（一）“引子”和“注释”的语义

1.“引子”为某物，“注释”阐明此物的特征

所谓“引子”为“某物”是说歇后语的引子部分所表达的语义指称的是某一事物，如“冲上沙滩的鱼儿——死路一条”这条歇后语中的“引子”——“冲上沙滩的鱼儿”，它所表达的语义就是指一种鱼儿，这种鱼不是在水中自由地游的鱼，而是被水冲上沙滩的鱼。鱼离开水则不能存活，所以“注释”自然而然地得出一个结论——死路一条。

所谓“注释”阐释此物的特征，是说歇后语的注释部分根据“引子”部分所传达的语义，引出引子部分所言之物的某个特征，但是要注意的是，“注释”所概括出来的“特征”有字面语义与深层语义之分。

在青海方言中，“引子”为某物，“注释”为某物之特征的歇后语，从语法结构上看其注释部分往往是名词性的短语，如：

（1）枣核儿雕下的关老爷——魁梧不大样。

（2）老阿奶的脸——尽是褶褶。

（3）猛亮的瞌睡尕妹的嘴——实话甜。

（4）生成的骨头长成的肉——改不了的毛病。

例（1）和例（2）的引子都是定中短语，其中心成分为名词：例（1）的“关老爷”指关公，也就是《三国》里的关羽，传说其身材高大魁梧，在这个“引子”当中说他是“枣核儿雕下的”，也就是说是用枣核雕刻而成的，“枣核儿”很小，所以“注释”说它“魁梧”但“不大样”，不高大之意；例（2）的“老阿奶的脸”也就是老太太的脸，因年事已高，脸上皱纹甚多，所以“注释”概括其特点为“尽是褶褶”。例（3）和例（4）的引子都是两个并列短语：例（3）的“猛亮的瞌睡”和“尕妹的嘴”为两个名词性的短语，共同构成了一个并列短语，“猛亮的瞌睡”

指的是天刚亮的觉，“尕妹”即是小妹；例（4）的“生成的骨头”和“长成的肉”也是两个名词性短语再构成一个并列短语，后面的“注释”部分都是由前面两个名词性短语的共同特点得出来的。这里要特别注意的是例（2）“注释”中所表达的语义有两种，一种就是字面上的意义——褶子太多，另一种语义则是指主意太多，点子太多。

2.“引子”叙述某事，“注释”对其事加以评判

青海方言中，有一部分歇后语从语义上来看，其“引子”是叙述一件事情，而“注释”部分则对其事情加以评说，或评说其特征，或评说其结果。如：

（1）阿奶墙根里抓鸡儿——啾啾啾。

（2）阿卡打毛蛋——圆打（啦）圆（原）。

（3）鸡娃儿打鸣——尽是腔腔儿呕哩。

（4）茶壶里煮牛头——放不下去。

（5）三九天开桃花——稀奇古怪。

例（1）的“引子”是一个主谓短语，陈述了一个事情——“老奶奶在墙根里抓小鸡”，“注释”部分则是说明抓鸡时的特征——嘴上会“啾啾啾”地唤鸡；例（2）的“引子”陈述一件事：“阿卡打毛蛋”，“阿卡”是佛教中的僧人，头发剃光，头是圆的，“毛蛋”是过去民间小孩子们游戏用的一种实心球，大多用毛线缠成，和现在的垒球大小差不多，也是圆的，所以“注释”中就概括其特点是“圆打圆”；例（3）的“引子”也是一个主谓短语，陈述一件事：“鸡娃儿打鸣”，“鸡娃儿”是小鸡，要“打鸣”还太早，发不出响亮的声音，所以“注释”对此事进行了评判——“尽是腔腔儿呕哩”，完全是在胸腔里干呕，不可能出得来声音；例（4）中“引子”为一状中短语，也陈述了一件事——“茶壶里煮牛头”，茶壶很小，而牛头却很大，所以“注释”判定其结果是“放不下去”；例（5）的“引子”也是一个状中短语，陈述事件为“三九天开桃花”，桃花一般都是在春天盛

开，所以“注释”评判此事为“稀奇古怪”，不可能发生。

（二）整个歇后语的语义

从上面的分析中，我们可以看出，“注释”部分的语义往往有字面语义与深层语义之分，而整个歇后语的语义又要落脚到注释部分，因此歇后语的语义也有字面语义和深层语义的问题。青海方言歇后语语义主要有以下两种情况。

1. 以字面意义为实际语义的歇后语

在青海方言中，部分歇后语的语义就是注释部分的文字直接表达的语义。如：

（1）尕和尚念经——有口无心。

（2）阿卡的酥油阿卡的狗吃了——没处抱怨。

（3）豁豁照镜儿——当面侮人。

（4）胡子眉毛一把抓——压密儿。

（5）胡子逮眉毛俩结拜哩——脸面上的朋友。

例（1）的“尕和尚”即是小和尚，小和尚因年纪太小，念经时不会用心去念，所以“有口无心”；例（2）的“阿卡”指佛教中的僧人；例（3）的“豁豁”是青海方言词，意指兔唇；例（4）的“压密儿”也是方言词，意指一个挨一个的，一个也不落下；例（5）的“引子”也是一个青海方言句式，“逮”是连词，“和”的意思。

这种字面意义就是实际语义的歇后语不多，更多的歇后语语义是注释部分文字的深层语义。

2. 以隐喻义为实际语义的歇后语

所谓“以隐喻义为实际语义”是指字面意义不起表义作用，起表义作用的是字面意义的隐喻义，这个隐喻义才是整条歇后语的实际语义。需要说明的是，这里的“隐喻”不同于传统修辞学的隐喻，它是在语言运用中产生的一种“言在此而意在彼”的语义转移现象，也就是说某一个语言单位的字面意义在实际使用过程中转化成了另一种理解，这种转化的基础在于两种理解之间的相似性，这在青海方言歇后语中有着很多的例子，譬如说“下坡里撵乏兔儿——不是真本事”这条歇后语，表面上是说因为兔子前腿短、后腿长，跑起来蹦蹦跳跳，上山飞快，但下山就不行，所以追赶下坡的乏兔，追上了也不算有真本事，这是字面语义，而实际上这条歇后语的语义是指利用别人暂时的困难处境或弱点进行攻击，虽胜犹败。

青海方言具有深层语义的歇后语较多，从总体情况来看，构成深层语义的方式主要有以下几种。

A. 利用注释部分某一个词语的多义性进行引申。如：

(1) 三张纸画了个驴头——好大的脸面。

(2) 孔夫子面前转文——酸酸。

(3) 酵头儿压巴罗——发起来了。

例(1)的“脸面”一词引申出“面子”之意，“好大的脸面”即好大的面子之意；例(2)的“酸酸”本指醋味，“酸酸”是很酸的意思，在这条歇后语中引申指咬文嚼字的读书人；例(3)中的“巴罗”是青海的一种面食，用生面或熟面压成，发酵面不能用，而“酵头儿”是酵母，所以这是说如果是用酵头儿面来压的话，就发起来了，语义利用“发”这个词引申而来，引申为“发达”的意思。

B. 利用注释部分整个短语结构进行比喻性引申。如：

(1) 癞肚瓜儿吹哨儿——憋着吼者。

(2) 狗吃散袋——又吃又甩打。

(3) 黄柏树上没老少——青叶儿落哩，黄叶儿也落哩。

(4) 老阿奶的脸——尽是褶褶。

例(1)的“憋着吼者”中，“憋着”是郁闷、肚胀的意思，整个句子字面意义是肚子胀着使劲儿地喊，而整条歇后语的实际语义则是由此出来的，比喻很生气；例(2)的“引子”“散袋”指牛羊的胃，“注释”中“又吃又甩打”是说一面吃一面甩，整个歇后语语义由此引申而来，比喻太挑剔；例(3)的“注释”

表面上是说黄色的树叶和绿色的树叶都会掉落，而实际语义则是喻指死去的人有老人，也有年轻人，无论老少，都逃不脱死亡的自然规律；例（4）的“注释”表面上指老太太的脸上尽是皱纹，而实际语义则是比喻主意多、点子多。

C. 利用注释中某一个或某几个字的同音字或音近字相谐而产生的实际语义。如：

（1）两口儿养者个跑拉——谋着不骟。

（2）雀儿屎屙在牛粪上——小屎。

（3）家拉没胡子——太不像羊。

（4）两口儿骂仗——甘草。

（5）墙上挂磨扇——圆画。

例（1）的引子中的“跑拉”是方言词，指未骟的公牛，“注释”“谋着不骟”表层意思是指谋划着不把公牛骟掉，而实际语义是由“骟”的谐音字“善”而来，“谋着不善”即打着坏主意而来。例（2）的实际语义由“屎”的谐音字“事”而来，指小事情。例（3）中的“家拉”指山羊，实际语义则是由“注释”中“太不像羊”中“羊”字的谐音字“样”而来，即太不像样的意思。例（4）的“引子”中“骂仗”即吵架的意思，“注释”中的“甘草”本为一味药，而实际语义则是由“甘草”一词谐“干吵”而来。例（5）的“注释”“圆画”的谐音词为“原话”，“原话”就是整条歇后语的语义。

二、青海方言歇后语的语义特征

1. 双关性

方言歇后语来源于民间，广泛流传于广大老百姓口中，通俗易懂。按理说，其语义应该是语素意义的加和，也就是说语义应该与字面意义一致，如“大白天点灯——浪费”“碟子里打搅洗（游泳）——浅塘”“画儿上的果子——吃不到嘴里”“饺子破了皮——露馅”等都很通俗，由引子部分的字面义就能推出注释部分来，而整个歇后语所要表达的语义也就是注释部分字面意义的加和，与注释部分的语素义一致。

青海方言中除了这种直陈型的歇后语之外，还有双关型的歇后语，也就是说整个歇后语所要表达的语义与注释部分语素义不一致，并不是字面意义的简单相加，使得整个歇后语的意义有“基本义”和“转义”之分。譬如说“褡裢里背冰——前心凉到后心”这个歇后语，“前心凉到后心”本指前胸后背都着凉了，很冷，但又可以转指寒心、心寒。青海方言中有不少歇后语都具有这样的特点。构成双关性特点的情况有好几种。

一是利用“注释”部分某个词的多义性形成转义，或者利用这个词的引申义，或者利用这个词的比喻义形成转义。如：

(1) 刀切豆腐——两面光。

(2) 阿奶叫鸡儿——就就就。

(3) 核桃的壳壳——有隔阂哩。

(4) 鼻邋遢抖碟碟——故事儿稠。

例 (1) “两面光”本指刀的两面都很光滑，喻指左右逢源、两面讨好；例 (2) 的“就就就”本是青海人答应他人呼唤时的应答之声，引申为马上、立刻之意；例 (3) “有隔阂”本指核桃壳表面上凹凸不平，引申指有嫌隙，不团结；例 (4) 的“故事儿稠”，“稠”本指浓密，引申指“多”，“故事儿稠”就是故事多的意思。

二是利用“注释部分”的一个或几个词的音同音近构成谐音关系，从而产生转义，造成双关。如：

(1) 六个月没下雨——半年旱（半眼汉）。注：半眼汉，愚蠢，精神病人。

(2) 阿卡打毛蛋——圆打圆（原打原）。

(3) 二十一天孵不出鸡娃子——坏蛋。

(4) 茶馆里招手——壶（胡）来。

例 (1) 的“半眼汉”本指愚蠢之人或精神病人，利用“眼”

和“年”、“汉”和“旱”音同音近，“半年旱”转指半眼汉；例（2）“圆打圆”本指圆形的东西互相相碰，利用“原”“圆”谐音，转指原地踏步，没有什么变化；例（3）的“坏蛋”本指坏鸡蛋，利用同音词转指品行不好之人；例（4）“壶来”本指茶壶拿来了，利用“胡”“壶”同音转指“胡来”，不守规矩。

三是利用注释部分词与词的组合，组成一个新词语，转指它意，构成双关性特点。如：

（1）割下鼻子换面吃——不要脸。

（2）脚巴骨里拴麻绳——拉倒。

（3）黄河沿上当水手——吹牛皮。

（4）饺子破了皮——露馅。

例（1）“不要脸”原指不管面部的情况，转指不知羞耻；例（2）“拉倒”本指一拉就到，转指算了、罢了；例（3）“吹牛皮”本指黄河沿上的水手要做羊皮筏子，要把牛皮、羊皮吹胀，转指说大话；例（4）“露馅”本指包子馅漏出来了，转指暴露了。

2. 多义性

“多义性”是说同一个歇后语在不同的语言环境里有不同的意思，其基本义不止一个，青海方言中的部分歇后语也具有这个特点。如：

（1）你昨晚夕都说了些啥呀？简直是“客厅里挂狗皮——那是什么话”。

（2）他的那些工艺品，你都看懂了没？我是看不懂哟，真是“客厅里挂狗皮——那是什么话（画）”哟！

在这两个语言片段中都用到了“客厅里挂狗皮——那是什么话”这个歇后语，但例（1）表示的是“说的话”，例（2）利用谐音表示的是工艺品上的“图画”。又如：

（3）你看小张的脸阿门了？怎么成了“金钱豹的皮子——点点多”？

（4）小王太精了，人家都说他是“金钱豹的皮子——点点多”。

这两个例子中的歇后语“金钱豹的皮子——点点多”各自表示的语义是不一样的，例（3）是指人的脸上长了很多的雀斑，不美观；例（4）是指有办法、主意多，由“点点”引申为“点子”“主意”。

造成这种一语多义的原因很多，有可能是“注释部分”的词语本身具有多义性。如：

（5）今天太冷了，穿啥都不管用，感觉“褡裢里背冰——前心凉到了后心”。

（6）他怎么能这么干？真让人觉得是“褡裢里背冰——前心凉到了后心”。

（7）你别等了，再等下去只能是“褡裢里背冰——前心凉到了后心”。

例（5）的“前心凉到了后心”用的是本义，就是表示特别冷；例（6）的“前心凉到了后心”引申为“心寒”；例（7）的“前心凉到了后心”引申为“失望”，引申义各不相同，导致一语多义。

有时候注释部分的词语由于谐音关系也会导致一语多义。如：

（8）你怎么才来？你追不上她了，人家早就是“钉锤底下的钉子——拔了”。

（9）你这会儿来看啥戏？剧团的演出已经是“钉锤底下的钉子——拔了（罢了）”。

例（8）的“拔了”用的是本义，开拔、离开的意思；例（9）的“拔了”中“拔”与“罢”谐音，指“结束”“罢了”的意思。

青海方言中具有多义性特征的歇后语，主要是由于音同音近谐音词造成的，其他情况的多义歇后语并不多见。

第三节　青海方言歇后语的语用分析

一、语用功能及语用场合

歇后语作为一个地区方言俗语中不可或缺的部分，在语言交际过程中有着独特的作用。青海方言中的歇后语，在青海人民日常交往中也发挥着特殊的功效。

（一）对事情进行评判、评价

对事情进行评判是人们交往过程中必不可少的一项活动，这种评判用语言进行表达时，或直言不讳，或委婉含蓄。引用歇后语进行评判就属于后者。如“褡裢里装冰——前心凉到后心”这条歇后语，意思就是说某件事情或某个人的所作所为让某人寒（伤）心不已，“褡裢”是一种长方形的布袋子，中间开口，两头下垂，分装钱物，是青海人出远门、走亲戚时必带之物，人们习惯搭在肩上，如果里头装上冰的话，肯定是“前心凉到后心”，类似于普通话中的歇后语“三九天吃西瓜——凉透了心”。

在日常交往中，青海人对歇后语的使用进行评判时常常将歇后语置于判断词“是/不是”或“真是”之后，作宾语，如：

（1）“你谢个屁！”我在心里骂道，“那是人家为了在土改中堵住你的嘴巴子，才忍痛割爱，给了你一点甜头。而你，嗨，真是“蠢猪眼里大粪变金塔——分不清好坏”。

（齐毛太《多杰才旦》）

（2）我们家本来就嫌山上穷，你倒打发一个“精脚片”来说媒，这不是“灶神爷翻跟头，眼看眼儿的干砸锅的买卖着哩”吗！

（王贵如《花海采风录》）

例（1）是“我”的一段心理描写，是“我”在内心里对齐毛太所作所为的一个评判，最后引用歇后语“蠢猪眼里大粪变金塔——分不清好坏”进行总结性的评说，用“真是”一词将歇后语与前文联系在一起。例（2）也是一段心理描写，是主人公对自己的恋人派了一个“精脚片”来说媒这件事情的一个评价，认为是在干砸锅的买卖，通过引用歇后语“灶神爷翻跟头，眼看眼儿的干砸锅的买卖着哩”来表现，整个歇后语置于“不是”之后，充当反诘句的宾语。

在青海方言中用歇后语对事情进行评判，常常是评判者对此事感到不满时，如例文（1）（2）均是如此。再譬如：

（3）“刘书记，合日贼娃子念嘛尼，哄吃羊羔啦！把夏不让当成什么人看待啦?”（程秀山《桑巴久周》）

在这一个语言片断中，夏不让区对合日区意见非常大，认为合日区曾经欺骗过他们，说话者没有直说，而是引用了歇后语“贼娃子念嘛尼，哄吃羊羔”，“贼娃子”即小偷，“嘛尼”即嘛尼经，小偷嘴里念经，是不会安好心的，完全是在骗人。

当然，并不是所有的歇后语被交际者使用时都有不满的情绪，如：

（4）叔侄相争，这是碗筷相碰——常事。

（《格萨尔王出世》）

这是六幕话剧《格萨尔王出世》中的一个语段，其中“碗筷相碰——常事”就是一个歇后语，说话者引用它来评判叔侄相争这件事情，认为这是一件很常见的事情，如同碗筷相碰一样，没什么大不了的。在这里，就看不出说话者对叔侄相争这件事有不满的情绪。

（二）创设轻松自如的交际环境

创设一个轻松自如的交际环境，是交际目的得以成功实现的一个必要条件。如何创设一个轻松自如的交际环境，方式、方法有很多，利用一些幽默风趣的歇后语就是方式之一。青海独特的自然环境造就了青海人民乐观向上的性格，他们常用歇后语来表情达意，使言语交际环境显得轻松自如。据林有盛先生在《西宁方言寻古》中记载，有一次他去下乡，房东很热情，房东老伯让孙子给客人拿烟袋，烟袋挂在墙柱上，孩子够不着，搬来小板凳垫脚，一不小心将小板凳踩翻了，摔了个马趴，哭着起来，房东大娘过来一边扶起孙子，一边数落大伯："指望猫儿（着）念经哩，指望屁（着）吹灯哩。"大娘的数落没有直截了当，而是引用了青海方言中的一条歇后语"指屁吹灯，指猫念经——靠不住"，"指"就是指望、希望的意思，整条歇后语用来形容力不能及或强人所难，非常形象。大娘用这条歇后语，既说明了孙子的力所不及，又数落了大伯的不切合实际，更为重要的是因其幽默风趣，缓解了孩子摔倒所造成的尴尬局面，使得谈话的气氛一下子变得轻松和谐了。再譬如：两位朋友见面打招呼，关切地互相问候近况，青海人习惯于这样回答："阿卡打毛蛋，圆打（啦）圆"，意思是和原来一样，没有什么变化。这个回答也是一条歇后语，"阿卡"为佛教中的僧人，"毛蛋"是民间孩子们玩的一种实心球，所以说"阿卡打毛蛋——圆打圆"，用这么一条歇后语，既说明了目前的状况是原地踏步，一切照旧，同时"圆打圆"的形象又引人联想，非常幽默，让人能够在一个轻松愉快的环境中继续进行交谈。

二、语用特征

与所有的歇后语一样，青海方言中的歇后语在使用的过程中会因为语境的变化而发生变异。

1. "注"部分的省略

有些歇后语因其注释部分语义明确，或者说话者认为这是常用于人们口头之中的歇后语，其"注"人人皆知，一听（看）即明，无需说出，因此在使用的时候只说半截，造成"注释"部分省略。青海方言歇后语一般都是"引子"和"注释"两全的，但在使用过程中也会出现省略"注"的情况，如：

甲（长者）：欢迎领导来检查工作，请上座！

乙（青年）：岂敢岂敢，我坐上座岂不是清鼻滴到眼窝了吗？

在这个甲与乙的对话片段中，乙就用了一个歇后语的"引子”——“清鼻滴到眼窝”，这是青海人非常熟悉的一条歇后语，意思是“倒过来了”，而且这条歇后语非常形象，意思一看就能明白：“清鼻”即鼻涕，“眼窝”即眼眶，鼻涕只能往下滴，如果往上滴到眼眶里，不就是倒流，倒过来了吗？正因为如此，所以人们在使用这条歇后语时常常省略其注释部分，在这个例文里也是如此。又如：

我说大文人，你这一趟来，算是瞎猫儿碰了个死老鼠，再过半年呀，你就甭想尝我们的窖水了。　（王贵如《花海采风录》）

在这个语段中，“瞎猫儿碰了个死老鼠”也是青海广为流传的一条歇后语，说话者认为没必要说出“注释”部分——“碰巧”，所以只有“引子”部分。

2. 相同相近的“引”，不同的“注”

由于地域、民族的不同，或者具体语境的不同，人们对同一事物、同一现象会有不同的认识，因此在歇后语中，相同的“引子”往往会有不同的“注释”，如：

要馍馍唱曲儿——寻由头。

要馍馍唱曲儿——穷开心。

这两条歇后语的“引子”完全相同，而“注释”却毫不相干。前一条歇后语的创造者看到的是“要馍馍唱曲儿”这个事情的表象，大部分要馍馍的人（乞丐）在向别人乞讨时总要说唱自己乞讨的缘由，所以得出其“注”为“寻由头”，即找原因；后者则带有了讽刺挖苦之意了，其创造者是从另一个角度来认识“要馍馍唱曲儿”这种现象的。青海方言中“引子”相同而“注释”不同的歇后语有两种情况。

第一种是“引子”相同“注释”不同，语义也不同。如：

（1）甲：阿卡拌炒面——一拌（半）一拌（半）来。（贵南）

乙：阿卡拌炒面——各有各的拌（办）法。（海北）

（2）甲：冻萝卜遇到铁镲子——硬对硬。（贵德）

乙：冻萝卜遇到铁镲子——碴碴遇上碴碴。（兴海）

例（1）的甲、乙两条歇后语“引子”完全相同，而“注释”部分则全然不同，甲为“一拌（半）一拌（半）来”，是在贵南地区流行的歇后语，意思是做事情要一样一样地做；乙是流行于海北地区的，为“各有各的拌法”，是利用了谐音字“拌”“办”构成语义——每个人的做法不一样。例（2）的甲、乙两条歇后语“引子”均为“冻萝卜遇到铁镲子”这一现象，甲流行于贵德地区，“注释”为“硬对硬”，其语义也就是字面意义，直接由“引子”表层意义得来，因为“冻萝卜”很硬，“铁镲子”也很硬，所以是硬对硬；乙则流行于兴海地区，“注释”部分的“碴碴”为方言词，指蛮不讲理之人，“碴碴遇上碴碴”意思是两个蛮不讲理的人遇在一起，谈论事非，谁也说服不了谁。

第二种是“引子”相同相近，“注释”的字面不同而语义相同。青海方言中，有不少的歇后语“引子”取材相同相近，“注释”的语义相同但字面不同。有的是普通话与方言的区别，有的是青海内部地域的不同，也有的是“注释”所取“引子”的角度不同。如：

（1）甲：月亮底下穿孝衫——人白影子黑。
乙：月亮底下穿孝衫——人白嘀影子黑哩。

（2）甲：后娘打娃娃——一挂是一挂。
乙：后娘打娃娃——一下是一下。

（3）甲：瞎熊抓哈拉——抓一个撂一个。（贵德）
乙：瞎熊抓哈拉——旋抓旋丢。（化隆）
丙：瞎熊抓哈拉——旋撂儿。（海北）

（4）甲：雀儿吃大豆——来不做。（海北）
乙：雀儿吃大豆——嘴里不来。（贵德）
丙：雀儿吃大豆——嘴里不来的话。（大通）

（5）甲：缸里倒核桃——夸啦啦。
乙：瓦缸里倒核桃——干脆。

（6）甲：酥油里抽毛——容易。

乙：酥油里抽毛——随便。

丙：酥油里抽毛——裕如。

（7）甲：大年三十借蒸笼——你蒸者我煮吗？

乙：大年三十借蒸箅——你蒸我烙吗？

例（1）的甲、乙两条歇后语的“引子”相同，“注释”的语义也是一样的，区别只在于甲的“注释”是规范的普通话，而乙的“注释”则用了青海的方言句式“……嗬……哩”。例（2）的甲乙两条歇后语“注释”部分的不同也是方言与普通话的不同，“一挂”是方言词，“一下”的意思；“一挂是一挂”就是“一下是一下”的意思，比喻下手很重、很毒。例（3）的甲、乙和丙的区别在于甲的“注释”为普通话，而乙和丙的“注释”均为方言，“旋”是立即的意思，“旋抓旋丢”就是抓一个撂一个、丢一个的意思，“旋撂儿”也是马上撂掉的意思。另外，“引子”里的“瞎熊”即狗熊，“哈拉”即旱獭，据说狗熊挖开一窝哈拉时，先夹一个在腋下，见第二个时又挟在腋下，而第一个则跑了，到最后只能逮住一个。例（4）中的“雀儿”即小鸟儿，因其嘴太小，要想吃大豆，很难做到，所以青海人用“雀儿吃大豆”来比喻心有余而力不足，甲、乙、丙三条歇后语中的“注释”都是这个意思，只是因为地域不同而有了不同的说法：海北说成“来不做”，贵德说成“嘴里不来”，而大通人则说“嘴里不来的话”。例（5）的甲乙两条歇后语“引子”相同，“注释”字面不同而语义相同：“夸啦啦”是取了“瓦缸里倒核桃”所发出的声音，为一象声词，“利索”的意思，与乙的“注释”义近。例（6）的甲、乙、丙三条歇后语“引子”同为“酥油里抽毛”，“注释”分别为“容易”“随便”“裕如”，这三个词实为同义词，“裕如”是方言词，“容易”的意思。例（7）的甲乙两条歇后语“引子”相近，“蒸箅”也就是“蒸笼”，“注释”部分仅一字之差：一为“煮”，一为“烙”，“煮”和“烙”虽然不是同一个意思，但是整个注释部分所传达的语义是一样的：我该怎么办？

从上面的分析可以看出，青海方言中“引子”相同、“注释”不同的歇后语大多数是第二种情况，第一种情况比较少见。这大概是青海地域辽阔，民族众多所致。

3. 不同的“引子”，相同的“注释”

所谓不同的“引子”、相同的“注释”是说有些歇后语虽然“引子”取材不同，但所表达的语义是一样的，也就是说同一个意思的“注释”可以有不同的说法。如：

（1）甲：马膝盖上钉掌——离蹄（题）太远。

乙：马屁股上钉掌——离蹄（题）太远。

（2）甲：驴头挂磨扇——好大的脸面。

乙：蚂蚁虫戴笼头——好大的脸面。

丙：三张麻纸糊驴脸——好大的脸面。

（3）甲：牛把鸡蛋踏烂了——小者没了。

乙：雀儿屎屙者牛粪上了——小者没了。

（4）甲：燕麦大的鱼娃儿，龙王爷前头摆头摆尾哩——好大的架势。

乙：癞蛤蟆过门槛，又蹾股子又甩脸——好大的架势。

每组歇后语甲乙（丙）的“引子”并不相同，取材不一，但所得出的“注”是一样的。例（1）甲取材于马的膝盖，乙取材于马的屁股，两者都得出了“离蹄（题）太远”的注释；例（2）甲的“引子”“驴头上挂磨扇”与乙的“引子”“蚂蚁虫戴笼头”、丙的“引子”“三张麻纸糊驴脸”完全不同；例（3）甲的“引子”“牛把鸡蛋踏烂了”与乙的“引子”“雀儿屎屙者牛粪上了”取材完全不同，其中“者”字为方言词，相当于“在”，甲乙二条“引子”都可以得出“小者没了”的语义，“小者没了”即小得没有了的意思，指太小了；例（4）的甲和乙两个“引子”都是句子，这在青海方言歇后语中也是少见的，甲为陈述句，乙为复句，两者取材毫不相干，但都可以得出“好大的架势”的语义，这个“注释”是一个反语。

作为一种变异现象，青海方言中，有些歇后语的“引子”取材相同，注释取材也一致，但由于地域、民族或者在长期的流传过程中发生变异而产生了一些近似的说法。如：

（1）甲：苍蝇落在经台上——沾了佛爷的光了。（海北）

乙：苍蝇落着供台上——沾了大佛爷的光了。（大通）

（2）甲：背搭手儿作揖——礼行在后面。（大通）

乙：背手作揖——礼行在后头。（贵南）

丙：背着手作揖——礼行在后。（刚察）

（3）甲：两个瞎子作揖——谁都没看见。（大通）

乙：两个麻眼作揖——谁见谁了。（海北）

丙：俩麻眼儿作揖者——谁见了。（西宁）

从这几个例子来看，同一个“引子”可以有不同的说法，同一个“注释”在不同的地区也会有不同的说法，究其原因，或许是地域的差异，或许是方言与普通话的差异，或许还有民族的因素等，这还有待进一步考证。

第四节　青海方言歇后语与本土文化

俗话说：“百里不同俗，十里改规矩”，“一方山水养一方人”。这就是说每一片土地都有着独特的风俗文化。语言是一种社会现象，是特定文化的载体。方言歇后语作为语言词汇的组成部分，是各方言区广大人民群众在自己的物质文化和精神文化生活中创造出来的，带着浓郁的乡土气息，积淀着丰富的民情风俗和历史文化。任何一个地方的歇后语，无不浸透其所在的地方特色和民族特色。

一、高原人民的衣食住行孕育了青海方言歇后语

作为一种特殊的言语形式，方言歇后语广泛地流传于各方言区人民群众口头，是人民群众喜闻乐见的一种表达方式。人们在

创造这些歇后语时，总是从自己生活中最常见的事物中取材，因此可以说是劳动人民的日常生活孕育了歇后语，每个地方歇后语的产生都与本地人民的日常生活息息相关。

青海位于青藏高原，独特的地理环境孕育了人们独特的生活习俗、独特的衣食住行，而这些习俗均是青海人创造歇后语的素材。青海方言中有一条歇后语叫“藏民穿皮袄——露一手留一手”就取材于藏族同胞的衣着习俗。青海藏族长期过着逐水草而居的游牧生活，高原冬天气候寒冷，夏天昼夜温差很大，为了适应这种特定的自然环境和畜牧业经济生活，藏族人民就地取材，把羊皮制成袍服以御寒。同时，藏族同胞为了放牧方便，袍服的袖子做得又宽又大，天冷时利于保温，气温升高时可以方便自如地伸出臂膀来调节体温，久而久之，袒露右臂的装束就成了藏族服饰习俗的一大特点。由于这种服饰御寒性能好，极为实用，不仅深受藏族人民的喜爱，而且居住在青藏高原上的其他民族也多以皮袄来御寒，因此皮袄成了青藏高原人民冬日御寒不可或缺的衣物。正因为如此，所以这里还流传着与皮袄相关的另一歇后语“反穿皮袄——装羊（佯）”。

青海方言中有一条歇后语叫“上塌塌房房——檐檐浅”很好地反映了青藏高原农区居民的建筑特色。居住是人类在一定的地理环境下求生的重要条件，它与自然环境的关系极为密切。青海东部农业区的汉、回、土、撒拉以及青南农区的部分藏族等民族的传统民居建筑多为坐北朝南、土木结构、墙体厚重的平顶房屋，用泥土拍打得紧密厚实，且很少有屋檐。这种独特的建筑的形成与青海的自然环境有关：青海地处高寒地带，冬季时间长，房屋坐北朝南可以充分接受阳光，减少东北风带来的寒冷，加之高原少雨、干旱的气候特点，房顶修成平顶，既节省材料又能发挥其他功能，比如晾晒粮食、堆放杂物等。正因为这种建筑很少有屋檐，所以说“檐檐浅”，即“言浅”之义，“檐”“言”谐音，也就是人微言轻，说话不管用的意思。

“民以食为天”，“吃”是人民生活中的头等大事，正因为如此，青海方言中有大量取材于“吃”的歇后语。

青海有句谚语叫“内地人吃菜，青海人吃馍”，也就是说青海人与内地人在饮食习惯上有很大的差异，尤其是在20世纪80年代以前，青海的汉族、土族、回族、藏族、撒拉族等都是以面食为主，一日三餐都习惯于喝茶吃馍馍。正因为如此，青海方言中有很多歇后语与馍馍有关，或者是与其他面食以及面食的原材料有关。譬如：“嘴里吃馒头——心里有数”，“芽馍馍祭灶——穷心不肯”，“要馍馍的借算盘——穷打算”，“要馍馍唱曲儿——寻由头”等，这几条歇后语一方面反映了青海人以面食为主的饮食习惯：在青海，“馍馍”是用面粉制作的饼、花卷、馒头等食品的泛称；另一方面也反映了粮食困难年代里人们的困窘，特别是“芽馍馍祭灶——穷心不肯”这条。“芽馍馍”是用发了芽的麦子磨成的面粉做出来的馍馍（馒头），黏性很强，吃起来粘牙，有甜味。青海人在年终祭神时要用麦芽糖供奉灶神，而这里说用芽馍馍去祭灶，说明当时人们的生活水平很困难，买不起麦芽糖，只能用芽馍馍去祭灶神爷，而这条歇后语的“注”——“穷心不肯”意思是说虽然穷，但是对灶神爷的敬畏之心是不可改变的。人们祈求来年丰收、有更多的粮食的心愿很强烈。后两条歇后语中的“要馍馍的”均是指乞丐，由此也可以看出这几条歇后语都是老百姓在困难年代创造出来的。

青海人的面食原材料很丰富，有用小麦面粉的，也有用青稞面、豌豆面的，这也给青海方言歇后语注入了更多的活力。青稞又叫裸粒大麦，磨成面炒熟了称为“炒面”，藏语称为“糌粑”，它是藏族农牧民的主食，青海方言中的歇后语常常以之作为语言材料。如：

（1）迎风吃炒面——张不开嘴。

（2）吃炒面没水——干丢。

（3）炒面捏娃娃——熟人儿。

（4）青稞面打浆糊——不粘。

（5）阿卡拌炒面——自有拌（办）法。

因为炒面是干炒面粉，风一吹会呛到人的气管里，所以说“迎风吃炒面——张不开嘴”，比喻难以开口；炒面是牧民一日三餐离不开的食物，吃的时候一般要在炒面中放入少量茶水、酥油、曲拉和糖，然后将手指伸入碗中搅拌，干湿程度以不粘手、不粘碗为宜。等到酥油和炒面拌匀后，捏成锥形团送入口中，糌粑团吃完后，再喝一、两口奶茶，如果不加水则难以下咽，故有“吃炒面没水——干丢”之说，意即做事条件不成熟，只有硬来；又因其可以捏出形状，所以也可以捏成“娃娃”，而且因为用来拌糌粑的炒面都是炒熟后的青稞磨成的，捏好后即可进食，为熟食，故而又说“炒面捏娃娃——熟人儿”。另外，因为青稞无“筋骨”没有黏性，所以说“青稞打浆糊——不粘”。可见青海人对青稞的特性、吃法等了解得十分透彻。

青海人的面食品种十分丰富，这从青海方言中一些歇后语里反映了出来。如：

（1）乡里人的长面——干拌（办）。

（2）吃了搅团喝拌汤——伤食到根了。

（3）少爷吃不下杂合面——惯下的。

（4）咸肉汤面片——不用盐（言）。

这四条歇后语涉及五种面食，都是青海独有的风味小吃。“干拌”是拉条（拉面）的一种，青海的回、汉人民在做拉条时，和面、揉面上都有独特的技巧，特别是回族人做的拉条，他们不用一滴清油，而是在调面粉时放些盐或碱水，把面粉团揉来揉去，直到软硬适中、富有弹性，可以随意制作面食时，然后再反复拉扯四五次，不断一根，而且每次拉出的一把，放到锅里捞出来，恰好是一碗，入锅捞出后不再加汤，只加一些肉末、蔬菜等原料，吃起来非常可口。“搅团”是先将适量的水在锅中烧开，然后在开水锅中慢慢撒入杂合面制作而成，边撒边用擀杖搅动，稀稠程度以擀杖在锅中的直立不倒为宜，吃的时候还要配上时鲜菜碟或酸菜、辣子、醋、蒜泥等。“拌汤”则是用面粉加凉水拌成小面疙瘩，在开水锅中下入萝卜丝、洋芋块、青菜等，等煮熟后将拌好的小面疙瘩撒入锅中，一边撒一边搅动，使之成为稠稀的面汤，熟后，在锅中再炝上葱花，味道鲜美，特别适宜于老年人和病人食用，所以青海方言还有一条歇后语叫“吃了搅团着喝拌汤俩——足了”，由此也可以看出青海人对面食的喜爱之情。“杂合面”是用杂粮磨成的面粉，在青海特指用青稞和豌豆混合磨成的面粉，是过去青海普通人家的家常便饭。“汤面片”则是青海的家常面食，既普通又很独特，据世居青海的老人们说，面片是长途旅行中的快餐。青海地广人稀，交通不便，过去汉、回、藏各族奔走于农牧区之间，路途十分遥远，中途又很少有旅店可供食宿，因此人长途跋涉一天之后，往往靠着有水草的地方扎下帐房，挖一个小坑或找几块石头就支起一口锅，不用案板、刀等炊具，只需一个碗，用冷水拌面粉，捏成条形，然后压扁拉长后，再捏扁揪断成小面片放入锅内煮熟。如果在草原上能找到羊肉一同下锅，则先煮羊肉，后揪面片，就煮出了一锅香喷喷的羊肉汤面片。所以过去青海还有“三石一顶锅”的说法，不过现在已不用石头了，便携式的炊具已经代替了“三石一顶锅”。

青海人的饮食除了面食以外，奶茶和酥油也是大多数青海人生活中的必备品。从牧业区到半农牧业和农业区，藏、蒙古、回、汉、土各族人民都喜好饮用奶茶，而青海酥油则是高原一宝，用酥油调奶茶，茶水格外清香，既止渴又解乏，酥油茶在世界上可谓闻名遐迩，所以青海人说“奶茶里泡酥油——吃了个香”。

不但面食成为青海方言歇后语的材料，青海人制作面食的工具也常被青海人用来作为歇后语的素材。譬如说做面食离不开的擀杖就常出现在青海方言歇后语中，诸如“腰里别擀杖——直过线了”“袖子里筒擀杖——转不过弯来”“红胶泥的擀杖——迷实筒筒”“碾杆当擀杖——大材小用”等。

二、神奇的高原牧业与青海方言歇后语

青海传统的生产方式是畜牧业。日月山以西的藏族、蒙古族居住的大部分区域主要是从事畜牧业，东部农业区的部分地区也兼营一定的畜牧业，因此高原畜牧业在青海方言歇后语当中留下了深深的烙印。

藏羊是青藏高原的土著品种，在各类家畜中所占的比重最大。由于青海地域辽阔，地形复杂，海拔高，冬季时间长，植物生长的环境很差，因此饲草饲料长势不旺，这就使得长期在这种条件下生活的藏羊形成了耐苦寒、体质结实、行动敏捷等特点，也与这里的人结下了不解之缘。人们对日常生活的一些看法常常以羊作譬，如“风中的羊毛忽上忽下——停不住”，用风中羊毛的样子来比喻某些浮躁不安之人的行为；“赶着羊群过火焰山——往死里逼”比喻欺人太甚。还有“放羊的去圈马——乱了套”“放羊的拾柴火——捎带”“羊头上的肉——没有多少”“狼群里跑出羊来——怪事”“羊群里的牛犊——充大牲口”“羊粪蛋跳蹦子——凭风的力量”“拿着抛儿（青海的一种牧羊工具）打飞机——办不到”等歇后语，都是以羊或者与牧羊生活有关的一些事象作譬来说明某种道理，生动而形象，通俗易懂。

藏羊有山羊和绵羊之分。绵羊合群性好，喜欢群居，因此人们一般所说的羊群是指绵羊群；山羊又名羝羖、家拉，喜欢“登历山崖倾仄处”，所以歇后语有“羝羖上到石崖上——摇头摆尾”之说。牧人放牧时不会把山羊、绵羊放在同一个“窝子”里，正如青海歇后语所说“羊群里的家拉——合不来”，这一方面是因山羊好登上山的倾仄处，另一方面还因山羊、绵羊吃草的方式不同：山羊对草场破坏很大，吃草吃草根；而绵羊吃草，凡在它的前面有其他羊踏过或吃过的草就不吃了。因此牧区很少放养山羊，山羊主要产于海西地区。

牦牛与高原人民生活密切相关，它不仅是高原动物中斗风傲雪的勇士，而且也是雪山草地上牧民群众的主要运输工具之一，被誉称为“高原之舟”。在青海方言中，与牛相关的歇后语也很多，如“牛吃韭菜——留下了根”“牛皮上写约——不烂”“牛犊儿跃在井里——有力气没处用”“牛角上撒豆儿——溅掉了”“骚牦牛抵仗——不顾脸面”“牛肋巴三尺——往里弯”“牛角上抹油——又尖（奸）又滑”等。

骆驼虽号称“沙漠之舟”，但在青藏高原上，骆驼则是牧民们的一种重要役用牲畜。青海的骆驼是双峰驼，由野生的双峰驼驯育而成。青海方言中关于骆驼的歇后语也不少，如“骆驼脖子牛板筋——死皮顽肉”“骑的骆驼赶的鸡——高的高、低的低”“骆驼的庞蹄牛板筋——犟得很”“骆驼吃青盐——咸苦在个家（青海方言，自己）的心里”“骆驼的脖子长——吃不了隔山的草”“说骆驼不说蚂蚁——光拣大的”等。

高原的畜牧业远不止是牛、羊、骆驼等。在青海高原上，马、驴、骡子等也是独具特色的畜牧产品。“一匹马一杆枪，一顶帐篷走四方”是牧民对于游牧生活的生动概括，牧民们是离不开马的。青海东起老鸦峡，西至星宿海，只要你走村访县，就会发现有村村养马、县县赛马之风。青海骢号称龙种，是我国古代名马。现在的河曲马、大通马、玉树马历来被当地群众深深喜爱，故而与马相关的歇后语也非常多，如“骑马不拿鞭子——拍马皮（屁）”“放羊的去圈马——乱了套”“马尾串豆腐——提不起来”等。青海野驴是世界上唯一的野生驴种，它是青海农区和半牧区群众生产生活中不可缺少的重要役畜，可供骑乘、挽、驮、耕等使用，因此青海人民在日常交际中的歇后语也经常会提到它，如“毛驴啃石磨——嘴硬”“驴头上挂磨扇——好大的脸面”“骑驴背口袋——白费力气”“拉磨盘的驴——瞎转”“老草驴打滚——翻不过身来”“老驴配上银鞍子——有点不配”等。

三、宗教信仰与青海方言歇后语

宗教信仰作为一种社会历史现象、一种意识形态，在歇后语中也留下了深深的印迹。青海是一个多民族、多信仰的地区，藏族、土族、蒙古族信奉藏传佛教，回族、撒拉族信奉伊斯兰教，部分汉族信奉佛教或道教。在青海方言歇后语中，涉及宗教信仰的，绝大部分与佛教和道教有关，涉及伊斯兰教的几乎未见。这些歇后语蕴含了大量的宗教文化信息，鲜明地反映出信仰宗教与当地人民生活的关系。诸如“苍蝇落在经台上——沾了佛爷的光了”“和尚娃念经——有口无心”“尼姑穿西服——赶时髦”“城隍庙里的小鬼——干瞪眼”等。

藏传佛教俗称喇嘛教，是由传入吐蕃的印度佛教、汉地佛教和我国藏族地区固有的宗教，经过相互排斥和互相融合后的产物，对我省藏族、蒙古族等少数民族有着深刻的影响。

藏族过去几乎全民信奉佛教，敬佛信佛几乎成为许多人的一种精神寄托，在日常生活中，人们总是以虔诚的态度礼佛，祈求佛的保佑，这从一些歇后语中即能看出来。譬如藏传佛教中的一般僧侣叫“阿卡”，以这个词为材料或者说以阿卡为描绘对象的歇后语就比较多，如“阿卡的酥油阿卡的狗吃了——没处报怨”“阿卡拌炒面——自有拌（办）法”“阿卡打毛蛋——圆（原）打圆（原）”“阿卡添茶——轮着倒”“阿卡吃馒头——心中有数”等。当然也有以“喇嘛”或“和尚”入歇后语的，如“前是喇嘛后是王爷——背靠儿挺（形容靠山很硬）”“尕和尚念经——有口无心”“和尚头上一个虱——看得分明”。青海方言中也还有一些其他与佛事有关的歇后语，如“老虎挂念珠——假慈悲”，这里的“念珠”就是挂在佛教徒身上的佩饰。再譬如“庙堂里长草——荒（慌）了神”“泥菩萨上香——干敬的情”“泥佛爷洗澡——一堆泥”等。

道教是中国土生土长的宗教，崇拜多神，追求得道成仙，救济世人。它不仅在中国传统文化中占有重要地位，而且对现代人类生活也有着不小的影响，在青海方言中有不少歇后语中就渗透了道教文化。譬如青海人常说的一句歇后语“张天师抓魔鬼——手到擒来”，这里的张天师就是道教的创立者张道陵及其后代世袭嗣教者的通称，传说他们拥有太上老君所赐“正一盟威符录”、斩邪雌雄剑等，能布龙虎神兵、施法力，降妖伏魔，故有“张天师抓魔鬼——手到擒来”之语。再譬如“风水先生的卜辞——阴阳都沾着”，“风水”虽然是中国本土文化“堪舆学”的东西，但是在本质上是依附道教而生的，具有明显的道教色彩。另外，因为风水先生既要为建房宅选择宅基地风水（阳宅），也要为故去的人选择坟地风水（阴宅），所以说“风水先生的卜辞——阴阳都沾着”，其深层含义是说某些人说话做事要滑头，让人真假难辨。

青海虽然是多民族地区，但是汉族占了大多数，因此汉族人的一些信仰习俗也影响着青海方言的歇后语，譬如“土地爷的庙庙——上下一间（件）”“灶家娘娘下厨房——多管闲事”“城隍庙里的小鬼——干瞪眼”等歇后语，实际上其中渗透着汉族过去的一些信仰习俗：土地爷就是土地神，土地是人类赖以生存的空间，因此大地信仰是华夏民族原始信仰之一。《白虎通》记载：“古者天子至庶民皆得封土立社，以祈福报功。其所祀之神曰‘社’，其祀神之所亦曰‘社’。”其中天子及诸侯祭社神的处所叫社宫，民间的叫庙，也就是后世的土地庙。一个地方的土地庙一般只有一间，不像佛教的寺庙有多间，所以青海人常用“土地爷的庙庙——上下一间（件）”来自我解嘲。青海不种棉花，不养蚕，衣料都从内地长途贩运至此，因此价钱昂贵，致使多数百姓缝制不起冬衣，只有一身衣服，这句歇后语就是当时这种生活的真实写照。

四、地方文艺与民间传说对青海方言歇后语的浸润

语言是文化的载体，歇后语作为较为完整的表意单位，更能

反映地方文化，青海方言中的一些歇后语就是青海地方文化浸润出来的。例如："墙上挂弦子——不弹（谈）了""山头上唱'少年'——调子高"。前一条歇后语与青海平弦和越弦都有关系。青海平弦是青海的地方曲艺，主要流传在以西宁为中心的湟水流域农业区，伴奏乐器有三弦、扬琴等；越弦也是青海地方曲艺，善于抒情叙事，伴奏乐器有三弦、正弦板胡、反弦板胡等。歇后语中的"弦子"就是指这两种地方曲艺的伴奏乐器三弦，"不谈了"是用了"弹"的谐音。后一条歇后语则是出自于青海民歌"花儿"，"花儿"也就是"少年"，青海"花儿"的一个基本格调就是听起来让人感到高亢、嘹亮、悠长、爽朗，所以说"山头上唱'少年'——调子高（比喻说大话）"。

青海方言中还有些歇后语则与青海的历史民间传说相关，这些传说随着时代的变迁已不复存在，但作为文化的遗迹还留存在一些语言片断之中。如"台吉乃尔的鞑子——憨厚者"这条歇后语里的"鞑子"是古时候中原汉族对北方各少数民族的蔑称，台吉乃尔是地名，离西宁两千多华里，过去交通闭塞，那里的人民群众非常老实忠厚，因此成了憨厚的象征。再如"海子沟人吃伴儿（胎盘）——甜兮兮"，海子沟位于西宁市城北区大堡子乡，传说当地有一个人常在打泥炕火中烤乳猪吃，有次他外出，妻子生产，妻将家中烤乳猪吃了，将伴儿（胎盘）置于炕火之中，其人回家后错将伴儿当烤乳猪吃了，传为笑谈。人们故意问他是什么味道，他答说"甜兮兮"，意思是没啥味儿。（见《西宁方言词语汇典》第 299 页）像这样的歇后语，如果我们不知晓当时的这些传说则很难理解其意蕴。

综上所述，高原地域文化和民族文化孕育了青海方言歇后语，它具有浓郁的地方特色和民族特点，渗透了丰富的高原文化和民族文化。

第五节　青海方言歇后语选注

A

阿卡（僧人）买木梳——无用。

阿卡打毛蛋——圆（原）打圆（原）。注：原地踏步，没有什么变化之意。

阿卡拌炒面——一拌（半）一拌（半）来。

阿卡拌炒面——自有拌（办）法。

阿卡吃馒头——心中有数。

阿卡添茶——轮着倒。

阿卡的酥油阿卡的狗吃了——没处抱怨。

阿奶（老年妇女）数鸡蛋——一个一个地来。

阿奶叫鸡儿——就就就。注：就就就，马上、立刻之意。

阿且的辫套——抛着脑后者。注：阿且，藏族妇女。

阿妈养着筛子里了——心眼儿多。注：阿妈养着筛子里了，即把孩子生在了筛子里面。

矮子上楼——步步高。

暗室里穿针——难过。

B

八十的阿奶打哈欠——一望无牙（涯）。注：阿奶，对老年女性的尊称；“牙”谐“涯”。

八十岁的老汉吹喇叭——气短。

八月十五过年——还差节气哩。

八月的花檎——红丢丢。注：红丢丢，形红。

八个瓶子七个盖——缺一。

拔了萝卜栽葱——一茬比一茬辣。

半夜里养娃娃——亥（害）人。注：害谐亥，时辰，指亥时生的人；养，即生下的意思。

半空里提口袋——装风（疯）。

抱上元宝跳井——顾财不顾命。

背搭手儿作揖——礼行在后头。

背锅儿打懒展——前（钱）紧。注：背锅儿，驼背、罗锅。

背锅儿穿衣裳——前紧后松。

秕燕麦喂鸡——哄（混）蛋。

冰滩上的毛驴——扶着扶着跌倒哩。

冰滩上赶驴——操紧。

冰滩上的驴——扶不起。

白布跌进染缸里——洗不净。

笔杆里睡觉——细人。

脖子上拴绳绳——好克（客）。

鼻邋遢抖碟碟——故事儿稠。注：稠，多。

被窝里挤眼睛——傻乐。

拜佛进了吕祖门——走错了门。

不痛的手往磨眼里塞——自找苦吃。

C

草帽当锣打——响（想）不起来。

草上的露水——不经晒。

苍蝇爬在供桌上——沾了佛爷的光。

苍蝇吹喇叭——随气力。

苍蝇吹喇叭——好大的口气。

苍蝇的背子里开刀——担当不起。

苍蝇落到驴胯上——抱住了粗腿。

苍蝇的尻子上插鸡毛——走兽不像走兽，飞禽不像飞禽。

吹口哨过坟地——个家给个家壮胆。

炒面捏娃娃——熟人儿。

吃炒面没水——干丢。

吃了搅团喝拌汤——饮够了。

吃了宴席喝拌汤——有啥吃头哩？

吃了搅团舔擀杖——留下抿（名）迹了。

城门洞里甩柳条——四面儿不挨。

城门洞里骑竹竿——直打直儿。

城隍庙里的小鬼——干瞪眼。

城头上出棺材——绕大弯儿。

茶壶里倒扁食——肚里有，嘴里说不出。注：扁食，水饺。

茶壶里煮牛头 ——放不下去。

茶卡盐吃多了——多言（盐）。注：茶卡，青海地名，产盐。

茶卡盐吃多了——西咸（稀罕）。

茶馆里招手——壶（胡）来。

茶里调醋——该做的不做。

叉叉裤娃娃说媳妇——还差半辈子。注：叉叉裤，开裆裤。

长布衫改夹袄——取长补短。

炒羊肉下挂面——将凑到场。

穿衣不扣纽扣——要风流。

穿着皮袄戴草帽——不相称。

绌鼻骡子卖了个驴价钱——亏吃在脸上了。注：绌，方言，长皱纹。

出家人不爱财——多多益善。

出门就上山——端打直上。注：端，直。

初一早上贴对子——迟了一年。

初一早上贴钱马——迟了一步。

车子赶到河滩里——胡拐。

车子拉到河滩里——干弹（干蛋）。注：干蛋，说的话或者做的事没有任何效果，不起作用。

车轱辘上拴棒槌——轮不到嘀甩到哩。

车毂眼里照镜子——一眼看穿。

窗台上拾镜儿——逞能。

窗台上吹喇叭——名声在外。

残兵列队——对不齐（起）。

冲上沙滩的鱼儿——死路一条。

船头上跑马——走投无路。

D

鞑子婆的辫子——丢在脑后。注：鞑子，古时候中原汉族对北方少数民族的蔑称。

大年初一吃雀儿——没外人。注：雀儿，饺子。

大腿上摸脉——找错了地方。

大年三十看日子——最后一天。

大年三十借蒸笼——你蒸者我煮吗？

大麻子照镜——个人观点。

大风地里吃炒面——有口难言。

大师傅的肚子——油水多。

大雨过来了站过道——淋（轮）不到头。

大雨天上房——找漏洞。

大河里一泡尿——有你不多，没你不少。

大毛头上戴花儿——俊扎了呗。注：大毛头，对成年男孩子的昵称；扎了，“很”的意思；“俊扎了”即很俊、很美的意思。这条歇后语的意思也是反话。

大门上挂笤帚——扫（臊）脸。

大门上插杨柳——过端午者。

大白天点灯——明晃晃，亮晃晃。

大白天点灯——浪费。

大肚子不养娃娃——只背虚名。注：养，生产。

褡裢里背冰——前心凉到后心。

待诏的徒子——从头学。注：待诏，旧时对理发师的称呼。

冻萝卜遇上了铁碟子——硬碴硬。

冻萝卜遇上铁镲子——碴碴遇上碴碴。注：碴碴，强硬之人。

碟碟里打浇洗——浅塘。注：打浇洗，游泳。

碟子洗脸——浅见。

碟子里洗脸——浅看人。

碟子里喝茶——沿（言）浅。

碟子里喝拌汤——口宽。注：拌汤，青海小吃。

独眼龙相亲——一眼看中。

豆草煮豆儿——六亲不认。

豆儿地里的油菜——冒尖。

豆腐掉进灰堆里——吹也不是打也不是。

对着镜子作揖——自己恭维自己。

对着棺材撒谎——哄死人。

电杆上绑鸡毛——好大的掸（胆）子。

刁浪子办店——没本钱。注：刁浪子，专门骗哄别人钱财的人。

灯柱背后添油——谁见了？

刀背上打跟斗——干翻。

刀切豆腐——两面光。

到手的肥肉换骨头——心不甘。

店里的臭虱——吃客的主儿。

钉锤底下的钉子——拔（罢）了。

端着金碗讨饭——装穷。

毒太阳底下的露水——就要干。

丢了骰儿着抹牌——驴年上发财。

肚里长牙——心真狠。

顶上箩儿当天爷——不知大小。

雕塑匠不给神像磕头——知道老底。

E

二十一天孵不出鸡娃子——坏蛋。

二八月干活——不冷不热。

二月二吃大豆——开窍者。

二月里的乏羊——没劲。

二两棉花——难弹（谈）。

二分钱开店——本小架子大。

饿着肚子嗑瓜子——不过瘾。

额目头上的绌绌——展板死了。注：额目头，额头；绌绌，皱纹；展板，平整。这个歇后语的意思是反语。

额门头上打纸座——死要钱，不要脸。注：纸座用金属做成，样子像带把儿的印章，放在烧纸上用木榔头打印，以示纸变钱了。

额门头上挑扁担——头挑。

儿童过年——又吃又喝。

F

放了多年的腊肉——干巴无味。

放羊的去圈马——乱了套。

放羊的拾柴禾——捎带。

房檐上的冰溜——根子在上头。

肥绵羊尻子上抹油——肥对肥（谁）

反打羊皮正打鼓——两面光。

风中的羊毛——忽上忽下停不住。

风匣板做锅盖——受了凉气又受热气。

风水先生的卜辞——阴阳都沾着。

夫妻俩打铁——好对手。

夫妻俩吵架——没事。

G

尕和尚念经——有口无心。注：尕，小。

尕海的妈妈——大海。注：大海，花钱大手大脚，没有计划。

尕肋巴充犏牛——以假乱真。

尕巷道里开车——直来直去。

尕驴儿放屁——由不得尾巴。

赶着羊群过火焰山——往死里逼。

赶掉儿子招女婿——里外不分。

干羊皮上撒豆儿——干弹。

干坷垃上一榔头——兴头儿打散了。

过河揣脬子——小心过余。注：脬子，阴囊。

过河拆桥——不留后路。

戈壁滩上找泉水——难上作难。

割荨麻喂驴——空敬情着哩。注：荨麻，植物，其茎叶上都长得有螫毛，碰上很疼，不能喂牲口。“空敬情着哩”即假殷勤、空头人情之意。

割下鼻子换面吃——不要脸。

割草打兔子——带捎搭。

锅锅灶里的洋芋——要焐。注：锅锅灶，在野地里挖的土灶，里面垒上土块，用柴烧后，把洋芋埋进去焐熟。

裹脚布当孝帽——一步登天。

肝花儿上插刀子——离心远者哩。

狗扯羊肠——越扯越长。

狗咬老鹰——差得远。

狗头上安羊角——装羊（样）。

狗抬尿泡——空喜欢。

狗吃皮条——没头绪。

狗头上套罐子——胡撞。

狗咬汽车——自讨没趣。

狗看星星——满天花。

狗娃咬鞋匠——寻着挨楦头者。注：寻，找；楦头，做鞋用的模具。

狗吃散袋——又吃又甩打。注：散袋，牛羊的胃。这条歇后语是喻指有些人很挑剔。

沟子上连锅盖——排场要圆了。注：沟子上，臀部。

沟子上连簸箕——扇风。注：扇风，生气、扫兴。

沟蛋上贴门神——人走神也走。注：沟蛋，屁股。

沟蛋上钉马掌俩——离蹄（题）太远。注：俩，语气词。

个家（自己）拉二胡——吱顾吱（自顾自）。

滚了坡的馒头——不合笼。

挂面下者开水里——软（晚）了。

公公背儿媳妇朝山哩——吃苦挨骂不说，还说是骚包头。

给狗撂骨头——投其所好。

隔着玻璃亲嘴——挨不着。

隔山买牛——两不见面。

公园里散步——走弯路。

H

韩家丫头给着韩家了——韩（咸）还是韩（咸）。注：丫头，姑娘；给着，嫁给。

核桃的壳壳——有隔阂哩。

核桃里的肉——不敲不出来。

活人跳进滚水里——找死。注：滚水，开水。

火里的大豆——焦了。

豁牙啃西瓜——道道多。注：豁牙，缺牙。

豁豁照镜儿——当面欺侮人。注：豁豁，兔唇者。

豁儿吹灯盏——走风漏气。

画儿上的馍馍——吃不成。

画儿上的姑娘——空喜欢。

画儿上的果子——吃不到嘴里。

花椒树下睡觉——麻人。

怀里抱的四弦子——吱咕吱儿（自顾自儿）。

哈巴子蹲在粪堆上——充大狗。注：哈巴子，即哈巴狗。

黄豆煮豆腐——父子相会。

黄河沿上当水手——吹牛皮。

黄河里的水——不清。

黄河沿上宰娃娃——刀割水洗。

黄瓜打驴俩——半截子浪了。注：喻指虚度半生。

怀抱的枕头——想的圆。

何仙姑走娘家——云里来雾里去。

猴儿不上杆杆——多打者一忽儿锣锣。注：一忽儿，一会儿。

和尚坐岩洞——没寺（事）。

和尚没后人——孝子多。

和尚头上一个虱——看得分明。

和尚讨媳妇——今生休想。

河里的石头——有的是。

河里的鱼儿——没家。

海子沟人吃豆瓣——甜兮兮。注：海子沟，地名，位于西宁市城北区大堡子乡。

黑刺树上摘枣儿——哄（红）人儿。

黑瞎子叫门——熊（松）到家了。

黑狗屙白屎——随时有变。

狐狸给狼出主意——哪有好计谋?

胡子逮眉毛俩结拜哩——脸面上的朋友。注：逮，和、跟；哩，语气词。

胡子眉毛一把抓——压密儿。注：压密儿，一个挨一个的，一个也不落下。

红嘴鸦儿沿沟走——吃了的嘴红，不吃的嘴也红。

红萝卜拌红辣椒——显不出红。

红胶泥的擀杖——迷实筒筒。

红胶泥擀杖——看去利，吹去迷。

红胶泥的喇叭——吹红了。

后娘打娃娃——一挂是一挂。注："一挂"即一下，指下手很重。

好女儿脸上一片疤——美中不足。

好花插在牛粪上——不配当。

喝酒吃辣子——两头受罪。

蛤蟆顶桌桌——自不量力。注："桌桌"即桌子。

J

鸡爪儿烩豆腐——油水不大。

鸡儿脖子里连铃铛——没配着。

鸡儿嗉子老鼠眼——吃不多，看不远。

鸡毛飞上天——全靠风撑。

鸡蛋走路——滚蛋。

鸡娃吃大豆——咽不下去。

脚后跟朝前——走回头路。

脚底下抹酥油——溜（蹓）得快。

脚踩的西瓜，头顶的棒锤——耍玄着哩。

脚面上放镜子——自高自大。

脚巴骨里拴麻绳——拉倒。

酵头儿压巴罗——发起来了。注："巴罗"是一种面食，用生面或者熟面压成，发酵面不能用。整条歇后语喻指发达了，贬义。

金刚爷扫地——动了大佛。

金钱豹的皮子——点点多。注：喻指主意多。

借水调泥——来得快。

借水调泥——图便宜。

羯羊的脬子——皮外的肉。注：羯羊，去势的绵羊。脬子，阴囊。

近举眼打靶——目的不明。注：近举眼，指近视眼。

近举眼养瞎子——做样子。

近举眼养瞎子——一辈不如一辈。

净尻套套裤——麻利下家。注：精尻，光着下身；套裤，没裤腰的棉腿套。

净沟子撵狼——胆大没羞。

净身上套坎肩——露两手。

井里撂石头——咕咚（古董）。

精肚儿穿夹夹——露两手。注：精肚儿，光着上身；夹夹，马甲。

镜子里的钱——光看不能拿。

羝羖上到石崖上——摇头摆尾。注：羝羖，山羊。

羝羖放屁——羊（佯）装不知。

羝羖虽瘦——尾巴奓着哩。

羝羖蹲在拉牌上——靠山硬。注：拉牌，石崖。

羝羖的脖子上一脚——文（纹）淌。

饺子破了皮——露馅。

家有十五口——七嘴八舌。

加拉没胡子——太不像羊（样）。注：加拉，方言，即山羊。

架上的碗——轮流转。

见了王母娘娘叫丈母——想娶个天仙女。

舅母的麻麦没吃饱，阿舅的开水喝饱了——亲的就是亲的。

九月的黄瓜棚——空架子。

九月里的荞麦——灰心。

揪着耳朵擤鼻涕——劲儿使得不是地方。

叫花子看戏——穷欢乐。

叫花子拉二胡——穷乐。

叫花子吃舌头——饿出来的见识。

叫花子夸祖业——自己没出息。

K

客堂上摆戏台——操啥腔的都有。

客厅里挂狗皮——那是什么话（画）？

口袋里买毛——不知好坏。

口袋里装羊毛——白毛嘛黑毛？

苦地菀的根——越扎越深。

扣在筛子下边的麻雀——干扑腾没办法。

裤带上连刀刀——由你的嘴谝。注：谝，吹牛。

看不出来的木匠盖楼房——人不可貌相。

孔夫子面前拙文——酸酸。

空筒笼搭着锅上——蒸（争）气。

磕一个头放两个屁——行善没有作恶多。

瞌睡遇了枕头——正是时候。

L

喇嘛娃念经——有口无心。

喇嘛爷打雨伞——无发（法）无天。

喇叭里撒搅团——糊（胡）吹。注：搅团，是用杂面搅拌而成的稠糊糊，青海的一种小吃。

懒驴上路——屎尿多。

懒婆娘做饭——一做就是两顿。

癞蛤蟆过门槛，又蹾尻子又甩脸——好大的架势。

癞蛤蟆跳香炉——一鼻子灰。

癞蛤蟆打哨儿——憋着吼哩。

癞蛤蟆走路——跳来跳去。

癞蛤蟆上灯杆——心高妄想。

癞肚儿头上插鸡毛——自看自大。注：癞肚儿，癞蛤蟆，又名癞肚瓜。

癞肚儿沟子上插鸡毛——麒麟不像，走兽也不像。

癞肚瓜上了花椒树——浑身发麻。

两口子（夫妻）打架——干吵（甘草）。

两口儿养着个跑拉——谋者不骟。注：跑拉，指未骟的公牛；“骟”谐“善”。

两口儿骂仗——干吵（甘草）。注：骂仗，吵架。

两口儿不打仗——好夫妻（福气）。

两口儿打架——常事。

两个麻眼儿——谁见谁了？注：麻眼儿，盲人。

两家养着的哈巴狗——没吃肥，跑瘦了。

两个马尾吊磨扇——小材大用。

骆驼的尻子——眼高。

骆驼吃青盐——咸苦在心间

骆驼睡觉——地盘大。

骆驼蹄子牛板颈——死皮顽肉。

骆驼蹄子牛板颈——割没血，吃没肉。

骆驼拉磨——不如驴。

骆驼过沙漠——一步一步来。

驴头上一棍——满脑子糊涂。

驴头挂磨扇——好大的脸面。

驴吃辣子——拌嘴。

腊月的萝卜——冻（动）了心。

碌碡上绑镜儿——照常（场）。注：碌碡，石制的圆形农具，用以碾压谷物，平整场地。

碌碡碾石头——石（实）打石（实）。

骡子卖了驴价钱——没卡码。注：卡码，即尺度。

骡子的后头耍看——看嘛踢人哩。

老鼠钻到风匣里——两头儿受气。

老鼠掉在面缸里——先喜后忧。

老鼠钻着仰尘里——上面活动。注："仰尘"指的是用木板或纸制成的天花板。

老鼠洞里听声音——远着很。

老鼠给猫儿溜尻子——自寻死路。

老鼠舔猫儿——自己给自己惹祸。

老鼠拉木锨——大头在后头。

老鼠儿钻着烟囱里——越抹越黑。

老鼠骑在猫身上——好大的胆子。

老鼠进了粮仓——稳吃稳坐。

老鼠戴耳坠——给猫儿耍干戏哩。

老马学蹿——腰腿不灵。

老羊皮换羔皮——划算。

老牛追兔子——有劲使不上。

老牛的肚子——草包。

老牛吃豌豆——干喘。

老乳牛的尿水——没完没了。

老虎吃天——没处下爪。

老虎挂念珠——假慈悲。

老虎打架——劝不得。

老虎吃蚂蚱——不够填牙缝。

老虎吃耗子——饥不择食。

老虎蹲在扁担上——一来担不动，二来不敢当。

老母猪见了麦麸子——阿里有哩？注：阿里，方言，哪里。

老母猪抬的三字经——咬文嚼字。

老母猪躺在炕灰里——把你舒坦着。

老母猪撵兔儿——想开洋荤了。

老鹰吃小鸡——一个喜来一个忧。

老草驴打滚儿——翻不过身来。

老驴配上银鞍子——有点不配。

老黄牛拉车——慢慢吞吞。

老阿奶上娘家——熟路。注：老阿奶，方言，老奶奶。

老阿奶的脸——尽是折折（皱褶）。注：这是讽语，喻指主意过多。

老鸦甭谈嫌猪黑——一个样。注：谈嫌，挑剔。

老寿星吃毒药——活得不耐烦了。

老和尚念经——老一套。

龙王爷打懒展——张牙舞爪。

龙王爷打呵欠——神气。

肋巴里挖油——办不到。

勒紧裤子数日月——日子难过。

狼脖子上套念珠——假作慈悲。

狼群里跑出羊来——怪事。

狼老鸹耍说猪黑——一个样。注：狼老鸹，乌鸦。

冷水烫鸡——一毛不拔。

冷水泡茶——无味。

拉磨盘的驴——瞎转。

拉着和尚认亲家——找错了。

狸猫蹲在崖上——冒充老虎。

六月的天气——说变就变。

六月里穿皮袄——里外如火。

六个月没下雨——半年旱（半眼汉）。注：半眼汉，愚蠢，精神病人。

猎人打枪——睁一只眼闭一只眼。

柳木雕的娃娃——木头人儿。

漏盆里洗澡——快活不长久。

M

麻秆儿顶门——靠不住。

麻秆儿挑水——承担不起。

麻花就萝卜——干干脆脆。

麻眼过冰滩——提心吊胆。注：麻眼，盲人。

麻眼儿（盲人）算得好——尽往车轱辘上碰者。注：者，语气词，无实义。

麻眼打平伙——公道要紧。

麻丫头照镜儿——点点儿乱。

麻丫头座轿——不是人抬举的货。

麻袋里装面粉——浪费太大。

麻子敲门——坑人到家了。

蚂蚁虫儿戴笼头——好大的脸面。

蚂蚁虫儿穿靴子——好大的蹄腿。

蚂蚁虫搬泰山——人多力量大。

马棚里边驴当差——硬凑合。

马屁股钉掌——离蹄（题）太远。

马膝盖上钉掌——离蹄（题）太远。

马槽里伸出个驴头——多一张嘴脸。

马高镫短——上下两难。注：镫，挂在马鞍旁的铁制脚踏。

马尾巴串豆腐——提不起。

马勺生在树上了——没办法。注：马勺，蝌蚪。

马蜜蜂窝里一杠子——寻着闯祸哩。注：杠子，棒子。

毛驴儿过冰桥——四蹄朝天。

毛驴拉磨——原地打转。

毛驴备上银鞍子——有点不配。

毛驴啃石磨——嘴硬。

毛蛋上一斧头——捋不出头绪。注：毛蛋，一种玩具，是用毛线缠成的小圆球，形似橄榄球。

毛鬼神钻到仰尘里——一踏一个窟窿。注：“仰尘”指的是用木板或纸制成的天花板。

毛鬼神的尻子上连掀板——要的要命牌子。

毛老鹰仰板睡——抓天不是抓地也不是。注：仰板，仰卧。

毛布底的鞋——上下染泥。

猫儿吃糨子——嘴上抓挖者。注：抓挖，喻指寻求、图谋。

猫儿不上墙——狗逼上了。

猫儿不吃鱼——假正经。

猫儿拍爪子——自造的威风。

满口金牙——尽是谎（黄）话。

庙门口的旗杆——光棍一条。

庙堂里长草——荒（慌）了神。

木棍钉在墙上——大小算个橛（角）。

木匠吊线——睁一眼闭一眼。

麦草的拐棍——顶不住事儿。

麦草的拐棍——软着哩。

麦草秆吹火——小气。

麦衣子里放水——无声而过。

麦麸子拌醋——酸。

买牛不拿缰绳——抓角。

卖油茶的看戏——离壶（乎）。注：油茶装在大壶中。

卖油郎娘子水梳头——有油不能用。

卖豆腐的扛马脚——生意不大架子大。

卖媳妇抽大烟——太上瘾了。

没笼头的马——野惯了。

没嘴的葫芦——不言不语。

没尾巴的尕驴打苍蝇——干磨屁股。

牦牛的骨头煮牦牛的肉——一个话。

门缝里看人——小看。

棉花里的刺——又绵又扎。注：绵，绵软。

眉梁骨上搭梯子——面子上下不来。

眉毛上挂珍珠——眼前的富贵。

眉毛里的虮子——眼虱（色）蛋蛋儿。注：虮子，虱子；蛋蛋，对机灵人的戏称。这个歇后语是对不识时务的人的讥讽。

面汤锅里洗澡——稀里糊涂。

门缝里看人——扁着哩。

门神打灶神——窝里斗。

门槛上剁萝卜——一刀两断。

牧人养者三千羊——手背朝下。注：不用抬手干活了，很富裕的意思。

猛亮的瞌睡尕妹的嘴——实话甜。注：猛亮，天刚亮；尕，小。

磨道里的驴——公道得很。

米汤里撒胡椒——胡粥（诌）。

民乐人辫蒜——随辫（便）。

N

拿着锅盖当草帽——乱扣。

拿碌碡打月亮——不知轻重高低。

拿着抛儿打飞机——办不到。注：抛儿，青海的一种牧羊工具。

奶茶里泡酥油——吃了个香。

泥佛爷洗澡——一堆泥。

泥菩萨上香——干敬的情。注：干敬的情，空头人情，虚伪。

尼姑没儿女——哭得多。

尼姑穿西服——赶时髦。

牛舌头舔犄角——差得远。

牛皮灯笼——里黑外不明。

牛皮灯笼——肚里明。

牛皮上写约——不烂。注：约，条约。

牛把鸡蛋踩烂了——小者没了。

牛吃韭菜——留下了根。

牛犊照大牛者屙粪哩——干挣扎。注：照，比照、模仿。

牛犊子拉车——乱了套。

牛犊儿跌在井里——有力气没处用。

牛肋巴三尺——往里弯。

牛角上撒豆儿——溅掉了。

牛角上抹油——又尖（奸）又滑。

牛背上的笨虫——吃里爬外。

牛犄角上挂掀板骨——干掸（蛋）。

牛毛口袋里装牛角——七拱八翘。

年时养儿，今年养女——花生。注：年时，去年。

南墙根儿的葱——要壅。注：壅，怂恿，鼓励。

尿脬打人——臊气难闻。

捏酥油糌粑——要圆要扁都由他。

P

螃蟹走路——横行霸道。

皮鞋里尿尿——热着一会儿。

皮鞋上扎花——硬手艺。

皮鞋蹬到眼窝里——一步登天。

皮影子打架——不伤人。

皮娃娃唱戏——全凭后台。

皮球敲鼓——空对空。

披上被儿浪大街——虽没领子，还算长衣。注：被儿，被子；浪，闲逛。

胖婆娘骑瘦马——肥搭瘦儿。

盼公鸡下蛋——痴心妄想。

泡软了的豆儿——不干脆。

Q

墙头上睡觉——难翻身。

墙上挂弦子——不弹（谈）了。

墙上挂锅盖——圆画（原话）。

墙上挂羊皮——不成画（话）。

墙上挂蒲蓝——原画（原话）。

墙上挂门帘——没门。

墙上的公鸡——里一声，外一声。

腔子上别针——挂心。注：腔子上，胸口；挂心，揪心。

清鼻掉到眼窝里——倒过来了。

清水煮萝卜——淡而无味。

青稞面打浆糊——不粘。

雀儿吃大豆——嘴里不来。

雀儿屎屙者牛粪上了——小者没了。

骑的骆驼赶的鸡——高的高来低的低。

骑马不带鞭——全靠拍马屁。

骑骆驼不备鞍——现成的。

骑驴背口袋——白费力气。

瘸子走藏——说到做不到。

瘸子给瞎子作揖——宽心着哩。

千里送客——终有一别。

前老子后娘——提起来话长。

前是喇嘛后是王爷——背靠儿挺。注：喻靠山、后台很硬。

牵牛下水——自脚先湿。

秋毛擀毡——性子紧。

R

肉锅里煮元宵——荤蛋。

热锅烙饼——干贴。

热锅里倒凉水——炸了锅。

S

傻子进饭馆——给啥吃啥。

傻小子睡冷炕——全靠火气大。

砂锅里煮驴腿——两担（耽）。注：喻指都耽误了。

三九天的冻萝卜——冷棒。注：喻指不开窍、不通情理之人，骂人的话。

三九里生的娃娃——冷棒。

三九天种麦子——不是时候。

三九的茄子——大冷棒。

三九天开桃花——稀奇古怪。

三九天吃樱桃——不是时候。

三十晚夕借托笼——你蒸者我煮？注：晚夕，方言，晚上。

三十晚夕盼月亮——没指望。

三十晚夕走路——没影子。

三十晚夕送灶爷——迟了。

三十晚上撒搅团——一搅二年。

三十晚夕晒衣裳——今年不干明年干。

三十晚上贴钱马——才知道过年了。注：钱马是用正方形的黄表纸，按对角线折成三角形，贴在门正中。这是一种习俗，贴钱马后债主便不得上门讨债。

三张麻纸糊驴头——好大的脸面。

三张纸画了个驴头——好大的脸面。

三升麦子搭着九盘磨上了——不够粘。

三点成一线——中（准）了。

三岁娃娃坐上席——班辈倒了。注：班辈，辈分。

三岁的娃娃娶媳妇——有年没日子。

山头上唱“少年”——调子高。

山头上练嗓子——唱高调。

山里的麻柳剥了皮——点点儿多。注：喻指主意多，点子多。

山间小泉——水不干。

山尖上摘月亮——办不到的事。

少爷吃不下杂合面——惯下的。注：即被人娇惯的。

烧香看和尚——顺眼。

扫脚面的裤筒——拖泥带水。

扫雪填坑坑——白费劲。

骚牦牛抵仗——不顾脸面。注：抵仗，打架。

四月的韭菜——割掉一茬又一茬。

屎巴牛钻夜壶——不说是受罪，还说游江湖哩。

屎巴牛拉磨扇——干挣扎。

屎壳郎抬粪——臭上加臭。

生成的骨头长成的肉——秉性难改。

深山里的尕庙——没人烧香。

身上的肉包饺子吃——香在嘴上疼在心里。

省了麦子狗吃面——省的没有费的多。

十五个人喧板——七嘴八舌。注：喧板，聊天。

十五个狗娃拉车——七东八西。

十个狗娃拉车——没个掌辕的。

十八个麻雀煮一盘——都是嘴。

十冬腊月喧话——冷言冷语。注：喧，聊天。

十五的月亮——满圆。注：满，很。

石头底下抹油——滑头。

石头砸碌碡——石（实）打石（实）。

石头下油锅——炸石（扎实）。

石头烧成灰——石灰（汇）。

石头窝里穿高跟鞋——一高一低。

石板上栽花——没根底。

石板上放屁——干弹（蛋）。

酥油里抽毛——裕如。注：裕如，容易。

睡觉打呵欠——干张嘴。注：即白求情。

上墙里挂狗皮——不像画（话）。

上山砍柴，下河脱鞋——到哪里说哪里。

上坟烧纸——自家哄自家。

上了锈的锁——打不开。

神娘娘（巫婆）装鬼——两面派。注：神娘娘，巫婆。

甩棍打雀儿——两头着。

说骆驼不说蚂蚁——光拣大的。

守着公鸡下蛋——办不到。

手心里抹蒜——辣手。

水菜碟儿里打搅洗——浅汤。注：打搅洗，方言，游泳。

水缸里抓鱼——十拿九稳。

水浸老皮——泡不开。

水湾里照镜儿——倒过来了。

水仙花不开——装蒜。

瘦驴屙干粪——硬挤。

孙悟空打筋斗——远着十万八千里。

蛇吃老鼠——一口。

蛇吃麻雀——一毛不剩。

沙里澄金子——轻重分开。

沙滩上浇水——滴点不剩。

沙滩上盖房——不牢靠。

双脚踩在棉花上——不踏实。

霜杀的萝卜——一滚就绵。注：绵，软。

算卦先生的葫芦——一肚子鬼。

T

檀香木雕佛爷——好看不灵。

抬野灰穿泥鞋——胡拐。

台吉乃尔的鞑子——憨厚者。注：台吉乃尔，地名，位于格尔木市。

唐僧念紧箍咒——整好人。

土地爷的庙庙——上下一间。

土地爷坐船——神（伸）到了海。

土地庙门的横批——有求必应。

土地爷坐石崖——靠山大。

土豆下山——滚蛋。

秃头上点灯——前秃（途）光明。

秃子当和尚——不费手续。

兔子驾辕——不是材料。

屠家买肉——内行。

铜钱当眼睛——认钱不认人。

偷吃供物念佛经——言行不一。

提起碌碡打月亮——不知轻重高低。

提起碌碡打月亮——痴心妄想。

剃头的割耳朵——外行。

头发上贴膏药——毛病。

头上点蜡——高明。

头顶上抹盐——咸（憨）头。

铁锅里炒豆——干响（想）。

驮着驴上没捎搭——我俩一样者哩。

田家阿奶吃糖——糖上加糖。

天亮才烧炕——赶不上热。

腿肚子抽筋——寸步难行。

W

碗儿匠摇头——难钉（定）。

蚊子叮泥菩萨——找错了对象。

蚊子找蜘蛛——自投罗网。

娃娃生在筛子里——心眼儿多。

娃娃死了奶干了——没扯心了。

娃娃掉着井里了——没处去。

娃娃屙下的狗不吃——害下了。注：被坑了。害，坑害。

娃娃的尿布——换得勤。

娃娃吃辣子——上当一回。

瓦缸里倒核桃——夸啦啦。注：夸啦啦，干脆利索的意思。

歪嘴和尚吹牛角——两凑合。

歪脖子拉小提琴——两全其美。

五月磨刀雨——应也应哩，不应也应哩。注：传说五月十三日那天，关公斩杀蔡阳，因此这天必然要下雨，以供关公磨刀。

X

下巴底下垫砖——闭口无言。

下蛋的母鸡——叫得凶。

下坡里撵乏兔——不是真本事。注：兔子前腿比后腿长，上山飞快，下山不如山上快。这条歇后语喻指利用别人的弱点进行攻击，没有多少真本事。

雪地里点灯——明明白白。

雪地里走路——一步一个印。

雪里埋小猪——总会露出蹄爪来。

雪里埋人——雪消显尸首哩。

瞎子逮瞎子挤眼睛——谁见了？注：逮，和、跟。

瞎子看社火——凑热闹。

瞎子上街——目中无人。

瞎子过独木桥——危险。

瞎子跳舞——盲目乐观。

瞎子丢了棍——没依靠。

瞎子打狗——摸着。

瞎子看报——一字不见。

瞎子拉胡琴——没谱。

瞎牛啃草皮——啃到哪里算哪里。

瞎娘养的瞎娃娃——人家不夸自家夸。

瞎雀儿碰了个谷穗子——运气好。

瞎雀儿碰者麦穗上了——得了。

瞎熊抓哈拉——旋撂儿。注：哈拉，旱獭。

瞎熊抓哈拉——抓一个撂一个。

戏台底下淌眼泪——替古人担忧。

咸萝卜上加盐——盐（严）重。

咸肉汤面片——不用盐（言）。

西瓜皮擦尻子——走滑流水。

袖筒里卖毛——谁见了。

袖子里筒擀杖——转不过弯来。

秀才犁地——直来直去。

秀才犁地——直来端去。

杏核儿改板——八面没材料。

降龙木扎扫把——可惜好材料。

乡里人的长面——干拌（办）。

乡里的亲家母——干散人。注：干散，干脆利落。

巷道里跑马——放不开蹄子。

小卒儿过河——横行。

学剃头遇上了大胡子——难剃（题）。

新衣裳打补丁——装穷。

喜鹊得了一苗针——没处放了。

县长打衙役——个家闹个家。注：个家，自己。

Y

芽馍馍祭灶——穷心不肯。

鸭子下河滩——大摇大摆。

鸭子的脚——连着哩。

鸭子的爪爪——连手。注：连手，方言，即情人、伙伴。

鸭子凫在水面上——上面不动，下面活动者厉害。

鸭子把鸡儿叫哥哥——哄着拔毛者。

鸭子打扮成鹅——嘴还是扁扁的。

鸭子打尖脚——笑死鸡儿。

丫环配钥匙——当家不做主。

丫头戴簪哩——前也难，后也难。

丫头穿上奶奶鞋——老样子。

哑巴进厨房——给啥吃啥。

燕麦大的鱼娃儿，龙王爷前头摇头摆尾哩——好大的阵势。

燕麦地里种麦子——草多。
烟瓶杆子——黑心。
碾杆当擀杖——大材小用。
阎王爷嫁女——抬轿的是鬼，坐轿的也是鬼。
阎王爷过生日——鬼闹。
阎王爷开店——鬼来买。
阎王爷贴告示——鬼话连篇。
腰里别擀杖——直过了限。
腰里别斧头——谋下山场了。注：谋下，看好了。
羊羔儿照大羊剪毛哩——没那么多。
羊羔吃奶——跪下。
羊伙里的骆驼——显得高。
羊群里的牛犊——充大牲口。
羊群里的加拉——合不来。注：加拉，方言，即山羊。
羊圈里蹦出头驴来——显出大个子来。
羊皮换盐——两不见钱。
羊头上的肉——没有多少。
羊粪蛋跳蹦子——凭风的力量。
羊毛塞尻门——软推。
羊肺肺压不到锅里——轻飘飘。
羊身上拔根毛——毫不在意。
洋蜡滴到石头上——浸给了。注：洋蜡，蜡烛；浸，凝固。
野马撒狂——鼠兔遭殃。
野狐加狼——坏到一处了。
月娃娃剃头——头一次。
月娃吃肉——咬不动。
月娃吃奶——张嘴就吸。
月扎拉吃猪头——小儿受不了大福。注：月扎拉，婴儿。
月子里的娃娃——长大嘀早者。

月婆子放屁——昏三楞四。

月亮底下穿孝衫——人白嘀影子黑哩。

月亮底下打雨伞——要的冷清。

月亮底下晒尿毡——做样子。注：尿毡，尿褥子。

月亮地里打手电——二亮（凉）。

玉皇爷拜财神——有钱高一头。

越往桌上放，越往桌下溜——狗肉。

一辈子没出过门——窝里老。

一把麸子撒上天——不见面。

一群乌鸦南飞——一模一样。

一口吞了二十五个兔儿——百爪抓心。

一面儿官司——不好打。

雨过者披毡衫——过时了。

鱼大笼子小——难装。

邮电局里买青油——走错门了。

油缸里的葫芦——滑得很。

咬不下大豆咬麻麦——欺软怕硬。

影台上的皮娃娃——随人摆布。

鹰把鸡儿叫姐姐——哄者拔毛哩。

迎风吃炒面——张不开嘴。

云彩里跑马——露出了马脚。

原石头滚到原窝里——返回原地。

阴天里打凉伞——二凉。

园子里的野鸡——饶了日子饶不了命。

要馍馍的借算盘——穷打算。

要馍馍的唱曲儿——寻由头。

要馍馍的唱曲儿——穷开心。

Z

灶火门上炖熬茶——小将凑。注：熬茶，青海人常喝的一种茶，用水、茶叶等熬制而成。

灶门前的火棍——越来越短。

灶家娘娘下厨房——多管闲事。

灶神爷翻跟头——干砸锅的买卖。

灶王爷上天——有啥说啥。

枣核儿雕下的关老爷——魁梧不大样。

争巴来的果子——不甜。注：争巴，争抢。

指屁吹灯，指猫念经——靠不住。注：指，指望。

猪吃西瓜皮——想（响）得脆。

猪八戒骑者烟囱上——自以为腾云驾雾了。

猪八戒败阵——倒打一耙。

猪八戒搽粉——遮不了丑。

猪屠家念经——充善人者。注：猪屠家，杀猪的；者，语气词。

猪尿泡上一刀——泄气了。

主人打狗，痛断猪（主）肠——庸人自扰。

中堂上挂磨扇——原（圆）话（画）。

磁窝里踏石头——实打实。

嘴里噙饼饼——说不出来。

嘴上抹石灰——白吃。

嘴上抹蜜——甜嘴。

嘴里噙的冰——吐不出一点水来。

嘴里吃擀杖——直肠子。

藏民穿皮袄——露一手，留一手。

做梦抓大印——官迷。

庄稼人种五谷——土生土长。

张爷卖豆腐——人强货不硬。注：张爷，指张飞。

贼娃子念嘛尼——哄吃羊羔。注：“贼娃子”即小偷；“嘛尼”即嘛尼经。

正月十五贴门神——晚了半个月。

第五章　青海方言中的惯用语

第一节　青海方言惯用语外部结构的基本类型

温端政先生指出，惯用语是“流行在人民群众口头上定型的习惯用语，具有很强的口语性。从结构形式上看，习惯用语也有两种类型，一类是表示完整意思的词组，一类是表示完整意思的句子”。青海方言中的惯用语也有词组型与句子型之分，我们把词组型的称为短语型。这些惯用语从外部结构来看，主要有以下几种类型：

一、短语型惯用语

（一）三字格

三字格惯用语由三个音节构成，在青海方言惯用语中，三字格较多，如：

抬油饼：农民对城里人的贬称，意为只会享受，不劳动，没力气。

旋搿儿：边取货边付款。

打背工：背着人做不该做的事，获取好处。

撴不展：放不开手脚的样子。

伏上水：巴结、奉承上司和有钱人。

干撩乱：白白地忙乱，毫无结果。

野子客：①喻心狠手辣；②能干。

打眼迷：打马虎眼，蒙骗。

麻雀儿：嘴快话多之人。

谝闲传：闲聊。

站大脚：农村进城务工人员。

溜勾子：溜须拍马。注：**勾子，屁股**。

叶子麻：很厉害或心很深。

沟槽深：贪心不足。

老勾毛：对老年人的蔑称。

砸腔腔：后悔的样子。

搅沫沫：喻胡搅蛮缠，或胡侃乱吹。

打搅洗：狗刨式的游泳。

咂老虎：接吻。

打闹儿：调情。

犟板筋：脾气倔强或固执之人。

精勾浪：光腚。

拉猴儿：对外来人的蔑称。

咒世保：傻瓜，愚蠢。

狗坐墩：摔倒屁股着地，屁股墩。

翻巴浪：翻滚。

羊肺肺（压不到锅底里）：形容言语轻浮，信口开河。

尕肉儿：可爱的小孩或对恋人（指女子）的昵称。

脚巴骨：脚踝，喻脾气倔。

狗牙碴：喻说话办事乖戾、尖酸刻薄、不易接触。

壮指头：对农村人的贬称，壮、粗。意为笨手笨脚。

……

（二）四字格

四字格惯用语是由四个音节构成。青海方言惯用语中，四字格惯用语也不少，如：

打脸板板：对做了丢人的事的人的蔑称。

忙忙虫儿：看起来很忙碌的人。

尕机溜儿：聪明伶俐之人。

大撒手儿：本来该管的事撂开不管。

担待不起：受不住，受之有愧。

空爹手儿：什么东西也没有拿。

机溜下家：机灵的人。

麻利下家：麻利的人。

久吉溜儿：祝愿孩子聪明伶俐的吉祥语。

……

（三）五字以上

拉鼻儿的阿奶：形容因过度疲劳而表现出的狼狈相。

盘四搭脚儿：盘腿的样子。

二斯斯儿的：态度冷淡，爱理不理的样子。

三天两头儿：经常。

五鬼里贩骆驼的：①到过很多地方，见多识广者；②什么也不怕的人。

好眉端端的：①无缘无故，毫无原由的；②好端端的，好好儿的。

汤汤如流水：比喻话说得多而且嘴巴利索，多指为自己辩解。

指天划星星：瞎指挥。

二、句子型惯用语

1. 单句型惯用语

所谓单句型惯用语是指从外部构成看，只有一个句子的惯用语。如：

吃上沙子屙砖碌：做根本做不到的荒唐的事，故意拖延时间。

跌倒葫芦漾掉醋：①形容什么都完了；②争风吃醋。

猫儿不上树嗬狗没逼上：逼急的时候什么也能干。

曹操得的癔儿病：喻像曹操一样疑心很重。癔儿，方言词，疑心。

2. 双句型惯用语

双句型惯用语，从外部形式看是由两个句子构成的。如：

供桌上撞者，香炉上也撞者：喻病急乱投医等。

驮子驮上，鞭子挨上：辛苦出力者，反而受打击。

昏达拉，懵达拉：形容什么也不知道。

东头儿的土地爷，西头儿来嗬不灵验：喻主事者超越自己的辖区办事，指挥不灵。

第二节　青海方言惯用语的语法结构

一、短语型惯用语的语法结构

1. 动宾短语型惯用语

这类是较多的一类，如：

吃羊头：哄骗小孩的话。

寻茬头：找借口，挑衅滋事。

拉干蛋：闲聊天。

打赌憋：闹别扭。

装行情：冒充内行。

背搭手儿：背着手。

拉湟鱼：公家的司机给自己拉客挣钱。

2. 偏正短语

添祸秆秆：无恶意而故意起哄的人。

大满口：①不冷不热的水。②话说得太满，没有余地。

贱骨头：不够自尊自重的人。

大筐模儿：大致，大概。

花檎脸蛋儿：①人面如花檎果样之美丽；②高原缺氧使青春少女的脸颊出现红晕，谓之花檎脸蛋儿。

四月八的黑霜：喻不期而至的灾害。

3. 述补短语

像着包给：两者像得活包了。

担待不起：承担不起责任。

臭着剜俩：奇臭、臭得令人难受的刀剜。

4. 状中短语

窝里害：善于内斗之人。

连轴转：昼夜连续作业或一人包揽着数人的工作。

大撒手儿：什么事情都不管，任由其发展。

铁尖上削铁：精打细算到了极点。

麦衣儿底下放水：暗中行事。

5. 并列短语

满山满洼：形容范围很大。

跌倒葫芦漾掉醋：①形容什么都完了；②争风吃醋。

大模大样：干事说话不知道分寸。

沟沟坎坎：原指道路不平，引申为命运多坎坷。

昏达拉，懵达拉：意即糊里糊涂。

哭天儿抹泪：形容伤心流泪的样子。

嘴甜心苦儿：口是心非。

二、句子型惯用语的语法结构

在青海方言中，有不少的句子型的惯用语。这些句子型的惯用语，有的是单句，有的是复句。

（一）单句型惯用语

单句型惯用语由一个句子构成，这些句子构成的情况又各不相同。

1. 非主谓句惯用语

非主谓句即无主句，只有谓语部分，在青海方言中，有不少的无主句惯用语。如：

(1) 月亮底下晒癞子：喻无济于事。

(2) 狗肚子里存不住二两油：心里装不住话或手头存不住东西。

(3) 指下的窝里没兔儿：有希望办成的事，不一定有十分把握，也有落空的时候。

(4) 三十年等个闰腊月：总有机会的。

(5) 经堂里混卷子：经堂是教徒们诵经的地方，卷子即经卷。喻滥竽充数。

例（1）的“月亮底下”、例（2）的“狗肚子里”、例（3）的“指下的窝里”、例（4）的“三十年”、例（5）的“经堂里”都是句子的状语，分别与“晒癞子”“存不住二两油”“没兔儿”“等个闰腊月”“混卷子”等构成一个非主谓句惯用语。从以上例子可以看出青海方言非主谓句惯用语主要是动词性的。

2. 主谓句惯用语

主谓句惯用语由主语和谓语两部分构成。如：

(1) 打墙板儿上下翻：形容世事变化无穷。

(2) 送到舌根的肉不吃：形容白白错过机会。

(3) 狗皮袜子没反正：怎么办都可以。

(4) 瞎马下个好骡子：形容没本事的人也有一定的好处。

(5) 卖馍馍的，把托笼洗去：该干什么活去干什么活。

(6) 十个孙猴儿一个脸：一丘之貉，一个德性。

(7) 眼窝里墩给了：受到了狠狠训斥或严厉指责。

(8) 驴粪蛋上下了一层霜：外白内黑。

(9) 驴粪蛋儿表面光。

从这几个例子来看，青海方言主谓句型惯用语的主语虽然都是名词性的短语，但其内容结构比较复杂。例（1）的“打墙板儿”、例（2）的“送到舌根的肉”、例（3）的“狗皮袜子”、例（4）的“瞎马”均为定中结构；例（5）的“卖馍馍的”是一个“的”字结构；例（6）的“十个孙猴儿”则是数量名短语；例

(7) 是一个存现句惯用语，主语部分为方位结构，谓语部分为“墩给了”，也是个动词性短语，“给”是青海方言中的一个特殊词，在此处为语气词，表示动作已完成。

有时候述宾结构、主谓短语也可以充当主谓句型惯用语的主语。如：

(1) 搬个石头砸个坑：喻下了决心。

(2) 年大一岁为老哥：对无礼貌者的劝导。

例 (1) 的“搬个石头”为述宾短语，充当整个惯用语的主语；例 (2) 的“年大一岁”为主谓短语，充当整个惯用语的主语。

主谓句惯用语的谓语部分一般都是动词性的。如“填坑不要好土”(吃饭只要填饱肚子就行，不需要什么好东西)，这条惯用语的谓语部分“不要好土”就是一个述宾短语。再譬如前面例文中涉及到的“上下翻”“不吃”“没正反”“下个好骡子”“把托笼洗去”“砸个坑”“为老哥”等，均是动词性的。当然主谓句惯用语的谓语部分也有少量其他性质的语言结构，如“十个猴儿一个脸”的“一个脸”“三个婆娘一台戏”(喻妇女们喜欢高声喧哗)中的“一台戏”则是名词性的数量短语。

3. 反问句惯用语

在青海方言惯用语中，有部分是反问句。如：

(1) 头都叩了，揖作不了：喻指做事情不要半途而废。

(2) 吃驴肉时，驴脸上不看吗：讽喻做非分的事时，要考虑后果。

(3) 人上不看嗬，影子上不看吗：讽喻某些人自高自大，把他人不放在眼里。

(4) 过了几个二月二，吃了几个焦大豆：讽喻别人经验不足，涉世不深。

(二) 复句型惯用语

在青海方言句子型惯用语中，复句惯用语不少，不仅有常见的基本复句惯用语，还有紧缩复句惯用语。

1. 基本复句惯用语

在汉语中，常见的复句有转折、并列、递进、因果等复句。在青海方言复句惯用语中，较为常见的是并列复句。如：

(1) 供桌上撞着，香炉上也撞着：瞎撞一气，于事无补，喻病急乱投医。

(2) 吃着碗里的，看着锅里的：形容占有欲很强，很贪婪。

(3) 锅底儿朝天，碗底儿朝地：形容穷困到了极点。

(4) 垫坑不用好土，吃饭不求筵席：吃饭只要填饱肚子就行，无需好东西。

(5) 高处不见，低处不站：喻指有些人好高骛远，结果什么事情也干不了。

这几条惯用语，从语法上看都属于并列结构。青海方言复句惯用语中也有其他类型的。如：

(1) 不懂装懂，就是饭桶。

(2) 鸭子打尖脚，笑死鸡儿：讽刺硬要做不能胜任的事。

(3) 割了脬子献神，神没喜把人痛死：喻吃力不讨好。

(4) 吃了八碗，不知道是搅团还是拌汤：食而不知为何物。

(5) 经是好经，老和尚的嘴歪者：对官员错误行政的讽刺。

(6) 狗咬尿脬，不见油来净是气：喻空欢喜。

(7) 一口咬了一个李子，谁不知道谁的底子：喻指互相了解，知根知底。

例（1）（2）（3）这三条惯用语，前后分句之间构成条件复句的关系；例（4）（5）两条惯用语，从语法上看，前后句之间构成转折复句的关系；例（6）（7）的前后分句之间为补充复句的关系，后续分句对前一分句的意思加以补充、说明。

2. 紧缩复句惯用语

在青海方言复句惯用语中，有不少句子从表面上看像是一个单句，而实际上却是一个紧缩复句，仅仅是在一般复句的分句之间取消了语音停顿和关联词而已。例如：

（1）给了脸儿染大红：形容所做的事或所说的话超出允许范围。

（2）要下猴儿就是戏：①喻指不管干什么事都要付出代价；②定下的事情就要做到、兑现。

（3）咬不动豆儿咬麦子：欺软怕硬。

（4）前来的眉毛顶不上后来的胡子：喻后来者反而居上，占了先机。

（5）买硫黄去着买上的点慌：硫黄点火能燃，用谐音讽喻有些人做事慌张，不沉着。点慌：慌慌张张。

例（1）（2）都是条件复句。“给了脸儿染大红”，即只要给了他脸儿（面子），他就染大红，得寸进尺。“要下猴儿就是戏”，只要要猴儿，就会有戏看。例（3）是并列复句，表示只一种选择方式，“咬不动豆儿咬麦子”意即“如果咬不动豆儿，就咬麦子”。例（4）和（5）为转折复句，“前来的眉毛顶不上后来的胡子”意即“前来的眉毛反而顶不上后来的胡子”，例（5）“买硫黄去着买上的点慌”意即“买硫黄去着反而买上的点慌”。

（三）独特的地域句式惯用语

在青海方言中，有一部分惯用语是用青海独有的地域句式表达的。

1. 以语气词“哩”煞尾的句式

（1）羊肺肺压不到锅底哩：羊肺里面有气体，煮的时候会浮在水上面。喻指沉不住气，急于表态，浮躁。

（2）个家的锅底要热哩：自己的事情要做好。

（3）鸡儿在粮堆上刨着吃哩：喻本性难移。

（4）咋大的麦子磨眼里下哩：再大的问题都能得到解决。

这种由语气词“哩”煞尾的句式有一种判断的意味在里面，这四条惯用语都有这种意味：例（1）用普通话来说就是“羊肺肺是压不到锅底的”，例（2）就是“个家（自己）的锅底儿应该要热”，例（3）就是“鸡儿是在粮堆上刨着吃的”，例（4）就是“不管多大的麦子都要下到磨眼里去的”。

2. “……嗬……哩”句式

青海方言中有一个句式“……嗬……哩”，“嗬”和“哩”都是语气词，“嗬”放在句子中间表示一种语气停顿，“哩”在句末表示一种肯定、判断的语气。青海方言惯用语中也常用这个句式，有时用于单句，有时用于复句。如“山里的黄羊嗬有数儿哩”这条惯用语就是一个单句，意思是不要以为别人心中无数，而想浑水摸鱼。这个句式在惯用语中更多的是用于复句，如：

（1）垫骨嗬髓痛哩：亲骨肉休戚相关。

（2）路不平嗬旁人修哩。

（3）拉毡嗬被儿动哩：比喻有连带关系。

（4）话丑嗬理端哩。

（5）花椒小嗬麻人哩：意思是东西虽小但能起大作用，不要小看。

这几条惯用语都是紧缩复句：例（1）（2）（3）为假设复句，“垫骨嗬髓痛哩”即“如果垫骨的话，骨髓会痛”；“路不平嗬旁人修哩”即“如果路不平的话，旁人会修”；“拉毡嗬被儿动哩”即“如果拉毡的话，被儿（被子）就会动”。例（4）（5）是转折复句，“话丑嗬理端哩”即“话虽然丑，但理是端（直）的”；“花椒小嗬麻人哩”即“花椒虽然小，但麻人”。

这个句式在惯用语中还有变式，常常会省略句末的语气词“哩”。如：

（1）火棍短嗬不烧手：指每个人可以做每个人力所能及的事，各有所长，有总比没有好。

（2）揣天爷的屁眼嗬凉飕飕：喻指事情已经过去，无法挽回。

（3）山神爷不放话嗬狼不扯羊：喻坏人有人指使而干坏事，有后台老板。

例（1）这条惯用语是一个紧缩转折复句："火棍短嗬不烧手"即"烧火棍虽然短但有了就不会烧到手"；例（2）是一个补充紧缩复句，意为"揣（摸）天爷的屁眼，天爷的屁眼是凉飕飕的"；例（3）是一个紧缩假设复句，意为"如果山神爷不放（发）话，狼就不会扯羊"。

总之，青海方言中的惯用语，短语型惯用语主要是三字格、四字格和五字格，结构较为简单；而句子型的惯用语，不仅有单句惯用语、复句惯用语，还有青海特有的地方句型惯用语，结构较为复杂。

第三节　青海方言惯用语语义分析

惯用语的语义是指惯用语所表达的具体内容，对其语义进行分析，不仅要涉及其具体内容，还会涉及具体的语义产生途径等问题。

一、青海方言惯用语的字面意义与实际语义

惯用语的字面意义是指某条惯用语使用的字词本身直接表达的表层意义，惯用语的实际语义则是指惯用语在实际运用过程中所表达出来的意义。从字面意义与实际语义这个角度来看，青海方言惯用语的语义有两种情况：一是字面意义与实际语义一致；二是字面意义与实际语义不一致。

字面意义与实际语义一致，也就是说字面意义就是实际语义，如"干撩乱"一语，"干"就是"白白地"的意思，"撩乱"也就是"忙乱"的意思，"干撩乱"即"白忙活"之意。"臭着剜俩"的字面意义就是臭得令人难受如刀剜一般，实际运用中也是这个意思，如"尕保子夜来放一个绌溜溜（屁）着，活像把猪脏倒下了，臭着剜俩"。再譬如"喉了耍耍，耍了耍喉"的语义就是大家在一起玩耍不要轻易生气、发火，"喉"就是生气的意思。

在青海方言惯用语中，字面意义与实际语义一致的较少，更多的是字面意义与实际意义不一致的惯用语。在这些字面意义与实际意义不一致的惯用语中，大部分惯用语的实际语义是从字面意义引申而来，也有部分惯用语的实际语义是人们在运用中习惯形成的，没有十足的理据。

1. 字面意义与实际语义为比喻关系的惯用语

在青海方言中，大部分惯用语的字面意义与实际语义之间是一种比喻关系。这部分惯用语字面意义非常形象具体，是实际语义的一个“喻体”；而实际语义则是通过这个“喻体”运用比喻方式引申概括得来的。例如：

（1）抢汤水。

（2）抬油饼。

（3）拉鼻儿的阿奶。

（4）抓雀儿嘀撒点秕谷子哩。

（5）拉羊皮不沾草。

（6）驴乏嘀怪纣棍哩。

（7）背炒面绌绌。

例（1）这条惯用语的字面意义是与人抢汤抢水，而实际语义则是用这个动作来比喻为私利而争先抢夺，斤斤计较；例（2）的字面意义很浅，而实际语义是比喻一些人没有力气，只会享受不劳动；例（3）的字面意义是指上了年纪的小脚老太太老态龙钟，连鼻涕都收拾不住，实际语义则是喻指人因过度疲劳而表现出来的狼狈样；例（4）的字面意义是说抓小鸟儿的时候要撒秕谷作诱饵，实际则是喻指做事情要投资；例（5）的本义是指有些穷苦地区寸草不生，以至于把羊皮放在地上使劲拉动也粘不到一点枯草渣儿，实际语义则是以此来比喻穷困到了极点，一无所有；例（6）的本义是驴疲乏了，跑不动了，却怪纣棍挡住了路（“纣棍”是横置于骡、驴尾下的木棍，两端用绳子系在鞍子上，防止鞍子前移），实际则是喻指把责任都推给他人，自己不负责任；例（7）的字面意思是背了炒面（炒熟青稞磨成的粉）口袋，但实际意义是比喻活儿自己干了，但利益是别人在享用。

2. 字面意义与实际语义为引申关系的惯用语

所谓字面意义与实际语义为引申关系的惯用语，是指有些惯用语的实际语义是由惯用语字面意义扩张、引申出来的，这种惯用语在青海方言中也不少。如：

（1）打背工。

（2）大撒手儿。

（3）夸嘴先生没好药。

（4）老嘀老，刀刀。

（5）高处不见，低处不站。

（6）大处儿不大，小处儿不小。

例（1）的“打背工”原指躲着他人在背后做事，引申指背着人做事情以获取好处；例（2）的“大撒手儿”本指完全放开手，引申指本来该管的事撂开手不管，不负责任；例（3）本指爱说大话的医生开不出什么好药方，不会有能够治病救人的好办法，引申指言过其实之人让人无法信任；例（4）本指刀虽然老、钝，但仍然还是刀子，引申指物件虽然陈旧了，但仍然有用处；例（5）本指既不站在高处，也不站在低处，引申指某些人好高骛远，什么事情也干不了；例（6）本指该大的地方不大，该小的地方不小，实际语义则是指不会处世过日子。

3. 实际语义取于民俗习惯的惯用语

青海方言中，有一部分惯用语从字面上很难明白其语义，因为它们的语义是以青海当地某种民俗风情为理据的，其语义已经融于这些民俗风情之中了，要理解此类惯用语的实际语义，必须了解其所涉及的民俗方可明了。如：

（1）拉湟鱼。

（2）迷着拉拉。

（3）过了几个二月二，吃了几个焦大豆。

(4) 野狐儿拾了一苗针。

(5) 王瞎子瞅下的贾家店。

(6) 打也挨上，驮子驮上。

这几条惯用语的语义都与青海的民风民情有关：

"拉湟鱼"是指公家的司机利用办公事之便私自拉客挣钱，其理据取自于改革开放之前农牧民进城时以湟鱼为车费之事。当时青海湖未封湖，湖中湟鱼很多，许多农牧民进城时因付不起车费，就常常到湖里抓湟鱼来作为给司机的酬劳，因此在从青海湖到西宁的公路上，常常能见到手持一对湟鱼的老百姓请求搭车，司机们也乐在其中。

"迷着拉拉"是形容人不清醒、不干练，反应很迟钝。这个惯用语的语义来源于青海藏族挤牛奶时用的一种工具——拉拉。"迷"就是"迷糊"的意思，"着"是助词，"拉拉"是一个藏语词，指妇女挤牛奶时用来装牛奶的小木桶，如果经常挤奶而又没能洗刷干净的话，小木桶就会糊上一层薄薄的奶油，天长日久，奶渍会越来越多，木桶就会越来越脏，越来越油腻，因此用"迷着拉拉"来形容人不干净、不清醒。

"过了几个二月二，吃了几个焦大豆"则与青海人二月二吃大豆的习俗有关。农历二月初二是二十四节气中的"惊蛰"，老百姓认为惊蛰时，冬眠之后的虫子都会被春雷惊醒，百虫抬头，所以说"二月二龙抬头"。青海东部农业区盛产大豆、豌豆、小麦、青稞等，这里的汉族、藏族以及土族人都习惯用在二月初二爆炒的豆子等作为节日食品，吃了爆炒的豆子就意味着春节已经过完，大家应该收拾农具准备下地干活了。因此，"过了几个"二月二"，吃了几个焦大豆"是说没有经历过几个二月二，也没有吃过多少炒大豆，以此来比喻有些人涉世时间太短、经验不足。

"野狐儿拾了一苗针"这条惯用语与青海的一个民间传说有关。据说，有一只狐狸精拣到了一枚绣花针，见其锋利，闪闪发光，非常喜欢，整日拿在手上把玩，但不知道到底用这个东西来干什么。后来人们就常用这条惯用语来讽喻有些人把极普通的物件当成了珍品，其实并不知道其真正的价值。

“王瞎子瞅下的贾家店”也与民间传说有关系。据说，有次一王姓的盲人第一次来到贾家店住店，感觉非常好。后来贾家店越来越破败，条件越来越差，而姓王的盲人依然经常到此住店。青海人就常用这条惯用语来讽喻那些墨守成规、不知变通的人。

“打也挨上，驮子驼上”则与青海过去的一种运输工具有关。“驮子”是驼在牲口上的东西，过去青海交通不发达，老百姓常用牲口来运送东西，在牲口背上设计有专用的架子，这个架子俗称为“驮子”。“打也挨上，驮子驮上”本来是说对那些要滑偷懒的牲口不仅要用鞭子抽打，同时还要让它继续驮东西上路，现在则常用来指对某些错误行为，不仅要责令其改正错误，还要该惩罚的就惩罚。另外，这个惯用语还有吃力不讨好的意思，同样意思的还有“驮子驮着，鞭子挨着”。

二、青海方言惯用语的感情色彩

青海方言中，许多惯用语除了字面意义外，还有感情色彩意义。

从感情色彩角度来看，青海方言中褒义的惯用语和中性惯用语很少，如“过天阴”这个惯用语就是中性的，意思是下雨聚集众人在一起吃喝；“有下数”则是一个褒义色彩的惯用语，意思是“成竹在胸”。再譬如说“那个人办事你放心好了，他是个有下数的人”。像这样的惯用语在青海方言中不多。语义带有贬义色彩的惯用语在青海方言中比比皆是，占了青海方言惯用语的大部分。如：

(1) 你嫑看笑谈儿，你真心对我好的话，帮我一把。(《西宁方言词语汇典》)

(2) 这一回搭上着做了个买卖，叫家打背锤了。(《西宁方言

词语汇典》）

（3）早你有了几大钱荷就掂不停开了吹。（《西宁方言词语汇典》）

（4）你明知道这事是他干的，却把气撒在我身上。真是“咬不动大豆咬麻麦”。

（5）上面检查工作来了，他却装病住院了，真是癞肚瓜避端午者。

（6）你昨天明明答应了，今天又反悔，像二月里的妖婆天一样，你让我们怎么办？

上面几例中画线部分都是惯用语，语义上均呈现一种贬义色彩：例（1）的“看笑谈”即看别人笑话，幸灾乐祸之意；例（2）的“打背锤”指瞒着合伙人暗地里吃喝、干坏事；例（3）的“掂不停”是形容有些人言谈举止没有分寸、失态；例（4）“咬不下大豆咬麻麦”中的大豆即蚕豆，较为坚硬，麻麦是炒熟的麦粒，香而软，整个惯用语的意思是欺软怕硬，奈何不了强者拿弱者出气；例（5）的“癞肚瓜避端午者”指借机会躲避债务、责任等，“癞肚瓜”是蟾蜍科动物，民间传说端午节这天因人们要驱邪，所以青蛙、蟾蜍之类都会躲起来；例（6）的“二月里的妖婆天”喻指有些人态度反复无常、变化莫测，这与青海气候有关，因为农历二月份的时候，青海气温不稳定，时冷时暖，故有此喻。

三、单义惯用语与多义惯用语

单义惯用语是指只具有一个语义的惯用语。在青海方言惯用语中，大多数都是单义的，例如：

（1）你咋老是扽不展呀，快拿主意啊！

（2）你千万别这么说，我担待不起。

（3）那人什么事都不干，整天盘四搭脚儿地坐在炕上。

（4）这事你要着急，咋大的麦子磨眼里下哩。

（5）你别来了，投到你来时，黄花菜早凉了。

例（1）的“拘不展”只有一个意义，指放不开手脚；例（2）的“担待不起”只有一个意义，指受之有愧；例（3）的“盘四搭脚儿”只有一个意思，指盘腿；例（4）的“咋大的麦子磨眼里下哩”只有一个意思，喻指任何问题都能解决；例（5）的黄花菜早凉了”只有一个语义，指来晚了。

多义惯用语是指一个惯用语具有两个或两个以上语义。例如：

（1）小王今天中奖了，在我们面前耍兴头呢。

（2）老王和一个外国女子耍兴头来者哩。

（3）小王和小李虽然同在一个办公室，但两人始终面和心不和，“核桃（俩）一样嘀有隔隔儿哩”。

（4）人家是干部，我只是一个平头百姓，我们之间“核桃（俩）一样嘀有隔隔儿哩。”

（5）我这把刀有好些年了，可老嘀老，刀刀。

（6）老张今年快七十了，但不服老。“老嘀老，刀刀”成了他的口头禅。

例（1）（2）的惯用语“耍兴头”各自的语义不同：例（1）的“耍兴头”是形容得意洋洋的样子，例（2）的“耍兴头”则是指男女相好。例（3）（4）的“核桃（俩 ）一样嘀有隔隔儿哩”也是青海方言中常见的一个惯用语：例（3）指两者有矛盾，有隔阂，例（4）的语义则是喻指两人之间有级别、职位的差距。例（5）的“老嘀老，刀刀”用的就是字面意义，实指刀子虽然老了，但是仍然能割、能用。例（6）的“老嘀老，刀刀”是用其引申语义，喻指人虽然上了年纪，但依然还可以发光发热。

在青海方言中，具有多层语义的惯用语并不多，而且多义惯用语一般也只有两个语义，很少见到有三个不同语义的惯用语。另外，即使是多层语义惯用语，在具体的语言环境中也只有一个语义，不会同时兼有两个语义。

第四节　青海方言惯用语语用分析

一、青海方言惯用语的语用功能

惯用语通俗易懂，是广大劳动者在日常生活和生产劳动中创制出来的、为广大群众喜闻乐见的语言材料，广泛地运用于社会生活的方方面面，青海各族人民在日常生活中也离不开地方惯用语。

1. 形象描绘

在日常生活中，青海人对某个人要进行形象描述时常常运用惯用语。如：

(1) 王小姐祖籍广东，是个哇塔啦。

(2) 想骗他？没门。他可是五鬼里贩骆驼的。

(3) 小五子是个狗肚子里存不住二两香油的人，你别告诉他。

(4) 王先生这个人，高处不见，低处不站，你说怎么办吧。

例（1）的惯用语“哇塔啦”意思是外乡人，因其说话让当地人听起来就是“哇啦哇啦”的不知所云，所以青海人谓之“哇塔啦”。例（2）的“五鬼里贩骆驼的”也就是“五国里贩骆驼的”，指到过很多地方，见多识广之人。例（3）的“狗肚子里存不住二两香油”也是青海惯用语，喻指心里装不住话。例（4）的“高处不见，低处不站”这条惯用语喻指好高骛远，什么事情也干不了的人，既生动又形象。

惯用语不仅活跃于老百姓的口语中，在青海的一些文学作品中也常常使用。几乎每部文学作品都会用到惯用语。如：

(1) 登云老汉坐在炕头上，吧哒吧哒地抽一阵旱烟之后，就从靠墙的枕头里取出几厚沓硬铮铮、新崭崭的人民币，手指上蘸上唾沫清点起来，点着点着，忽然自嘲地笑了。“你们呀，狗肚子里存不住二两香油，真个！”

(2) “你这老汉，掂的喇叭丢盹哩，长的眼窝出气哩？我们这儿，上个月就改成羊肉泡馍馆了，你懵古懂地闯进来，也不问个子丑寅卯，就往碗里泡馍哩？”

这两段例文均出自王贵如的《大墙两边人家》。例文（1）是文章的开端部分，“狗肚子里存不住二两香油”这条惯用语是主人公登云老汉心里的自嘲，嘲笑自己沉不住气；例文（2）中“掂的喇叭丢盹哩，长的眼窝出气哩”也是一条惯用语，是一种挖苦他人的说法，青海人谓之斜话，“掂着喇叭”就应该吹喇叭而不应该打盹，“长着眼窝”就应该看情况而不应该出气，“出气”的应该是鼻孔，所以这个惯用语是喻指该做的事情没有做到，文中是泡馍店小青年对农民登云老汉的嘲讽，挖苦登云老汉没有看清楚这是什么店就跑进来点吃羊肉泡馍“奢侈”一回，也把小青年的无知、无礼刻画得入木三分。

2. 揭示社会生活中的阴暗面

由于惯用语大多具有贬义色彩，因此常常用来揭示社会生活中的阴暗面。如：

(1) 有些人打着办公事的旗号却不为公家办事，常常半道上拉湟鱼。

(2) 看了《南京大屠杀》的展览了着，我看嘛那些日本鬼子坏透膛者！　　（《西宁词语汇典》）

(3) 党中央出台了很多减轻农民负担的政策，但是经是好经，老和尚的嘴歪者，总是落不到实处。

例文（1）的“拉湟鱼”揭示了个别人利用办公事之便利条件赚取私利的社会现象，“湟（黄）鱼”是青海湖中的一种名贵鱼，过去许多农牧民进城时常常手提湟鱼站在公路旁拦车要求搭乘，一些司机也就乘机获利，后来青海人就用“拉湟鱼”来讽喻那些利用公家之便赢取私利的行为。例（2）的“坏透膛”意思是道德品质极其败坏。例（3）的“经是好经，老和尚的嘴歪者”也是青海极为流行的一句惯用语，是对一些地方官员曲解中央政策、错误行政的批评。

3. 对事件进行评价的功能

在青海方言中，人们要对某件事进行评判，往往不直截了当地说出来，而是使用惯用语委婉含蓄地道来。例如：

（1）这两天正缺钱花，学校把上月的岗位津贴发下来了，真是“瞌睡遇到了枕头”。

（2）王五前不久娶了媳妇，最近又与一打工妹搭上了，真是“吃着碗里的看着锅里的”。

（3）别看老江平时沉默寡言的，可是那天他在竞聘会上的演讲却汤汤如流水，真是“冷锅里爆豆儿啊”。

例（1）用惯用语“瞌睡遇到枕头”评价正在缺钱花时突然领到了津贴这件事情，意思是想啥来啥，心想事成。例（2）的“吃着碗里看着锅里”本来是形容吃饭时的贪相，后来经常用来比喻贪婪不足，在例文中对王五既娶妻又在外与其他女子来往这件事进行评价，十分妥帖。例（3）中的惯用语“冷锅里爆豆儿”是比喻那些平日里老实憨厚、木讷少言的人在关键时刻却能发挥大作用，在例文中评价了平日里沉默寡言的老江在竞聘演讲时却“汤汤如流水”这件事情，让人觉得老江是“不鸣则已，一鸣惊人”，用得十分恰当，“汤汤如流水”也是流行于青海的一条惯用语，意思是话说得很多且非常利索。

4. 讽喻劝诫的功能

青海方言中的有些惯用语，用来劝诫他人也是十分有效的，青海人民也常常不自觉地运用一些惯用语来讽喻、劝诫或者安慰别人。如：

（1）爸爸常常安慰小龙说：“别看你现在成绩不太好，日子长着树叶儿似的哩，只要你努力，将来一定能考个好成绩！”

（2）老王是个朴实的人，为鼓励儿子上进，他常常在家里念叨：“鸡儿瘦嗬雀儿鸽俩。小子，加油啊。”

（3）张大妈整天围着儿女们转，老伴常常劝她：“算了吧，你这样做割了脬子献神，神没喜把人痛死，为你自己打算打算吧。”

例（1）的“日子长着树叶儿似的”是惯用语，意思是时间还多，日子还长，文中“爸爸”用它来安慰儿子小龙，鼓励他不要着急，只要努力，假以时日，一定能考出好成绩。例（2）中的“鸡儿瘦嗬雀儿鸽俩”也是一条惯用语，意思是弱而无能之人，谁都会欺负他，就像瘦小的鸡连小鸟也会去啄食一样。文中主人公老王用这句话来劝诫鼓励儿子，一定要有真本领，否则的话就会像瘦鸡儿一样，人见人欺。例（3）中的“割了脬子献神，神没喜把人痛死”也是青海方言中的一条惯用语，意思是吃力不讨好的，文中张大妈的老伴用这句话来劝阻张大妈，不要整天只围着儿女转，要为自己打算打算，否则就会吃力不讨好，用得十分恰当。

总之，惯用语广泛地活跃于青海各民族人民的生活中，在各族人民言语交际中起着不可替代的作用。

二、青海方言惯用语的语用特征

1. 话语衔接手段

从话语衔接来说，青海人在使用惯用语来评价一个人、一件事的时候，常常把人或事先进行描述，然后再用惯用语加以评判，二者之间往往用“是”或“真是”“真个是”进行连接。如：

（1）尕保子在父母面前汤汤如流水，可是一到老师提问时他就没声音了，真个是“门上的狗娃窝里害”。

（2）在会上，主任的话音刚落，小王就站起来表了态，真是羊肺肺压不到锅底哩。

（3）亚古伯是个添祸杆杆，老把他弟弟弄哭。

例（1）中的惯用语“门上的狗娃窝里害”，比喻有些人在内部时很厉害，对外时就不行了，例句用它来评价尕保子这个人的所作所为，惯用语与具体描述的文字之间用“真个是”连接。例

(2) 的惯用语“羊肺肺压不倒锅底”，喻指沉不住气、浮躁，文中用它对小王在主任话音刚落时就表态的行为进行评判，评判语与叙述语之间用“真是”连接。例（3）中的“添祸杆杆”也是个惯用语，指无恶意而故意起哄的人，叙述语置于评价语之后。

有时候，惯用语在叙述语与评判语之间也可以省略连接词。如：

(1) 眼前这座山峰，相对高度少说也有1500多米。山腰，有一道天然分界线。上面，拉羊皮不沾草，云缠雾锁。

(2) 小王整天东窜西窜，说三道四，结果“个家的拳头捂住了个家的眼窝”，谁也不理他了。

例（1）用“拉羊皮不沾草”这条惯用语来评判山峰的极度贫瘠，评判语与叙述语之间省略了连接词。例（2）用惯用语“个家的拳头捂了个家的眼窝”来评判小王因东窜西窜、说三道四弄得谁也不理睬他了这件事情，意思是搬起石头砸上自己的脚，惯用语与叙述语之间无连接词。

青海人用惯用语劝慰他人时往往用“俗话说”“俗语说得好”作为连接词，或者不用具体的连接。如：

(1) 老张仗着自己熟练的驾车技术，常常酒后驾车，家人和朋友都劝他：“会水的鱼儿浪打死，还是小心点的好。”

(2) 小梅对自己的工作始终不满意，妈妈说：“俗话说得好：拾到篮篮里就是菜，再嫑挑了。”

例（1）的惯用语“会水的鱼儿浪打死”意思是越有本事的人，越会因疏忽大意而犯错误，例文中用来劝阻老张不要仗着驾车技术好就酒后开车。惯用语与其他语言成分之间没使用连接词；例（2）的“拾到篮篮里便是菜”的语义是无论好歹、多少，都不要嫌弃，有一点就行，总比没有强，常常用来劝喻人们不要因为小利而不为，例用了连接语“俗语说得好”来连接。

2. 青海方言惯用语在使用过程中会发生变异

惯用语在使用过程中会发生这样或那样的变异，青海方言惯用语也不例外。

(1) 同义或近义语素在同一语义惯用语中替换。如：

(1) 甲：一人一世界，一人一乾坤。

乙：一人一世界，一人一环境。

(2) 甲：皮鞋里尿尿，热着一会会。

乙：毡靴里尿尿，热着一会儿。

(3) 甲：一天游四方，一晚夕补裤裆。

乙：白天游四方，一晚夕补裤裆。

丙：白天游四方，晚上补裤裆。

(4) 甲：骡子不死，本性难移。

乙：骡子不死，毛病不改。

例 (1) 的甲乙两条惯用语语义一样，“乾坤”与“环境”为近义词；例 (2) 的甲乙两条惯用语中“皮鞋”与“毡靴”虽不是同一东西，但都是鞋，在两条惯用语中可以互换；例 (3) 的甲、乙、丙三条惯用语表达的都是同一语义，讽喻白天松松垮垮、晚上加班加点地工作，其中“白天”与“一天里”为同义词，“一晚夕”与“晚夕”“晚上”均为同义词；例 (4) 的甲乙两条惯用语都是喻指某些人改不了老毛病，与普通话中的“江山易改，本性难移”语义相近，“不改”与“难移”为近义词。

(2) 语义相同的惯用语有方言句式与规范语句式之别

在青海方言惯用语中，有的惯用语语义完全一致，但存在着方言说法与规范普通话说法并存的现象。例如：

(1) 甲：驴乏怪纣棍。

乙：驴乏嗬怪纣棍哩。

(2) 甲：咬不下大豆咬麻麦。

乙：咬不下大豆着咬麻麦者。

(3) 甲：牛肋巴三尺往里弯。

乙：牛肋巴三尺嗬往里弯者。

例 (1) 的甲乙两条惯用语均是喻指诿过于人，甲为规范的普通话，乙为青海方言句式；例（2）的甲乙两条惯用语均喻指欺软怕硬，甲为普通话说法，乙为方言说法；例（3）的甲乙两条惯用语都是指自己人总是向着自己人说话，甲为普通话说法，乙为青海方言的说法。

这种普通话句式与方言句式并存的现象，应该说就是推广普通话工作成效大小的一种反映。青海地广人稀，民族众多，推普工作在汉族居住地开展的力度要大得多，而在少数民族聚居的地方，推普工作难度要大一些，当地的方言语汇使用得也就多一些。

（3）同一语义的惯用语，有单句与多句之异

“同一语义的惯用语，有单句与多句之异”是说有些惯用语，既有用一个句子表达的现象，同时也有在这一个句子的基础上另加一个句子进行表达的情况存在，另外的这个句子主要是对其语义进行补充说明，但是这两种表达方式所表达的语义却是一样的。如：

（1）甲：门上的狗娃家里害。

乙：家里的狗娃家里害，外面出去腿敲折。

（2）甲：打墙板儿上下翻。

乙：打墙的板儿上下翻，三十年的福轮着享。

（3）甲：羊肺肺压不到锅底。

乙：死猫儿扶不到墙头上，羊肺肺压不着锅底里。

（4）甲：死驴不怕狼扯。

乙：死驴不怕狼扯，羊粪肩肩一跌。

例（1）的甲乙两条惯用语都是喻指有些人面对熟悉的环境、熟悉的人就很厉害，面对陌生的环境、陌生人时就不行了、露怯了，但甲用一个句子表达，乙用了两个句子，后一个句子对前一个句子语义进行补充；例（2）的甲乙两条惯用语都是指世事变化无常，未来的事情谁都无法预料，但是一个是单句，一个是双句；例（3）的甲乙两条惯用语均指有问题，谁也无法帮助；例

(4) 的甲乙两条惯用语的语义是指软磨硬泡，装死撒赖。

(4) 惯用语在具体使用过程中可以插入其他成分

惯用语虽然是语言中的固定结构，但在使用过程中较为灵活，有时候可以插入一些其他的成分。例如：

(1) 你要光顾看人家的笑谈，也想想你自己。

(2) 龙巴县长的讲话，只是批评夏不让区有些干部思想落后，爱闹纠纷，尽往白净的酥油里掺羊毛，闹得大家心里不痛快。

（程秀山《桑巴久周》）

(3) 你要看他现在这个样，不定哪天就让你刮目相看了，瞎马还有下个好骡子的时候哩。

例 (1) 的“看人家笑谈”本为“看笑谈”，例中插入了“人家的”来限制“笑谈”，但语义不变，仍然指对别人的祸事幸灾乐祸；例 (2) 的“尽往白净的酥油里掺羊毛”本为“酥油里掺毛”，例文中也插入了新成分，没有采用原来的结构。例 (3) 的“瞎马还有下个好骡子的时候”形容再没有本事的人也会有优点、有长处。

总之，青海方言惯用语在使用的过程中，往往会在原来的结构中插入一些其他的成分，从而能够更好地表达出作者的意图。

第五节　青海方言惯用语的风格特点

青海是一个多民族聚居地，是一个名副其实的多民族大家庭。在这个大家庭中，每个民族成员都有其独特的文化，独特的语言，独特的个性特征。青海方言惯用语采撷了各民族成员之语言精华，形成了独特的个性特征。

一、普遍实用，富于表现力

青海方言惯用语普遍存在于青海各族人民的日常语言交际活动中，可以说，它是当地人民进行语言交际时不可或缺的语言材料。请看下面一段语言材料：

青稞出穗头勾下，
大麦出穗是奓下。
生男生女一个话，
独生的证书哈领下。

这是青海省湟中县下脖项村农家院院墙上写的一首宣传诗，内容是宣传计划生育的。前两句“青稞出穗头勾下，大麦出穗是奓下”是诗的起兴语，也是青海人口中常用的惯用语，意思是青稞出穗颗粒饱满了就会把头低下，大麦颗粒饱满就会把头扬起来，各有各的样子，扬着头、低着头都是大丰收，没什么区别。宣传员以此惯用语来说明生男、生女都一样的道理。又如：

三升的皮袋只能装三升，
多装不了二两。
今早上儿子买了两个肉包子，
我嘴馋一口气吃了十五个，
肚子里一阵一阵拧绳一样疼，
感觉不对，好像要拉肚子。
哎哟，真是
黄瓜老了一包水，
茄子老了硬棒槌，
狗老了淌口水，
人老了晚上没瞌睡，
走路哈搅筋腿。

这是青海方言小品《胡汉三看病》的台词，内容很简单，说一位老年人因贪吃儿子买回来的包子，以至于肚子疼。整个段落的语言材料共十二个句子，其中“三升的皮袋只能装三升，多装不了二两”“黄瓜老了一包水”“茄子老了硬棒槌”“狗老了淌口水”“人老了晚上没瞌睡，走路哈搅筋腿”七个句子都是当地流行的惯用语，语言通俗易懂，听众一听就明白，人人皆知。可以说，青海人在谈话聊天的过程中，几乎是离不开惯用语的。所以我们说，青海方言惯用语具有普遍性，随处可闻。

青海方言惯用语的普遍性还表现在语言材料的普遍性、常见性上。也就是说青海人的惯用语都是取材于人民生活中经常见到的事物，人们生活当中的任何一个物件都可以拿来作为惯用语的材料，如上文《胡汉三看病》小品中提到的“皮袋”“黄瓜”“茄子”“老人”等，完全就是当地人生活当中的常见物象。又如：

做人难啊，做人难，
做个不怕老婆的男人更难。
我的媳妇毛病多者，
夜来我烧上着叫了个媳妇，
家我哈美美地整给了一顿。
阿门了？我杵窝里睡觉寻着挨打着说。
今早我改了个花样，学了个单位上的人，
叫了个老婆，
心想遛个尻子没想到遛到胯蛋上了，
我这个媳妇哈，
给点洪水就泛滥给点阳光就灿烂，
家阿爷们说着打到的婆娘揉到的面，
调到的煤块拌不烂，
世哈的核桃骨头砸着吃，
三天不打上房揭瓦。
……

这是青海方言小品《做人难》中的台词，在这个语言片段中，用到了“杵窝里睡觉寻着挨打”“遛个尻子没想到遛到胯蛋上”“打到的婆娘揉到的面”“调到的煤块拌不烂”“世哈的核桃骨头砸着吃”“三天不打上房揭瓦”等惯用语。“杵窝里睡觉寻着挨打”的意思是做了不该做的事；“遛个尻子没想到遛到胯蛋上”的意思相当于通用语中惯用语“拍马屁拍到马蹄上”；“打到的婆娘揉到的面”“调到的煤块拌不烂”“世哈的核桃骨头砸着吃”“三天不打上房揭瓦”这几个惯用语都是青海地区大男子主义的反映，意思都是说男人对待女人就得要管教，甚至要用暴力手段使妇女顺服。从语言文化的角度来说，这些语言片段是封建社会男权文化的遗存。从惯用语的取材这个角度来看，所选素材均是老百姓生活中天天可见的。

所以我们说青海方言惯用语来自青海人民群众的日常生活，都是大家所熟悉的事物，语言亲切自然，极具表现力。

二、生动活泼，富有形象性

青海方言惯用语虽然出自于民间，语言素材也是以老百姓日常生活中的物象为主，但生动活泼，富有形象性。如青海方言小品《江湖骗子》，小品讲述一懒汉不愿劳作，假装盲人坐在路边行乞，见无人理睬他，便准备唱两句来赢取同情，作者写他的心理活动，其中就用到了好几个惯用语：

这抓雀儿还要撒点秕谷子，
不下点本不行，
不唱给个哈人不见着：
天上云多着天不明，
河里鱼多着水不清，
地上石多了路不平，
阳世上人多了心不公。

“抓雀儿还要撒点秕谷子”就是一惯用语，意思是说做任何事情都应该要投点本钱，用“抓雀儿”“撒点秕谷子”来说明这个道理，显得非常生动，很有形象性。“天上云多着天不明”“河里鱼多着水不清”“地上石多了路不平”“阳世上人多了心不公”都是青海方言惯用语，所要表达的道理都是相同的，但各自站的角度、所取的语言素材都不一样，一般是取其中一个惯用语就能说明某个道理了，这里都用上了，更有表现力。

这个小品在写完“骗子”的心理活动之后，就讲到另一个人上场了，这是一个与妻子闹了矛盾、心情抑郁的男子，作者写他一上场所说的两句话也是用的惯用语：

这人的点点背了说，

吃一碗酸奶都把牙塞住俩。

……

这里的“点点背”和“吃一碗酸奶都把牙塞住俩”都是惯用语，“点点背”是说倒霉，走了霉运，很晦气，用“点点背”三个字就形象地表达出来了；“吃一碗酸奶都把牙塞住俩”也是说走霉运到了极点，酸奶本是流质食品，吃的时候根本不需要用牙齿咀嚼，这里却说把牙塞住了，可见倒霉到了极致，干任何事情都不顺畅。

青海方言中像这样活泼、富于表现力的惯用语很多。如用“犟板颈”指固执、听不进别人意见的人；用“没养过娃娃不知道肚子痛”喻指没吃过苦的人不知道别人的痛苦；用“见人胡喧，挟簸箕上天”比喻说话没根没据、夸大其词，吹牛皮，就如同以簸箕当翅膀，终究是飞不起来的。诸如此类的惯用语，在青海方言中比比皆是。

三、通俗易懂，耐人寻味

青海方言中的惯用语广泛活跃于各族人民群众口中，具有强烈的口语色彩，这并不是说这些惯用语完全是大白话。其实，青海方言惯用语中有不少的惯用语虽然通俗易懂，却也耐人寻味。如方言小品《精神文明带头人》中有这样一段对话：

甲：我给你说，年轻了夫妻老来了伴，我走掉了两天，你我哈一点没想？

乙：想了没想，你我脸上了看煞，我昨天想你了没吃饭，今早美美地吃了个手抓。

……

甲：你给我做点啥吃上，快点，我这两天肚子饿着。

乙：那你不是八字胡两绺，每天吃的是酒肉嘛。还说着天增岁月人增寿，开会去顿顿吃的是羊肉，那你阿门不吃呢？

甲：单位里人吃饭我们农村不一样。

乙：阿门不一样？……

甲：抓倒是没抓着嘛，人家几个小菜加个米饭就饱了呗，我们吃上那么点饱了吗？

乙：那你把他关老爷夹菜里唛，叉角放大了吃，谁把你限制了啥？

甲：我不能见了个好的不知道饱的，大碗端着一碗一碗地吃哈，人家不笑话吗？在不说我们庄稼人的脸不丢哈嘛？

乙：哎哟，你三十年的皮袄死要面子活受罪了呗。

……

这段对话里，“年轻了夫妻老来了伴”“八字胡两绺，每天吃的是酒肉”“关老爷夹菜里咦，叉角放大了吃”“三十年的皮袄死要面子活受罪”几句话都是惯用语，其中“年轻了夫妻老来了伴”在普通话里也有，人人皆知其意。而“八字胡两绺，每天吃的是酒肉”“关老爷夹菜里咦，叉角放大了吃”“三十年的皮袄死要面子活受罪”三个惯用语却是青海方言中所独有的，表意就要含蓄一些了：“八字胡两绺，每天吃的是酒肉”是对那些吃喝公款的人的形象描写，嘴上留着精致的八字胡，每天享用着佳肴美酒；“关老爷夹菜里唛，叉角放大了吃”则是对狼吞虎咽吃饭状的描绘，但表达得很婉转；“三十年的皮袄死要面子活受罪”则是对死要面子的人的比喻，既通俗易懂，也让人觉得余味无穷，耐人寻味。

再譬如方言小品《上门女婿的难处》中的一个语言片段：

甲：人生就像一出戏，我可坐在家里着下气了呗，俗话说得好，养下个姑娘坐上席，养下个儿子气胀死……生了三个姑娘，前几年看女婿阿门看哈阿门顺眼，这几年阿门看哈阿门不顺眼……把我气得腿肚子里打转转。生发，生发，你看，叫给了两声，他装成个卖酸奶的，连个声气不给。

……

乙：就是那一年我去青藏铁路，我的腿子去打工时压坏了，在你们看啥，留下的后遗症，我坐没有个坐相，站没个站相，睡下长短不齐，站下就是个老马歇蹄，我蹲下是个猴儿下棋，走路就是个送丈母呗……提起我的媳妇，就是个聋子的耳朵样子货，懒着懒着烧虱子吃俩。只是就等着衣来了伸手饭来了张口，在就恨不得刮老乌过来了叭给一泡。

……

这个小品是讲青海农村里入赘女婿的处境的。“甲”是老丈人，他的一段话说自己本以为生了三个女儿可以享福，结果没想到找来的入赘女婿不成器，让自己感到很无奈。在他说的这一段话中，用了三个惯用语，一个是“养下个姑娘坐上席，养下个儿子气胀死”，意思是生下女儿能享受上宾的待遇，生男孩反而会给自己带来很多的不快，意思明白晓畅。“腿肚子里打转转”也是惯用语，意思是很生气，以致腿肚子都抽筋了。“卖酸奶的”这个惯用语是近年才出现的一个惯用语，因酸奶是流质食品，比较稀软，像糨糊，用它来说人就是指这个人故意装糊涂，装着听不懂。这个惯用语的语义就不是从字面意义能够了解的了，需要知晓酸奶的特征以及当地人在什么场合使用它，才能真正明了其义。

“乙”是上门女婿，他的一段独白是表达他内心痛苦的，短短的一段文字中就用到了“坐没有个坐相，站没个站相”“长短不齐”“老马歇蹄”“猴儿下棋”“送丈母”“聋子的耳朵样子货”“懒着烧虱子吃俩”“衣来了伸手饭来了张口”“刮老乌过来了叭给一泡”等惯用语，形象生动。

四、幽默诙谐，富于讽刺

幽默是 Humour 的音译，其含义很多，有诙谐的意味，又有滑稽的意味，也有调侃的意味，还有轻度的讽刺意味。青海方言中的大部分惯用语都具有这个特点，比如方言小品《村里的联欢会》中的一个语言片段：

甲：与你有啥关系？与你的开水泡馍馍，跟你有一毛钱的关系吗？

……

乙：你这两个壮指头知道啥？那是游戏。

甲：老婆子，你高兴的时候不是也在家里支支吾吾唱吗？今儿个正好有个机会，你好好唱个，要是能选上就在春晚上去唱去，去跳去。

乙：哎呦呦，牛肋巴往里弯，看哈就是各家家里人俩……

甲：老阿奶，你的脑子里难道挖掉了一勺子吗？

这段小品写的是村支部书记要为村子里的春节晚会准备节目，在准备的过程中碰上了村里的文艺活动积极分子花大姐和自己的老伴，花大姐问书记和其老伴在说啥，书记又反问花大姐和花大姐的爱人说什么话，花大姐用了两个惯用语“开水泡馍馍”“一毛钱的关系”来回答，意思是自己和自己家里人说什么与你支书没有一点关系。后来花大姐与支书老伴讨论“偷菜”之事，因支书老伴不知道这是一个网络游戏，支书戏称自己的老伴是“壮指头”。当说到要挑选春节联欢会节目时，支书鼓励老伴参赛，花大姐就说支书是“牛肋巴往里弯”，而支书老伴却很兴奋，不顾自己年岁就表演开来，甚至表演一些不符合自己身份的节目，支书戏称老伴是“脑子里挖掉了一勺子”。这里“开水泡馍馍”“一毛钱的关系”“壮指头”“牛肋巴往里弯”“脑子里挖掉了一勺子”都是惯用语。“开水泡馍馍”的意思是你用你自己家的开水泡你自己家的馍馍，我用我的，我们互不相干，连“一毛钱的关系”都没有；“壮指头”是青海地区城里人对农村人的蔑称，认为农村人因干活太多，以致手指变粗、变壮，不如城里人手指纤细，在这个语言片段中，支书用它去说自己的老伴，并非挖苦讽刺，只是一种亲昵的嘲讽，诙谐而幽默；花大姐说支书“牛肋巴往里弯”，意思是支书有私心，一心想着自己人；支书说老伴“脑子里挖掉了一勺子”，意思是老伴缺心眼，大概是脑子出了毛病了。这些惯用语虽然有嘲讽、调侃的意味在里边，但并没有火药味，不会引起对方的不快。

又如方言小品《换大豆》：

甲：哎。人比人没活头，驴比驴没驮头……换大豆了换大豆

乙：哎……看什么看，就说你。

甲：哟，眼镜杠上了看起来斯文，你还像疯狗扯断了铁绳一样扑过来，还只许州官放火不许百姓点灯，你喊你的，我喊我的，跟你有啥关系？

乙：老乡，你影响了我练嗓子，你知不知道？

甲：算了吧，像母山羊憋尿的音一样，咩……喊两声算是练嗓子？……我们家的大公鸡，每天三点钟起来喊……鸡打鸣再好，也变不成凤凰。……我你嘴上抽两锤，没吃过辣子不知道嘴烧。

……

这段小品写一位农民用自家种的大豆到城市里换钱、物时，因没有成功，心情烦闷。正在这时，来了一位练嗓子的市民，练嗓之声被农民“换大豆”的叫声干扰，二人言语不和起了冲突。两人的对话构成了这个语言片段，其中用到了“人比人没活头，驴比驴没驮头”“只许州官放火不许百姓点灯”“鸡打鸣再好，也变不成凤凰”“没吃过辣子不知道嘴烧”这几个惯用语。除了“只许州官放火不许百姓点灯”是普通话里的意思外，其他几个都是青海人民自己创造的。“人比人没活头，驴比驴没驮头”是农民心情郁闷之际的内心独白，是一种自嘲；“鸡打鸣再好，也变不成凤凰”则是农民对练嗓人的讽刺挖苦，认为练嗓者咿咿呀呀的喊并不能练出美丽动听的声音来，如同公鸡打鸣，声音再亮、再好听也变不成凤凰一样；“没吃过辣子不知道嘴烧”也是

农民讽刺挖苦练嗓者的话，是农民与练嗓者发生激烈冲突后说出来的威胁对方的话。

青海方言中很多惯用语都具有通俗易懂、幽默诙谐的风格，表现力很强。这一语言宝库，值得我们作进一步的探究。

第六节　青海方言惯用语理据举凡

“理据”是促动或激发语言存在、变异和发展的动因，也就是一个语言片段之所以以这种形式而不是那种形式存在于语言交际过程中的原因，其种类繁多。惯用语的理据是惯用语形成的原因，每个地方有每个地方的惯用语，每个地方的惯用语有着地方性的独特。在青海方言中，许多的“惯用语”有着不同于其他地域惯用语的，在此略举一二。

一、“钻板凳”与河湟村落民俗

“钻板凳”是表现青海省河湟地区农村村落中复杂宗法关系的一种形象说法，说的是因地域隔阂或其他原因，同一个村落中的青年男女不与其他村落青年通婚，而在同一村落仅有的两姓家族成员中互相通婚，互相出嫁姑娘娶媳妇，亲戚套亲戚，以至于互相之间无法称呼，这样称呼也行，那样称呼也行，叫长辈行，叫小辈也没有错，如同一个人拿着一条板凳，既可以坐在板凳上面，也可以趴在板凳下面一样，俗称为“钻板凳”。这条“惯用语”与河湟村落民俗密切相关。河湟地区农村村落大致有三种情况：一是以同一姓氏为主、异姓家族为辅，或者全是同一宗族之人，后来因人口的增加而“树大分杈，人多分家”；二是以两姓家族为主，彼此互通婚姻，成为有着亲戚关系的亲族村落；三是多姓氏共居一村的杂居村落，这是最普遍的村落。“钻板凳”就是亲族村落中出现的现象，与河湟地区农村村落结构有关。

村落是构成社会组织的基本单位，在同一村落中生活的村民们在长期的生活、生产过程中产生了浓郁的乡土情怀，形成了深厚的集体意识，因此在河湟地区还广泛流传着“远水解不了近渴，远亲不如近邻”“官大一品，离不了乡党六亲”的说法。每当村落中有婚丧嫁娶、修改房屋、摆满月等事情的时候，同一村落中的社会成员都会一起动手去帮忙，在河湟大地描绘出了一幅幅友好相处、团结互助的美好生活画卷。

二、“藏民靴子无反正”与藏族服饰审美

“藏民靴子无反正”这个惯用语在青海方言中经常用来形容对事情不必计较，反正都一样。这个说法与我国藏民族的服饰文化密切相关。生活在青藏高原的藏族同胞，无论男女，衣着装饰都奇特而美丽，藏靴是他们生活当中不可缺少的用品。据考证，早在新石器时代，青海都兰一带就有了皮革藏靴。藏族同胞的藏靴，式样独特，品种多样，诸如楚郎、果子巷、牛鼻子藏靴、青海藏靴等，材料、装饰、工艺、样式，各不相同。

“藏民靴子无反正”的说法源自于“牛鼻子藏靴”，因为这种靴子没有左右脚之分，故有此说。“牛鼻子藏靴”靴筒很高，高过使用者的膝盖，能起到半条裤子的作用。穿的时候，如果把裤腿塞进靴筒里面，冬天的棉靴能够防潮保暖，夏天的单靴能保护人们免受蚊虫叮咬之苦。

“牛鼻子藏靴”主要是在青海玉树地区流行，这种靴子的脚尖带有一个高约 2 厘米的尖角，微微向内弯曲，与牦牛鼻子非常相似，所以当地汉族形象地称之为“牛鼻子藏靴”。这个“牛鼻子”对靴头和靴脸夹缝起着重要的保护作用，给藏靴增添了无限威风，让人联想起古代武士的战靴，它还是康巴藏族与安多藏族在服饰上的一个区别性标志。

玉树牧民大部分人都会自己缝制“牛鼻子藏靴”，当然做工、技巧各自不同。当地也有专门缝制藏靴的靴匠，靴匠制作“牛鼻子藏靴”时，要选用十分考究的牛皮，做工也很讲究，会添加很

多装饰物，十分美观。无论是自制的还是匠人专门制作的，牧民们在穿的时候都要配备两条彩带，用来绑靴腿。靴带宽约5厘米，长约1米。靴带有绸缎的，也有毛线的。绸缎彩带一般是从商店购得，毛线带则完全出自当地藏家男女之手。有些牧民就用牛绒线和羊毛线直接进行编织，编织时还编有莲花、牡丹、“万”字纹、吉祥结等各种图案。藏胞常年穿藏袍，靴带始终被袍子遮盖，但藏族人仍然把彩带当作装饰品一样精心编制，由此可见他们对衣着装饰的讲究，所以在藏区有“吉祥的鸟儿亮出的是五色的翎羽，俊美的人儿展示的是华彩的衣裳，高堂上的大佛呀，都披挂的是耀眼的金装”这样的说法，还有“高原人身上穿的是神话，写的是历史，背着财富走天下”的说法。

三、“巴蛙避当午”与土族端午节

“巴蛙避当午”这个惯用语的表面意思是指青蛙在端午那天会躲在水中不出来，实际是讽喻某些人遇事不能担当责任，碰到事情就成了缩头乌龟。“巴蛙”是土族语词汇，指青蛙、蟾蜍之类；“当午”是青海地方方言词，即“端午”。这个惯用语的理据源于土族人过端午节的习俗以及土族人对青蛙的崇敬。土族是我国人口较少的民族之一，大都生活在青海境内，互助土族自治县是土族聚居地，被称为彩虹部落。传说很久以前，这里妖风肆掠，沙怪横行，勇敢的土族青年李木端智为救民众而远走他乡寻仙学本领，途遇天鹅仙女，二人结良缘，回归故土，制服妖魔。仙女织就一幅美丽的七彩刺绣画毯，画毯突然变为许多彩色碎片洒落到这片大地上，大地瞬间变得山清水秀、牛羊成群，从此土族人民幸福地生活在这里。千百年来，土族人民生活在青藏高原，创造着独特的土族文化，过着自己的“当午节”。“当午节”是土族人民继春节之后过的又一个大型节日，农历四月下旬就着手准备了。首先要给孩子们缝制新衣、新鞋，还要用五色绸缎、香料等制作形状各异的香包，或是茶壶、簸箕类日常生活用品，或是鸽子、鹿、马、牛、羊等动物，或是莲花、石榴、柿子等植物，当地人称这种活动叫“绌包儿”。到了五月初三，土族妇女就要忙着准备“当午”食品：做花卷、狗浇尿（青海小吃、面食）、韭盒儿、凉面、凉粉等。初四晚上或初五早晨，家家户户要把柳树枝插在屋门和庄稼地里，以求风调雨顺、消病除灾。所以青海方言中还有条歇后语叫“大门上插杨柳——过端午者。”初五早餐后，孩子们穿上新衣、新鞋，并在手腕、脚腕上系上五色线绳，佩戴好精巧美丽的香包，拿上父母准备好的食物，奔向郊野“过会”野炊，父母则留在家中迎候亲朋好友的光顾。过去土族的“当午节”实际是儿童节，现在随着社会观念的变迁，大人们也不一定在家中等候了，大部分人都会与亲朋好友相约，前往集市“浪当午”。

过去，土族人过端午的时候有一个重要的程序：五月初四的时候，各家各户都要去挑水，要把家中水缸的水挑满，五月初五的时候就不再挑水了。之所以如此做，就是因为当地有“巴蛙避当午”的说法。据说，巴蛙在当午这天会一直待在水井底下，以至于在水井内小便，让人无法饮用，因此必须在初四的时候备足当午之日所需之水。土族人还有“蛙”崇拜之俗，在土族民间传说里，蛙是雷神，据说在某座山下有一只大如簸箕的巴蛙，肚子里盛满了冰雹，发怒之时冰雹会飞射出来，形成自然界的冰雹灾害，因此土族人十分崇敬青蛙，当午之日还要到水源处煨桑、上香，祈请“巴蛙”护佑苍生百姓。

四、“桃儿客”与“桃之夭夭”

“桃儿客”这个俗语在青海方言中是对赌气跑回娘家去的女子的戏称。男女青年成家之后，夫妻矛盾、婆媳矛盾在所难免。有些家庭中的女子，一遇矛盾就拎包跑回娘家不回来，当外人问及婆家人儿媳妇在哪儿的时候，婆家人只好说“买桃儿去了”，以此来解除儿媳妇离家出走带来的尴尬。久而久之，这种说法就成了一个固定的惯用语了，也不一定就专门用来指闹矛盾而跑回娘家的女子了，有时也可以用来指为别的原因从家里跑出来的女子。如青海有一首花儿是这样唱的：

白龙马它吃了千江水，就只为身驮了取经的唐僧；

我为你变成了桃儿客，大哥哥你揣你个家的良心！

这个“桃儿客”就不一定是出嫁的女子了，有可能是正处于热恋之中的女孩子，为了自己心仪的男子离家出走了。

为什么只说买桃儿，而不说是买苹果、买梨呢？这可能与《诗经·周南》中的《桃夭》诗有关。[①]《桃夭》篇有“桃之夭夭，烁烁其华，之子于归，宜其室家”之语，毛传注释说：“桃有华之盛者，夭夭，其少壮也。”“桃之夭夭”是以盛开的桃花比喻姑娘的美丽，“灼灼其华”还是说美丽的姑娘光彩照人。“夭夭”“烁烁”是形容年轻、光亮的样子。因“桃”与“逃”是谐音词，后人就以“逃之夭夭”表示逃跑，一般都含有诙谐或嘲讽的成分在内，形容逃跑得无影无踪。青海人以“桃儿客”戏称离家出走的女子，可见中国传统文化对青海影响之深远。

第七节　青海方言惯用语选注

A

阿物儿：指怪物，鬼怪，用来吓唬小孩。

B

不胎亥：指不正派、不成材，不上路的人。

不得济：①弱智；②体质差。

不日歹：不正经，没本事。

半瓶醋：一知半解。

---

① 出自《青海方言》(http：//doc88.com)。

半吊子：形容没有教养，没有真才实学而冒充有知识的人。

绊倒不知道哎哟：反应迟钝。

鼻邋遢：常流鼻涕、收拾不干净之人。

背搭手儿：背着手。

背的牛头不认赃：明明有证据却还不认账。

搬个石头砸个坑：喻下了决心。

扳倒大树捉乌鸦：方法很笨很蠢。

不懂装懂，就是饭桶。

不痛的指头往磨眼里塞哩：自找苦吃，没事找事。

奔天天高，奔地地厚：形容人到了走投无路的地步。

不见兔子儿不放鹰：不弄清目标，不搞清真象，不轻率行动。

把荞面没当成五谷：小看了别人。

把上坟的当成了窃墓贼：好坏不分。

绑下的娃娃好挨打：老是固定在一个岗位就只能任人摆布。

白吃萝卜嫌辣哩：得了便宜还卖乖。

白吃萝卜干操心：不该自己管的事情瞎操心。

C

唱花脸：对待同样的人或事有两副面孔、两种态度。

吃羊头：哄骗小孩的话。

吃模糊：在红白喜事场合混饭吃。

抽底板：与人合作的过程中突然退出。

吃黑食：受贿。

吹鼓手：无原则地吹捧别人，为别人的成功而极尽鼓吹之能事。

炒面头：兰州人对西宁人的戏称。

吃红血屙黑血：意为说好话却不办好事。

吃驴肉时，驴脸上不看嘛：讽喻做非分之事时，要考虑后果。

吃着碗里的，看着锅里的：形容占有欲很强，很贪婪。

吃上沙子屙礴碌：做根本做不到的荒唐的事，故意拖延时间。

吃了八碗，不知道是搅团还是拌汤：食而不知为何物，喻指糊涂。

吃席嘛带个帕帕子：做事情先要做准备。

揣天爷的屁眼嘛凉飕飕：喻指事情已经过去，无法挽回。

拆东墙补西墙：形容没有真正解决问题。

曹操得的瘾儿病：喻像曹操一样疑心很重。瘾儿，方言词，疑心。

窗台上拾镜儿：“偷”的讳称。因为过去镜子就放在窗台上。

穿的小姑儿鞋，吹的娘家牛皮：拿别人的东西充自己的脸面。

穿的是三叠水衣裳：把上衣一层层地露在外面，讥讽其过于炫耀。

苍蝇也有个尕花脸：任何人都有个面子问题。

成了麦子不成了豆儿：青海的一种婚俗。

D

大满口：①不冷不热的水。②话说得太满，不留余地。

大海海：大不了或比较大。

撴不展：放不开手脚的样子。

打背工：背着人做事，获取好处。

打眼迷：打马虎眼，蒙骗。

打赌憋：闹别扭。

打兴头：把人的热情打下去。

打和声：无条件地应和他人，随大流。

打拨脚：脚底下使绊子。

到膘膘：露馅，暴露目标。

点眼药；告状，打小报告。

墩给了：受到指责，训斥、抢白。

倒囊子：是非颠倒。

刁浪子：专靠哄骗别人钱财过日子的人。

掂不停：说话高三低四，不懂装懂。

带把子：说话的时候夹杂脏话。

大撒手儿：本来该管的事撂开不管。

担待不起：受不住，受之有愧。

大筐模儿：大致，大概。

打脸板板：对做了丢人的事的人的蔑称。

打忽儿晾哨：不专心、不踏实。

打花唿哨儿：要手段。

打墙板儿上下翻：形容世事变化无穷。

打也挨上，驼子驮上：①指对某些错误行为，不仅要责令其改正错误，该惩罚的还要惩罚；②吃力不讨好的意思。

大鸡儿死了，尕鸡娃儿一样叫鸣哩：地球离开谁都照样转动。

大懒使小懒，小懒使了个白瞪眼。

大处儿不大，小处儿不小：意为不会处世做人过日子。

大头鱼儿吃了小眼的亏：占小便宜反而吃了大亏。

垫坑不用好土，吃饭不求筵席：吃饭只要填饱肚子就行，无需好东西。

东头儿的土地爷，西头儿来嘛不灵验：喻主事者超越自己的辖区办事，指挥不灵。

垫骨嘛髓痛哩：亲骨肉休戚相关。

冻萝卜遇上了铁擦子：形容矛盾到了不可调和的地步，即棋逢对手之意。

跌倒葫芦漾掉醋：①形容什么都完了；②争风吃醋。

顶上罗儿就是天：有点小权利就作威作福。

E

二转子：①本来指黄牛和犏牛杂交而生的一种劣种牛，借指那些性格乖僻、反复无常之人；②非本地本土，但与本地本土事物相似。

二斯斯儿的：态度冷淡，爱理不理的样子。

二月里的妖婆天：喻指态度反复无常。

耳旁风：把别人的话不当回事。

F

伏上水：巴结、奉承上司和有钱人。

麻雀儿：嘴快话多之人。

放背水：背后捣鬼或言行不一。

风搅雪：①风雪交加的天气；②青海方言现象。

佛面上刮金：贪婪之人。

贩面的见不得贩石灰的：彼此嫉妒。

斧头难砍斧头把：自己难处理自己的事。

G

干吃硬凿子：硬性或强行去做什么或完成什么。

干撩乱：白白地忙，毫无结果。

干汪汪：白费工夫，白费劲。

干瞪眼：没有任何办法。

过天阴：阴雨天众人聚集在一起吃喝。

尕眼眼：吝啬、小气，过于精打细算。

格巴巴：非常好，无法比拟。

灌米汤：应付人、哄骗人、奉承人。

杠骚客：耍赖之人。

尕机溜儿：聪明伶俐之人。

隔河堵水：舍近求远，或隔靴搔痒。

狗皮袜子没反正：即怎么办都可以，效果是一样的。

狗肚子里存不住二两油：心里装不住话或手头存不住东西。

狗咬尿脬，不见油来净是气：喻空欢喜。

高处不见，低处不站：好高骛远，什么事情也干不了。

高原的天，猴儿的脸：变化太快，说变就变。

过了几个二月二，吃了几个焦大豆：讽喻别人经验不足，涉世不深。

供桌上撞着，香炉上也撞着：瞎撞一气，于事无补，喻病急乱投医。

锅底儿朝天，碗底儿朝地：形容穷困到了极点。

割了脖子献神，神没喜把人痛死：喻吃力不讨好。

给了脸儿染大红：形容所做的事或所说的话超出允许范围。

给个棒槌当成了枕头：受人愚弄，把坏事情当成了好事情。

个家的锅底要热哩：自己的事情要做好。

个家的拳头捂了个家的脸：自己打自己的嘴巴。

公家的油荚捻子：浪费公家财物。

H

坏透堂：指人的品质极其恶劣。

花檎脸蛋儿：①人面如花檎果样之美丽；②高原缺氧使青春少女的脸颊出现红晕，谓之花檎脸蛋儿。

好眉端端的：①无缘无故，毫无原由的；②好端端的，好好儿的。

昏达拉，懵达拉：形容什么也不知道。

花椒小嘛麻人哩：意思是东西虽小但能起大作用，不要小看。

火棍短嘛不烧手：指每个人可以做每个人力所能及的事，各有所长，有总比没有好。

核桃（俩）一样嘛有隔隔儿哩：①有嫌隙；②有差距，不一样。

花里挑花，挑哩挑哩眼花：太挑剔，最后什么也找不到。

话比乳酪白，心比刺儿尖：意思近似于普通话的“明是一盆火，暗是一把刀”。

狐随老虎跳，谨防闪断腰：喻指有些人不了解自己，盲目仿效他人，最终不会有好结果。

猴儿急下嘛尿不下：越急越不成。

猴儿的沟子当疮者：喻指小题大做，把小病当成大病来治。

猴儿手里叼枣：喻指事情根本办不到。

猴儿没到拔蒜处：没到着急的时候。

行情在路上哩。

好厨子一把盐：①对做菜时放盐过多者的嘲讽；②对用盐适度的厨师的赞语。

黄老鼠儿一下，不如老犍牛一挂：喻指努力奋斗出来的成果被别人攫取。

该死的四肢朝天，不该死的继续拌炒面。

J

犟板颈：固执，听不进别人之话。

贱骨头：不够自尊自重的人。

奸巴头：不诚实。

搅曲把：本指装在磨盘上的粮斗内的工具，随着磨盘的转动将粮食搅入磨眼。喻指经常搬弄是非的人。

机溜下家：机灵的人。

久吉溜儿：祝愿孩子聪明伶俐的吉祥语。

经堂里混卷子：经堂是教徒们诵经的地方，卷子即经卷。喻滥竽充数。

经是好经，老和尚的嘴歪者：对官员错误行政的讽刺。

鸡儿在粮堆上刨着吃哩：喻本性难移。

鸡儿瘦嗬雀儿鸽俩：柔弱之人人人欺负。

金盆再烂分量重：相当于普通话的瘦死的骆驼比马大。

见人胡喧，挟簸箕上天：说话没根没据，天花乱坠，就如以簸箕当翅，终究不会飞起。

见啥学啥不学坏，拾到篮里都是菜。

脚连手，手连地：形容十分忙，忙得不可开交。

脚面上打滚：喻指狡猾。

K

尻门翻到领豁里：骄傲自大到了极点。

抠皮鬼：吝啬。

宽心丸：宽慰别人的话。

空爹手儿：什么东西也没有拿。

哭天儿抹泪：形容伤心流泪的样子。

夸嘴先生没好药：夸夸其谈之人的话不能信。

L

浪荡保：不负责任的人。

浪日干：没出息的人。

拉干蛋：闲聊天。

玲珑人：明白事理、善解人意的人。

懒食荒：懈惰的人。

揽络人：拉拢别人，与他人关系好。

溜沟子：巴结讨好上司。

连轴转：昼夜连续工作。

轮下了：形容受到批评后不理别人。

老婆舌：多嘴多舌。

老鸡蛋：长不高的人。

拉鼻儿的阿奶：形容因过度疲劳而表现出的狼狈相。

拉羊皮不沾草：喻指穷困到了极致。

拉毡嘀被儿动哩：比喻有连带关系。

拉的瞎驴上板桥：讽喻不听劝告者白费工夫。

腊渣儿黄：脸色蜡黄，很难看。

路不平嘀旁人修哩。

驴乏嘀赖纣棍：事情办不好，把过错推给别人或客观原因。

骡子不死，毛病不改：禀性难移。

狼挖壑落，野狐狸跟着：物以类聚。狼干坏事，狐狸做帮凶。

狼老鸹守死狗：守株待兔，死守目标，不知变通。

狼不洗脸天天吃肉者：①能不能吃上肉不在外表；②嘲讽不讲卫生者。

零碎吃沙子，整顿屙碌碡：不可贪占小便宜，说不定哪一天事发，新账老账一起算，要吃大亏的。

来的裕如走的快：裕如，方言，容易。不经过努力得来的东西不知道珍惜，所以很快就消耗完了。

凉粉不吃了板凳腾给：喻指不要占着茅坑不拉屎。

冷灰里焙豆：喻指为时太晚。

冷锅里爆豆儿：平时默默无闻，突然一鸣惊人。

老嘀老，刀刀：①虽然老了，但还有用处，还能割；②喻指人老后依然能发挥余热。

癞肚瓜避当午俩：癞肚瓜，癞蛤蟆；当午，端午节。

骆驼吃青盐咸苦在心里：自作自受。

M

没来头：①没有见识；②没有靠山。

没章法：①没有规矩；②没有本领；③不起眼。

没耳性：不吸取经验教训，老毛病不改。

抹光墙：应付人，哄骗人。

卖马勺：多指小孩耍脾气。

毛日鬼：没本事的人。

昧里贼：表面憨厚内心奸猾。

母吉吉：没有大丈夫气概，言行近似女性。

磨磨子（磨磨风）：遇事没主见，忽左忽右，没准。

忙忙虫儿：看起来很忙碌的人。

莫学狗熊捉旱獭：喻指不要做了很多事情，最后却只能拿出来一件事情。

卖酸奶的：故意装糊涂，装作听不懂。

卖馍馍的，把托笼洗去：该干什么活去干什么活。

门上的狗娃家里害：喻指有些人在自己熟悉的环境中很厉

害，离开了这个环境就不行了。

买硫黄去着买上的点慌：硫黄点火能燃，用谐音讽喻有些人做事慌张，不沉着。点慌：慌慌张张。

骂一个和尚满寺红：不针对具体人、泛指群体。

马不跳着鞍子跳者：该动的不动，不该动的乱动。

马槽里没马驴当差：喻指代人受过。

明不打着暗敲：旁敲侧击，指桑骂槐。

没有大一尺的帽子：任何事情都有一定的限度。

没养过娃娃不知道肚子痛：没吃过苦的人不知道别人的痛苦。

毛线没娘，越拽越长：喻指事情越说越多。

麻利下家：麻利的人。

麦衣儿底下放水：暗中行事。

猫儿不上树嘀狗没逼上：逼急的时候什么也能干。

N

馕糨糨：吃糨糊的人，指糊涂人。

牛肋巴三尺往里弯：说话向着自己人。

牛大自有绊牛法：不管多么出格的人都有管理的办法。

牛拉车不拉：不团结，相互不配合。

牛不犄牛呵怂牛：不可做软弱可欺之人。

年大一岁为老哥：对无礼貌者的劝导。

泥里娃娃泥里滚：喻指在什么环境干什么事。

尿泡尿了好好照照：自己估计一下自己有没有能耐。

P

皮拉孙：胆小怕事。

谝闲传：闲聊。

泼凉水：说泄气话。

骗子客：骗人钱财者。

盘四搭脚儿：盘腿的样子。

皮鞋里尿尿，热着一会会：喻指变化太快。

破房房遇上了连阴雨：祸不单行。

Q

抢汤水：为了达到自己的目的而与他人抢夺。

取了经是唐僧的，闯下祸是悟空的。

劝偏架：调解纠纷的时候表面公平而实际偏袒某一方。

前院里的水往后院里淌者：事情反过来了。

前来的眉毛顶不上后来的胡子：喻后来者反而居上，占了先机。

瘸子腿上拿棍敲：雪上加霜。

R

日出怪：做事不光明正大。

软蛋子：性格柔弱。

软处取土、硬处打墙：形容欺软怕硬。

人上不看嘛影子上不看吗：讽喻某些人自高自大，把他人不放在眼里。

人没尾巴难谋量：人是最难琢磨的。

日子长着树叶儿：时间还很多。

日头不能常晌午：任何事情都是潮起潮落，不可能永远在高峰。

热手覂动冷货：心再热也不要去动别人的东西。

S

耍老刀：不服从。

耍滑头：耍小聪明，不诚实。

耍心眼：斗心计。

耍笔杆：舞文弄墨。

耍下猴儿就是戏：①不管干什么事，都要付出代价；②定下的事情就要做到，要兑现。

三不沾：哪边都不靠。

说古今：讲民间故事。

闪下（ha）了：落空、抛弃之意。

散摊子：散伙。

实干念儿：确确实实。

瘦猪哼哼、肥猪也哼哼：形容把差别大的事情硬往一起拉。

三天两头儿：经常。

三天两后晌：日子不长，常用来比喻干事不能坚持下去。

三十年等个闰腊月：总有机会的。

三个山拉不到一块，三个人能碰到一起：背着人不可乱说，否则会有当面揭破的一天。

三个婆娘一台戏：指妇女们聚在一起高声喧哗。

四月八的黑霜：喻不期而至的灾害。

四棱子没上圆线：形容人没有规矩，行为不正。

送到舌根的肉不吃：形容白白错过机会。

十个孙猴儿一个脸：一丘之貉，一个德性。

死驴不怕狼扯：装死。

酥油里掺羊毛：别人做好事的时候往里面掺沙子。

山神爷不放话嘛狼不扯羊：喻坏人有人指使而干坏事，有后台老板。

山里的黄羊嘛有数哩：心中有数。

身健无病贴膏药：喻指有些事情没必要去做，不必多此一举。

说人不是再，到头上（哈）快。

说者哩，笑者哩，心里的疙瘩吊着哩：喻指自己的困难不便与别人述说。

蛇走的窟窿蛇知道：自己的心思、自己做的事情自己清楚。

蛇大窟窿大：家大花销也大。

水里的麻绳不拧嘛紧哩：喻指顺其自然就行。

谁家也有个敲碟儿打碗的：人都有不如意的事。

手的长短，挽起袖子才能看得清。

T

桃儿客：离家出走、跑回娘家的女子。

贴瞎饼：打耳光。

抬油饼：乡里人对城里人的戏称。

弹头儿：说话没完没了，啰唆。

舔碟碟：叫花子，在饭馆吃客人剩菜剩饭。

天塌嘛大汉顶着：出了事情自有承担责任的人。

头上拍、脚掌里响：形容人的能耐很大。

头塞到裤裆里去了：无脸见人。

头发（眉毛）胡子一把抓：不问青红皂白，不管是非曲直。

头都叩了，揖做不了：喻指做事情不要半途而废。

头上抹着，沟子上掐着：当面说好话，背后说坏话。

铜里不来，铁里不去：学习不专一。

填坑不用好土：吃饭只要填饱肚子就行，不需要什么好东西。

针尖上削铁：形容精打细算。

汤汤如流水：比喻话说得多而且嘴巴利索，多指为自己辩解。

驮子驮上，鞭子挨上：辛苦出力者，反而受打击。

听见吃饭鹰抓兔，听见干活牛踏步。

弹嫌鸡蛋没缝缝：鸡蛋里面挑骨头。

提起石头砸个坑：喻指下了很大的决心。

W

窝里害：善于内斗之人。

哇倒了：未成年的人死了。

外憨憨，内尖尖：表面上憨厚老实，实际上心里有数。

歪巴浪：歪歪斜斜不端正的样子。

绞曲把：干扰别人做事的人。

五鬼里贩骆驼的：①到过很多地方，见多识广者；②什么也不怕的人。

王瞎子瞅下的贾家店：墨守成规，不知变通。

娃娃没腰疼着喊着哩，癞肚儿没膘肥着闪着哩。

想望鹞子着连雀儿耽过了：一心想着某事而耽误了眼前的事情。

万事覅叫力拔做：别让外行做。力拔，外行。

X

虚皮胎：爱撒娇的人。

旋搿儿：边取货边付款。

寻茬头：找借口，挑衅滋事。

闲达浪：不管事。

斜尕拉：同歪巴浪。

下边人：外乡人。

瞎马下个好骡子：形容再没有本事的人也有一定的好处。

瞎子看社火：什么也看不见。

西番见酒，羝羖见柳。注：西番，藏族的旧称；羝羖，山羊。喻指碰上了自己特别喜欢的事情。

寻着戴笼头：自找麻烦。

心装着腔腔里：放宽心的意思。

新来媳妇新三天：①新官上任三把火；②新事物，人人喜欢。

斜是鞭杆顺是棍：横竖都一样。

荨麻不见扎人哩：暗箭难防。

袖里火袖里灭：自家的事情自家解决，不要张扬。

下坡里撵乏兔：喻落井下石。

Y

眼热者：羡慕，有嫉妒之意。

野子客：①喻心狠手辣；②能干。

有下数：胸有成竹。

咬不动豆儿咬麦子：欺软怕硬。

月亮底下晒癞子：喻无济于事。

眼窝里墩给了：受到了狠狠训斥或严厉指责。

眼馋的吃不饱，吝啬的不知足。

眼睛里打沙子：障眼法。

眼尖着隔山见兔儿哩：看得远。

鸭子打尖脚，笑死鸡儿：讽刺硬要做不能胜任的事。

鸭子爪爪连着：相互有关联。

一口咬了一个李子，谁不知道谁的底子：喻指互相了解，知根知底。

一人一世界，一人一乾坤。

一天游四方，一晚夕补裤裆：对白天松松垮垮、晚上加班加点者的讽语。

一马配双鞍，一教有二主：喻指重复设置，叠床架屋。

一丸弹打不着的党家子：喻指彼此的关系早已生疏。党家子，堂兄弟。

一样麦子两样面：对人态度里外有别。

用了搂在怀里，不用搡在崖里。注：搡，用力推。喻指过河拆桥。

羊肺肺压不到锅底哩：羊肺里面有气体，煮的时候会浮在水上面。喻指沉不住气，急于表态，浮躁。

羊羔戏恶狼，鸟雀戏鹞鹰：不会有好下场。

扬风儿搅雪：大风卷雪。

浪老鸹甭弹嫌猪黑：大家都一样黑，不要互相瞧不起。注：浪老鸹，乌鸦；弹嫌，挑剔、嫌弃。

有了炕上的，还怕没有地上的？

有了钱嘀胡散哩，没有钱嘀胡喊哩：指不会安排家政的人。

油去了灯没亮：花费没有用到该用的地方。

腰来腿不来，跌倒起不来：意思是身体状态很差。

咽舌子打秋者：馋涎欲滴。

樱桃儿卖时候哩：办事情要及时。

鹰饱不抓兔：日子太好不懂得珍惜。

野狐儿奸，野狐儿皮子叫人穿：狐狸尽管狡猾，但终究斗不过猎人。喻指不管多狡猾的人，总有失败的时候。

Z

装行情：冒充内行。

转巴浪；说话不算数。

占香应：占便宜

抓耳朵：好强争胜。

直巴浪：脾气耿直，做事不拐弯。

嚽天荒：说大话，吹牛。

朝到实儿：连续不断地重复某种动作。

指下的窝里没有兔儿：有希望办成的事，不一定有十分把握，也有落空的时候。

猪嫌狗不爱：谁见了谁讨厌。

猪肉贴不到羊身上：风马牛不相及。

嘴里犟者，心里烫者：心里明明认可，嘴里偏要否认。

嘴甜心苦儿：口是心非。

嘴唇盖不住口和牙：比喻生活条件不好，难以自给自足。

抓雀儿嘀撒点秕谷子哩：喻指做任何事情都要投资。

咋大的麦子磨眼里下哩：再大的问题都能得到解决。

照壁背后要拳：喻指拿不到台面上来。

张嘴嘀咽舌子见者：早料到你要说什么。

藏民靴子无反正：左右一个样。

肘成公雀儿屎者：讽喻故意端架子的人。

再清的水，沾沌嘀稠哩：好事情如果有人搅和就会弄坏。沾沌，搅和。

指天划星星：随意指手画脚，不懂装懂，瞎指挥。

正做的不做，茶里头调醋：胡闹，不做该做的事情。

只要锅里有羊肉，碗里就不会缺。

针尖上削铁：小本生意，只有很小的利益。

第六章 青海方言中的俗成语

俗成语也叫类成语，或“四字组成语”，指的是在某一区域通用的、惯常的、具有固定结构和整体性语义的四字组词语。它不同于汉语普通话的成语：普通话成语大都结构整齐，凝固性强，不能任意变动词序或抽换、增减其中的词或语素。而俗成语结构形式较为灵活，不仅有由实语素与实语素、实语素与虚语素（语缀）构成的，而且部分俗成语的结构还可以变动，甚至有些俗成语本身就是由双音节词扩展而成。另外，普通话的成语大都有出处，诸如来自神话寓言、诗文语句等，方言中的俗成语则大多来自老百姓的日常口语，是某一些地域民众沿用日久后习以为常的四字组短语。青海方言中的俗成语，由于受地域、民族等因素的影响，有着独特的风韵。

第一节 青海方言俗成语的构成方式

在汉语普通话中，成语音步结构的基本特征是“二二相承”式，或者语法结构和语音结构均为“二二相承”，如“貌合神离”“捕风捉影”，或者语音结构为“二二相承”而语法结构不一定是“二二相承”，如“叶公好龙”“成人之美”一类。青海方言中的俗成语虽然受本地不同民族语种的影响，但从总体情况而言，其音步结构、语法结构与普通话成语基本上是一致的，即大部分为“二二相承”式，如“豁胸朗腔”“藉水调泥”“隔二间五”等。具体说来，青海方言中的俗成语结构方式主要有如下几类。

一、复合式

复合式俗成语是由意义实在的语素结合而成，这是青海方言俗成语中最常见的结构方式。根据其内部结构关系和意义，可以分为以下几种类型。

1. 并列式

青海方言中的并列式俗成语是最多的，情况也较为复杂，其前后两个语步之间是并列结构，但这个并列结构的内部构成并不是整齐划一的，其组成部分有的是名词性的，有的是动词性的。

组成部分为名词性的结构，是指构成这个俗成语的前后两部分的中心语素是名词性的。如：

清汤寡水：饭菜中掺入了过量的水，以致稠的东西很少。

秕谷乱麻：形容琐碎。

瞎皮烂蒜：不值钱、没有价值的东西。

一个二个：①相继、陆陆续续；②指范围，都。

组成部分为动词性的结构，是指构成这个俗成语的前后两个部分都是述宾短语。如：

抬脚割掌：别人刚抬起脚，他就割取鞋掌，比喻巧取、拐骗。

吃穷挖干：没有计划，挥霍无度。

摇鞍动马：①喻很费周折，原意是走远路，很辛苦；②大动干戈，内容与实质不相符，阵势太大。

拿文举武：喻装模作样。

并列式的四字格俗成语，分为前后两部分，每一个部分的两个组成部分往往不是一个词，而是词组，组成 ABCD 式。按它们的结构关系，其内部又有如下几种情况。

第一，主谓＋主谓。如：

车到路开：车到山前必有路。

碟打碗响：比喻生活中免不了有一些小矛盾的发生。

脚大面丑：形容女子长得很丑，没有好看的地方。

心急耳烧：非常着急。

脸红耳豢：相当于普通话的面红耳赤。

第二、动宾＋动宾。如：

撕袍挖脸：指打架时翻根揭短，把别人所有的隐私都抖搂出来。

吐天哇地：呕吐得很厉害。

喝神断鬼：不加节制地大声呵斥。

眦眉瞪眼：表示不满、不愿意或无动于衷。

拉账垒债：出利息借债或欠账，债台高筑。

“动宾＋动宾”这种并列方式的俗成语在青海方言中数量最多，诸如“拆桥断路”“吸冷发热”“吃穷挖干”“嫖风打浪”“哭天抹泪”“打牙拌嘴”等，不一而足。

“动宾＋动宾”结构的成语中，A、C位置上的词往往是同义词或近义词，或者互有关联。如“摇鞍动马”中的“摇”和“动”、“拆桥断路”中的“拆”与“断”、“撕袍挖脸”中的“撕”与“挖”均为近义词。“咕汤抹水”的“咕”和“抹”相关联、“攀高接贵”（喻攀高枝）的“攀”和“接”相关。同时，这种俗成语B、D位置上的两个词则往往是在意义上相关联的名词，或者原本就是一个词拆开了，如“整功破夫”（花费很多的功夫）中的“功”和“夫”，本来就是构成“功夫”一词的两个语素，而“瞎眉失眼”（走路或干活不看左右，以致撞了人或打碎东西后所受到的责备语）中的“眉”和“眼”、“昏头胀脑”（头脑迷糊）中的“头”和“脑”、“连毛带草”（喻指不分好坏）中的“毛”和“草”，既在意义上互有关联，同时又分别是词语“眉眼”“头脑”“毛草”的构成语素。

“动宾＋动宾”结构的俗成语中，还有一种形式则是BC为数词的格式，如“隔三偏五”（每隔几天来一次）、“昏三楞四”（昏头昏脑的样子）、“摇三慢四”（说话没分寸）等等。

第三，偏正＋偏正。这种俗成语的前后两个部分都是由修饰语与中心语构成，其中偏正的部分又不完全一致：一是“定语＋名词性词语”；二是“状语＋谓词性词语”，构成ABCD的结构。

①“定语＋名词性词语”的，如：

死皮顽肉：指有些人很调皮，对他人的打骂都不在意。

肿眉塌眼：眉青眼肿的样子。

闲言淡语：说他人的闲语，对别人冷言冷语。

高茶贵饭：形容主人对客人的盛情招待，用了最好的茶、最好的饭菜去招待。

在这种“定语＋名词性词语”的结构中，A和C为数词的俗成语比较多，如“三槌两棒”（指做事干脆利落）“两头三绪”（照顾不过来，头绪太多）“三魂七魄”“七青八白”（形容种类很多）等。

②“状语＋谓词性词语”的，如：

高灯低亮：高处点灯低处照亮。

东挪西借：为弥补财物不足而采取拼凑手段。

这种结构中也有A和C为数词的，如“四离五散”（大家分开了，各奔东西）“一来二去”（指经常往来便熟悉了）“一点半个”（常用于万一或少量时）“零散八碎”（零零碎碎）等。

2. 偏正式

偏正式的俗成语，前面两个音步往往是用来修饰和限定后面两个音步，后面两个音步为一个词，是整个成语的中心部分，是这个俗成语意义的核心表义成分，这个中心成分可以是名词，也可以是动词（含动词性短语）或形容词。有时候前面三个音节都是修饰语，中心语只有最后一个音节。如：

领头羝羖：山羊不同于绵羊，它们喜欢独处，总是跑在羊群的前面，所以人们常用这个俗成语来指说那些喜欢抛头露面的人，带有贬义。

狗脸亲家：两个人之间，关系时好时坏。

背世旮旯：远离尘世的、偏僻的角落。

毛草百姓：没有任何头衔的人，普通老百姓。

以上几例俗成语均为偏正式，中心语为名词，青海方言中偏正式的俗成语多为这种结构，中心语为动词（含动宾短语）和形容词的比较少见，但是也有。如“隆咚风响”（形容来势很猛，响声很大），其中“响”为动词，“隆咚”和“风”都是用来修饰和限定“响”的；“乱毛擀毡”（擀毡是两人合力，脚踩竹帘毡辊将毛压平成毡。喻指众人合力攻击一个人），“擀毡”为动宾结构，“乱毛”作状语，表示“擀毡”这一活动所使用的材料；“蜡渣儿黄”（形容黄的程度很深，像蜡渣一般），“黄”为形容词，作中心语，“蜡渣儿”作修饰限定语。

3. 主谓式

主谓式俗成语，前面部分表示某种事物，后面部分表示事物发出某种动作，或者呈现某种状态。如：

乳牛尿多：讽语，指话多、爱唠叨。

气冲斗牛：怒气冲天的样子。

寸草藏身：条件不具备的时候，一寸高的野草也是藏身之处。

乱猫窜毡：纷纷涌上，就像群猫跳上毡片乱踢乱蹬。

烈马悬蹄：比喻情况十分危急。

胡子麻茬：满脸胡子，乱糟糟的样子。

眼泪帕渣：眼泪汪汪的样子。

此外，在青海方言中还有少量的诸如动宾式、同位式、连谓式等特殊结构的俗成语，如同位式“永世千年”（永远、终身）。连谓式的俗成语在形式上与并列式相似，但其动作有先后之分，如“借水调泥”（借别人的水，调自己的泥。引申为找机会办事）。如动宾式“说古今儿”（讲故事）。

二、附加式

附加式俗成语由词根与词缀组合而成，整个成语的意义主要由词根承担，而词缀则没有实在意义或者意义较为空灵，帮助词缀表情达义。青海方言中的附加式俗成语绝大部分都是后缀式，也就是说词缀主要是放在成语的后面部分，而前缀式和中缀式则很少见。如“刻卡二五”“刻卡一挂”中的“刻卡”就是一个前缀，形容干事很干脆的样子。“刻卡二五”指办事干脆利落，相当于普通话的“三下五除二”。

在青海方言中，后缀式俗成语并不单一划齐，其后缀形式上还是比较复杂的。从语缀的数量上看主要是双音节语缀和三音节语缀，具体情况如下：

1. 加两音节语缀的俗成语

常见的两音节语缀有“斯海”“洼缺”“麻搭”“拉拉”等，与实语素或实词形成 AB（xy）格式。其中 AB 为双音节合成词，是俗成语主干，表示该俗成语的基本意义；XY 是连缀成义的双音节语素，是没有具体、独立意义的词缀，对 AB 所表达的意义进行强调、突出，它们跟 AB 结合后，主要对事、对物、对人进行摹状。

第一，由词缀“斯海”构成的俗成语，描摹松松垮垮的样子。如：

扁塌斯海：形容人坐样不好、缩成一堆、很难看的样子。其中“扁”和“塌”是近义词连用。

仰拉斯海：仰卧、半躺半靠、歪歪斜斜的样子。“仰”即仰卧，“拉”即平躺之意。

第二、由词缀“洼缺”构成的俗成语，形容很黑，黑得很难看，给人一种不美观、不舒服的感觉。譬如“黑漆洼缺”，“黑”和“漆”本来就指很黑，再加上语缀“洼缺”作了进一步的强调，突出人或事物黑得让人难以接受。

第三、由词缀“洼失”构成的俗成语，既用于形容人的脸上长了很多疙瘩，不美观的样子，也可以形容路上石头太多、不平整。如“疙瘩洼失”就是兼有这两个意思，两种情况下都可以用

“疙瘩洼失”来表示。

第四、由词缀“麻搭”构成的俗成语。如“仰儿麻搭”或“阳儿麻搭”，形容办事马虎、粗心、漫不经意的样子；“二仰麻搭”是形容说话办事马马虎虎、心不在焉的样子；“尕叽麻搭”形容细小零碎。“麻搭”相当于形容词的词尾，表明某种状态。

第五、由词缀“拉拉”构成的俗成语，有强调的意味。如“孽障拉拉”即指人极为穷困、可怜的样子；“实话拉拉”强调所说内容的真实性。

第六、由词缀“咕咚”构成的俗成语，表示程度很深。如“然麻咕咚”，“然麻”指说话办事不利落，加上语缀“咕咚”则指非常不利索；“黑麻咕咚”则指非常的黑，伸手不见五指。

青海方言中还有个别两个音节的词缀在俗成语中没有任何语法意义，仅仅是起补足音节的作用，如“老古当麻”中的“当麻”就只是补足音节。

2. 加三音节语缀的俗成语

加三音节语缀的俗成语是指俗成语中只有一个单音节词表示该短语的基本意义，另外三个音节均为词缀。青海方言中三音节语缀比两个音节的词缀要少，常见的有“叽亥台”“叽麻搭”“叽哇搭”几个。

词缀“叽亥台”，表示事物的某种状态程度很深，其语法意义相当于一个程度副词。如：

油叽亥台：很油腻，让人难以接近。

迷叽亥台：形容人很糊涂，不精明。

脏叽亥台：形容人或物很脏。

泥叽亥台：形容地上稀泥很多，或者衣物等上糊了很多的泥浆。

词缀“叽哇搭”和“叽麻搭”，也是表示事物的某种状态程度很深。如：

冰叽哇搭：形容很凉、很冰，让人觉得不可靠近。

脏叽麻搭：形容很脏的样子。

尕叽麻搭：东西很小，让人看不上眼。

这两个词缀应为同一词缀，只不过是音变造成了两个词缀。如“冰叽哇搭”“脏叽哇搭”，都可以说成“冰叽麻搭”“脏叽麻搭”，都是强调程度的加深。

以上三音节的词缀也可以看作是两音节的，因为从其音步上来看，“叽”与前面的词根结合得更紧。再者，普通话中有“脏兮兮”“水济济”“油腻腻”“油唧唧”的说法，可能青海方言是把这种叠音词缀缩略成了单音词缀后又加上了一个双音节词缀。

青海方言俗成语中的三音节词缀，还有很多是由某个俗成语独有的，不能够进行类推使用。如“水叽啪嗒”（形容水多的样子）中的“叽啪嗒”、“黑嗒麻胡”（很黑）中的“嗒麻胡”、“松皮捞亥”（很松的样子）中的“皮捞亥”、“青皮良江”中的“皮良江”（让人觉得不舒服的青色）、“白刺拉瓜”（不好看的白色）中的“刺拉瓜”、“黄皮拉夸”（让人不喜欢的黄色，诸如脸色发黄）中的“皮拉夸”、“松皮塌海”（松松垮垮、不紧凑的样子）中的“皮塌海”等等。

三音节语缀中还有一种是以“不”＋音节XY构成的，其中XY为变量，如“不愣登”：

二不愣登：指莽撞而又傻里傻气的人或言行。

死不愣登：为人很死板，不灵活。

黑不愣登：很黑，不美观。

痴不楞腾：做事慢慢腾腾、不在乎的样子。

这种由“不＋XY”构成的词缀不多见。然而，在汉语普通话或其他北方方言中这种类型结构的成语却不在少数，如“黑不溜秋”“光不溜球”“傻不啦叽”“蔫不啦叽”等。

三、重叠式

重叠式是青海方言俗成语的构成方式之一，有“完全重叠”

和“部分重叠”两种类型。

1. 完全重叠式

完全重叠式的俗成语指前后两个音步之间构成 AABB 式。这种成语从词性上看，有的是动词性的，如“出出溜溜（做事不光明正大）”，“漆漆唰唰［tsʻuā］［tsʻuā］”（对他人动手动脚，进行骚扰，自己不安静搅得别人也不得安宁），该意思在青海话中还表示为“猫儿漆唰”，因猫比较好动；有的是名词性的，如“沟沟坎坎”（比喻命运多坎坷），“疙疙瘩瘩”（比喻人与人之间有隔阂，不能真诚相交，也可以指人的心中有郁结，不畅快）。AABB 式的俗成语大多数是形容词性的，如：

暮暮丫丫：隐隐约约、模模糊糊看不清楚或听不清。

二二斯斯：形容态度冷淡、爱答不理的样子。

战战煞煞：①战战兢兢；②小气、啬吝。

出出塌塌：说话不正大光明，鬼鬼祟祟耳语的样子。

停停脱脱：精干、利索、大方的样子。

楞楞睁睁：迷迷糊糊、呆头呆脑的样子。

AABB 式俗成语中的 A 和 B，大部分都不是词，而是构词语素，不能单用，如“停停脱脱”中的“停”“脱”，“战战煞煞”中的“战”“煞”，“疯疯势势”（疯疯癫癫）中的“疯”“势”都不是独立的词。

2. 部分重叠式

部分重叠式是指构成俗成语中的 ABCD 四个音节中的某两个音节是重叠的，另外两个音节不重叠，构成 ABCB 或 AABC 等形式的俗成语。在青海方言中，部分重叠式的俗成语不多，但形式较为复杂，有 ABCB 式的，如“吃食昧食”（昧着良心说话，不承认自己干过的错事）；有 AABC 式的，如“点点麻兮”（星星点点的样子）；有 ABCA 式的，如“圆打啦圆”（原样儿，没有变化）。这种俗成语较多的是 ABAC 式和 ABCC 式。

(1) ABAC 式，如：

黑揣黑摸：在没有灯光的情况下拿东西，喻指做事不了解情况，瞎干一气。

满山满洼：形容范围很广。

懵头懵脑：突然遇事，反应不过来，呆头呆脑的样子。

大模大样：干事说话不知道分寸，大大咧咧。

翻里翻外：里里外外地寻找。

拐里拐搭：弯弯曲曲，不直截了当。

臊名臊姓：所做之事败坏了名誉，辱没了家声。

（2）ABCC 式，如：

虚不吃吃：空虚、松软的样子。

红不及及：红得不好看，让人感到恶心。

绿不及及：绿得不好看，让人见后不舒服。

黄不下下：病态的黄，多形容病人的脸色很难看。

灰不绌绌：一种陈旧的灰颜色，看上去让人感觉不舒服。

这种形式中的 A 是整个成语的主干，代表着这个俗成语的基本意义、主要意义，这些词干都是成词语素，当它们独立成词时前面可受“很”类副词的修饰。CC 是连缀成义的重叠语素，是没有具体意义的后缀；B 是不表示具体词汇意义的中缀，但整个短语中表现出来的厌恶感情色彩，则是由它和 CC 来作为载体的。

第二节　青海方言俗成语的语义特征

一、综合性

所谓成语语义的综合性，“一是指成语的语义兼具表述性和描述性两个特点，语义内容具有综合性，二是指成语在语义形成中综合运用多种思维方式，包括逻辑思维方式和形象思维方式”①。

① 温端政《汉语语汇学》，商务印书馆 2005 年版。

青海方言俗成语与普通话成语一样，在语义上具有表述特征。如：

梁山上一百单八将，仁义儿不过的宋江。

维人不在个钱财上，单看个心好意长。

（青海“花儿”）

“心好意长”指心地善良、有情意，“维人不在个钱财上，单看个心好意长”是说做人、交友不能够以金钱为标准，而要看对方心地是否善良，是否有真情实义。由此可以看出，青海方言中的部分俗成语具有知识性，能传播知识，是人们日常生活经验的总结。再譬如“吃穷挖干”（生活开支没有计划，挥霍浪费），“借水调泥”（借别人的水调自己的泥，引申为找机会办事），“家贼难防”（自家人中出了贼，防不胜防）等。

青海方言中，表述性的俗成语比较少，更多的是描述性的，如：

（1）张家老大是个苦精盅儿，这两年富起来了。

（2）昨晚上没睡好，今儿上课昏三愣四地啥呀没听进去。

（3）你一早疯张冒失地到处串啥者着？

（4）娃娃上学是大事情，你阿门阳儿麻搭地不管闲。

（5）早你把这个事刻卡二五地办掉，再没嚽［zan^{213}］头。

（以上例子见朱世奎《西宁方言词语汇典》）

例（1）的“苦精盅儿”指非常勤快，终生劳苦而不浪费一点财物的人；例（2）的“昏三愣四”指头脑不清醒、昏昏沉沉的样子；例（3）的“疯张冒失”指行动张狂很不稳重的样子；例（4）的“阳儿麻搭”形容说话办事马马虎虎、心不在焉的样子；例（5）的“刻卡二五”形容人说话、办事干脆利落。

青海俗成语语义的综合性还体现在思维方式上。一般来说，俗成语在语义形成过程中会综合运用到逻辑思维方式和形象思维方式。如：

（1）你一边玩去，跌脚绊手的，叫我啥也干不成。

(2) 大家正在说笑，突然跌脚绊坎地闯进来一个人，嘴里骂骂咧咧的，原来是个醉汉。

(3) 我把这个东西放着阿扎（哪里）了呵，翻遍世界没寻着。

(4) 这个尕娃（小孩）踢脚挖脑地太调皮了。

(5) 你豁胸朗腔的，娘娘们（女士）见呵不笑话吗？

(6) 千里送衣的女孟姜，只为了恩爱的范郎。
抬脚割掌的心要想，美名儿留到世上。

（青海“花儿”）

例（1）的“跌脚绊手”和例（2）的“跌脚绊坎”仅一字之差，但意思却相去甚远，“跌脚绊手”是指碍手碍脚，妨碍别人办事情；“跌脚绊坎”则是指跌跌撞撞、站立不稳的样子。这两个字在句中的意义都是描述性的，十分形象，同时“跌脚绊手”这个成语又可以表示办事不顺心，受到了阻碍，如“这事办起来真麻烦，老是跌脚绊手的，这么久了还没办成”。在这个例子中所用的语义就是由例（1）的形象意义抽象而来的，运用了人们的逻辑思维；例（3）的“翻遍世界”是形容翻箱倒柜地四处寻找东西，运用了夸张的修辞手法；例（4）的“踢脚挖脑”是对年少无知者言谈、举止张狂顽皮的样子进行了十分形象的描述；例（5）的“豁胸朗腔”则形象地描写了衣冠不整的样子，尤其是对上衣敞开、袒胸露腹者的描绘，十分准确；例（6）的“抬脚割掌”字面意义是说别人刚抬起脚，他就割取鞋掌，实际则是喻指巧取、拐骗，既有形象的描绘，又有抽象的概括。

二、传承性

作为一种方言的建筑材料，方言俗成语和词一样是约定俗成的，它的形成离不开习用性。这一代说，下一代也说，代代相传，这就是方言俗成语的传承性。青海方言俗成语语义具有较强的传承性，这种传承性主要体现为对古汉语的传承，具体说来有以下几种情况：

1. 语形和语义都是古今相承

（1）你莫像才来的那个和尚走花溜水的胡缠。

《西游记》一百七十四回

柱儿的媳妇，让山神保走花溜水的拐跑了。

青海方言

（2）“这金莲听了，心上如撺上把火个似，骂道：“贼强人，到明日永世千年，就跌折脚，也别要进我那屋里。

《金瓶梅》三十一回

他说叫你等着，等他离了婚就和你结婚，那是骗你呢。就像镜中花，水中月，叫你永世千年等不着。

青海方言

（3）今计氏死了，那珍哥犹如没了王的蜜蜂一般在家喝神断鬼，骂人家媳妇，打丫头。

《醒世恒言》四

阿大殁了，后妈妈没了顾忌，整天价喝神断鬼地打骂不停，苦日子那时候到头哩。

青海方言

（4）偏偏那日人来的多，里头的人都死眉瞪眼的。

《红楼梦》一百一十回

家里来了亲戚还不赶快撩乱着烧茶，死眉瞪眼地立在那儿干啥。

青海方言

（以上例子出自林有盛《西宁方言寻古》）

例（1）的“走花溜水”都是指花言巧语哄骗他人，青海方言中的“走花溜水”除花言巧语义外，还有言语轻佻、吹牛说大话等义，都是贬义词；例（2）的“永世千年”，青海方言和古书中都是指永远，时间长久；例（3）的“喝神断鬼”都是指不加节制地大声喝斥，说法和表义古今（方言）完全一致；例（4）的“死眉瞪眼”在青海方言中用来形容人表情木讷、呆滞、冷漠、不活泛，与《红楼梦》中用法一致。以上这些俗成语，青海方言和古汉语中的写法完全一致，而且语义上一脉相承。

2. 语义古今一致而语形同中有异

(1) 你今儿阿扎着了点瞎气，来家里没个好展脸（方言，好脸色），使性拌气的？

青海方言

可知有你这歪老货搬弄，致使我家娘一向使性别气。

《石点头》十二

出来使性惯气，磕了几个头，也没有茶，也没有鞋，拜毕，就往房里去了。

《儒林外史》二十七

连这等一个刚毅不屈的仲由老官，且努唇张嘴，使性傍气。

《醒世因缘》三十三

(2) 阿舅走乏了呗，你爬到身上着不下来，看你少调失教的样子。

青海方言

“好大胆丫头！新来乍到，就恁少条失教的，大剌剌对着主子坐着。”

《金瓶梅词话》第四十回

(3) 大家正在开会，忽然从外面慌张冒势跑进来一个人喊道：“不好了，村东头着火了。”

青海方言

怪囚，失张冒势，恁唬我一跳，有要没紧，两头回来游魂哩。

《金瓶梅》三十回

(4) 为了响应政府退耕还林的号召，让荒山披上绿装，王贵爷儿俩黑天白日地干给了俩月。

青海方言

明日叫你黑家白日跟着我，我倒常笑笑。

《红楼梦》三十八回

例（1）的“使性拌气”在青海方言中是找茬儿发脾气的意思，古汉语中作“使性别气”，“别”与“拌”属音转而变，古汉语又写作“使性惯气”或“使性傍气”，“惯”和“傍”均为音转，意义上是完全一致的；例（2）的“少调失教”在青海方言中指不礼貌、没有教养，《金瓶梅》中写作“少条失教”，“条”与“调”音近义通；例（3）的“慌张冒势”即慌慌张张、冒冒失失之意，《金瓶梅》作“失张冒势”，一字之差而语义相同；例（4）的“黑天白日”与《红楼梦》中的“黑家白日”一字之差，均是“一天到黑”“一天到晚”之意。

3. 字面上有较大差异，而语义上有传承关系

（1）这个败家子，把家里的一点钱，搜儿倒腾地卷包上走了。

青海方言

众人挖开细细搜寻，止寻出二十两一个小包，余银再挖不出来。

《绿野仙踪》（中）

（2）你说学校要收三十块钱搞活动，我问了教师根本没这回事儿，撒皮溜谎的，一点儿不诚实。

青海方言

酒保告：“解元！此词便是那夜来撒赖的秀才写的”。

《警世通言》六

祖师喝令：“赶出去！他本来是个撒诈捣虚之徒，那里修什么道果！”

《西游记》第一回

（3）家仗着阿大是县太爷，在单位里上头上脸，谁也说不下。

青海方言

宠的那小荷香上头铺脸，叫像降贼的一半，打了牙，肚里咽。

《醒世因缘》四十四回

“下作种子！没干没净的乱闹，倒叫你进来瞧，就上脸了”。

《红楼梦》四十回

（4）我好门端端的坐在门口晒太阳，又没惹他，被他踢了一脚。

青海方言

好端端家里坐着，可就成了这番英雄儿女的情节。

《儿女英雄传》第三回

我好躭躭坐在这里，都与谁有约束？把这等话赃污我。

《二刻拍案惊奇》三十五

（以上例子摘自林有盛《西宁方言寻古》）

例（1）的“搜儿例腾”就是仔仔细细地寻找的意思，与古语“搜寻”意一致；例（2）的“撒皮溜谎”在青海方言中又作“撒皮赖五”，意为撒谎、耍无赖，不说真话，在古汉语中又作“撒谎捣虚”，虽然词形相去甚远，但都是说谎骗人之意，可以溯源到“撒赖”一词；例（3）的“上头上脸”在古汉语中作“上头铺脸”，也就是古书中“上脸”的意思，即恃宠撒娇，没大没小；例（4）的“好门端端”在青海方言中又作“好眉端端”，其中的“门”或“眉”其实没有实在意义，只是一个衬词，起补足音节的作用，这个词在古书中写作“好端端”，只有三个音节，但语义是相承的。

三、借用性

青海方言俗成语在语义上有一个不同于普通话成语的地方，那就是借用性。这种借用性表现在两个方面；一方面是对普通话成语的沿用，一方面是对少数民族语言的借用。

1. 对普通话成语的沿用

所谓对普通话成语的沿用是指方言俗成语的语义构成，有一部分来自于普通话成语，是对普通话成语的改造。如：

（1）登云驾雾的孙悟空，白马上骑的是唐僧。

庄子里去了你打听，维人者没坏过良心。

青海“花儿”

(2) 高高山上修闸哩，有水时修一盘磨哩。

脸红耳奓的着啥哩，年轻人都这一步到哩。

青海“花儿”

(3) 草船借箭的诸葛孔明，船舱上扎的是草人。

闲言淡语的你嫑听，阳世上哪有个好人。

青海“花儿”

(4) 这个丫头做事呵由马信缰，不听大人的话。

(5) 你整天豁胸朗腔的，像个什么样子?

(6) 昨晚夕雨下得糊都大，忽雷闪电，怪吓人的。

例（1）的“登云驾雾”是从普通话成语“腾云驾雾”改造而来的；例（2）的“脸红耳奓”与普通话成语“面红耳赤”语义一致；例（3）的“闲言淡语”与普通话“闲言碎语”用法和语义相同；例（4）的“由马信缰”是由普通话成语“信马由缰”改造而来，都是指任其自由发展，不加约束管教；例⑤的“豁胸朗腔”即普通话的“敞胸露怀”改造而成；例⑥的“忽雷闪电”即普通话的“电闪雷鸣”。

2. 对少数民放语言的借用

青海是一个多民族地区，各民族语言对汉语都产生了一定的影响，青海方言中吸收了不少少数民族的语词，如“卡码”“尕”“麻郎”等藏语词，当然俗成语中也借用了个别的少数民族语词作为构词材料，尤其是藏语，如“阿拉巴啦”这个四音节的俗成语实际上就是藏语翻译而来，意思是“凑合、将就”。“一挂麻郎”中的“一挂”是青海方言词，“全部、都”的意思，而“麻郎”则是一个藏语词，也是“全部、一齐”之意，“一挂麻郎”就是一个汉藏语混合词。与“一挂麻郎”构成相似的词是“点点麻兮”（星星点点的意思），“点点”是一个汉语方言词，即零零星星之意，而“麻兮”也是一个藏语词，语义上相当于汉语的

“零零星星”。

另外，青海方言俗成语中的一些词缀似乎也与当地的藏语、蒙古语有关，诸如“叽海台”“斯海”等。当然，这还有待进一步的考证。

第三节　青海方言俗成语的修辞特色

周祖谟先生说：“如果从修辞的角度来看，成语的作用就在于能够用简单的词句说明一件事实，或比喻一种形象，而达到言简意赅，生动有力的目的。当然，不用成语也未尝不可以把意思表达清楚，但是有时应用成语可以使别人听了更觉透辟精当，并且得到更深刻的认识。”大凡能在民间口耳相传并流传长久的俗成语，它们和普通话成语一样，在其语音形式和表现力方面都有着独特之处，在传情达意的语言交际活动中都有着独特的作用。青海方言中的俗成语就是如此，结构灵活多样，语义生动形象，有着显著的修辞特色。

一、结构对称，声韵和谐

汉民族崇尚对称和谐，青海虽然是多民族聚居地，但从方言角度划分仍属北方方言区，其俗成语与汉语普通话成语一样，在结构上呈现出对称匀整、声韵和谐的特点。

1. 结构对称匀整

青海方言俗成语结构虽然较为复杂，但是从总体情况上来看，并列式占了绝大多数，显得对称而匀整。如：

高吊横八：指衣食无着落。

吃梨带把：说话中伤着了旁人。

肚饱眼馋：形容很贪吃的样子。

打牙拌嘴：争辩。

嫖风打浪：意即寻花问柳。

哭天抹泪：很伤心地哭泣的样子。

以上成语都属于是并列式结构的，前两个音节与后两个音节两两相对，十分匀称。

除了这种并列式结构成语外，青海方言中还有一些其他结构的俗成语，主谓结构的如“乳牛尿多”（讽刺语，指说话过多）“野狐加狼”（喻指狼狈为奸）“家贼难防”（自家人中出了贼，防不胜防）等。还有偏正式的成语，如“领头犋跀”“背世旮旯”等，这些结构的俗成语，前后音步上也属于二并式，在结构上很匀整。青海方言中还有部分重叠式的俗成语，诸如“二二斯斯”“绌绌塌塌”“暮暮丫丫”等也是二并式结构，很整齐，呈现出匀称美。

2. 平仄相间，音韵和谐

一般说来，平声调悠长而缓慢，是扬；仄声调短促而曲折，是抑。平仄出现交替或对应，显得抑扬顿挫，音韵和谐。从青海方言俗成语来看，大部分都是平仄相间的。如：

照 猫 画 虎（按照近似的小样描画大样）

仄 平 仄 仄

高 三 搭 四（说话无条理，无分寸）

平 平 平 仄

吐 天 哇 地

仄 平 平 仄

盘 四 搭 脚

平 仄 平 仄

青海俗成语中音韵和谐的修辞特点还体现在部分俗成语的构成语素的音节上：或双声或叠韵的联绵形式，从而使整个成语说起来朗朗上口，听起来自然和谐，如“泼皮大胆”（像泼皮无赖那样大胆）中的“泼皮”、“背世犄角”的“犄角”为双声词，“领头犋跀（jū lǘ）”的“犋跀”、“德薄浪干”（懒惰到家境败落，又无意再努力）的“浪干”为叠韵词。当然这种俗成语为双声、叠韵音节的比较少，更多的是以词根＋词缀构成的俗成语在音节构成上呈现出这种特色，在青海方言的俗成语中大多数三音节或双音节的词缀是双声叠韵而成，尤其是三音节语缀的俗成语，其中两音节往往是双声或者是叠韵，如：

青皮良江：轻浮、不庄重的样子。

油叽亥台：非常油腻的样子。

硬其垮喳：很坚硬、不柔和。

卡刻二五：办事干脆利落。

黄皮拉瓜：颜色发黄，不美观。

白刺拉瓜：颜色发白，给人不舒服的感觉。

水叽啪［p'iā］嗒：水淋淋的样子。

二不愣登：为人鲁莽，办事没有分寸。

皮不楞腾：做事慢慢腾腾、满不在乎的样子。

这些俗成语中运用了双声叠韵词，读起来音节和谐，富有乐感。正如古人所说："叠韵如两玉相扣，取其铿锵；双声如冠珠相联，取其宛转。"

二、连类而及，互文见义

1. 青海方言中大量的俗成语使用了同义或近义语素，互相补充，互相对比，从而使整个成语所表达之义显得鲜明而突出。如：

"摇鞍动马"中的"摇"和"动"为近义词，"豁胸朗腔"中的"豁"和"朗"都是敞开的意思，"昏头胀脑"中的"昏"和"胀"均为昏昏沉沉之义，"瞎眉失眼"中的"瞎"和"失"均为失去之义，"零散八碎"中的"零"和"碎"为零碎之义，"刺二扎五"中的"刺"和"扎"也是近义词，"昏三愣四"中的"昏"和"愣"也都是昏头昏脑之意……这些俗成语中不仅有近义词的联用，还有连类而及的相关词语的合用，也就是说这种成语中除了两个相近语素的使用以外，剩下的两个语素在语义上也是相关相承的，如“摇鞍动马”中的“鞍”和“马”，“瞎眉失眼”中的“眉”和“眼”，“登云驾雾”中的“云”和“雾”，“扬风夹雪”中的“风”和“雪”，“昏头胀脑”中的“头”和“脑”，“吐天哇地”中的“天”和“地”等等。

这种俗成语的语义构成实际上又运用了互文见义的修辞手法，如“扬风夹雪”的语义要理解为“扬风雪”“夹风雪”，“昏头胀脑”应为“头脑昏”“头脑胀”之语义之和。当然有些俗成语语义并不完全在字面。

2. 有一部分青海方言俗成语是用反义语素正反并列构成的，正反语素形成鲜明对比，互相映衬，或者以此指代两类对立现象，进而来概括各种现象。这些俗成语大都是并列关系的，从形式上看又有两种情况：

第一，构成并列的两个部分的两个语素的意义相反、相对。如“吸冷发热”（发烧怕冷的意思）中的“吸”和“发”“冷”和“热”在语义上都是相反相对的，“外憨内奸”（表面憨后，内心奸猾）中的“外”和“内”“憨”与“奸”也是语义相反，互相映衬，形成了鲜明对比。

第二，构成并列的前后两部分中各有一个语素义相反或相对，而另外两个语素或为同义、近义语素，或为连类而及的语素。

两部分中前一语素为相反或相对后一语素为同义近义的，如“脚奓手扬”（手舞足蹈的样子）中的“脚”和“手”为意义相对，“奓”和“扬”为意义相近；“东挪西借”中的“东”与“西”意义相对，“挪”和“借”意义相近；“高灯低亮”中的“高”与“低”意义相反相对，“灯”与“亮”为连类而及。

两部分中后一语素语义相反相对、前一语素意义相同相近的，如“龇牙咧嘴”（形容人笑的样子很不雅观，或指人说话带刺、恶声恶气）中的“龇”和“咧”语义相近，“牙”与“嘴”连类而及；“拿文举武”中的“拿”与“举”意义相近，“文”与“武”意义相反、相对；“喊天吆地”（形容大喊大叫的样子）中的“喊”与“吆”意义相同，“天”与“地”连类而及。

另外，还有一些由数词构成的俗成语，往往是两个数词语素为前后序数，而另外两个语素则意义相反相对，如“七高八低”中的“七”与“八”为前后序数，而“高”与“低”则意义相反相对；“左五右六”中的“五”与“六”为序数词，“左”与“右”意义相对；“高三塌四”中的“三”与“四”为前后序数词，“高”与“塌”为反义词。这些反义并列式的俗成语，从语义上看，一部分表达了并列、连贯和反复的意义，前后两部分为同一意义的重复，如“吐天哇地”中的“吐天”与“哇地”都是指吐得很厉害。“左五右六”并不是说左边五个右边六个，“左五”和“右六”都是用来说明身边跟随的人很多，前呼后拥的样子。

三、巧用借喻，形象具体

方言俗成语是最贴近群众生活的语言形式之一，解析其表达方法，我们可以发现，大多数成语都是以形象、具体的事物通过比喻途径来表达抽象的概念或事物的。成语的比喻用法有两种情况：一种是明喻，如普通话的“归心似箭”“味同嚼蜡”等，一眼就能看出是比喻，而且这种比喻的用法和作用与一般修辞的比喻手法是一样的，既生动形象又言简意赅；另一种则是采用借喻的方式，只有喻体而不出现本体和喻词，青海方言俗成语大多数是用这一种比喻的方式来传情达意的。如：

不识火候：①喻指看不清事情本来面目或事情发生的原因；②不能按事情发展的客观状况应变。

隔河堵水：①喻舍近求远；②犹如隔靴搔痒，抓不住重点。

碟打碗响：比喻生活中免不了一些小矛盾的发生。

烈马悬蹄：比喻情况十分危急。

乱毛擀毡：喻众人合力攻击一个人。

连毛带草：喻好坏不分。

招脚割掌：喻指巧取，投机拐骗。

瞎（hā）迷搗搅：喻做事如同盲人瞎碰。

当然，青海方言俗成语还使用了其他的修辞格，如用夸张手法的“吐天哇地”（呕吐得一塌糊涂）“喊天吆地”（大喊大叫），也有用借代手法的，如“高茶贵饭”（形容主人对客人的盛情招待）等。总之，青海方言俗成语深入发掘了语言的各种潜能，巧妙地运用各种表现手法，形象生动，表达内容丰富，使得交际双方很容易就产生了联想和共鸣，缩短了人际距离。

第四节 青海俗成语所体现的高原文化举凡

青藏高原有着深厚的文化底蕴，它是高原各族儿女长期积累的结果。高原文化体现在政治、经济、文学等多个方面。语言作为文化的载体，也是民族文化的一面镜子，正如马林诺夫所言：“语言是文化整体的部分，但它并不是一个工具的体系，而是一套发音的风俗及精神文化的一部分，因此当人们用语言记录世间万物时，它同时也传递出人们对该事物的认识方式和价值观念。”① 青海方言俗成语是青海方言的重要组成部分，具有广泛的适用性和较强的表现力，负载了比一般词语更为丰富的文化内涵，折射着生动的高原人文世界。

一、“高茶贵饭”“吐天哇地”与待客之道

青海各族人民热情好客，待人实诚。俗成语“高茶贵饭”“吐天哇地”正是青海人实诚待客之道的真实描写。

青海回族喜居独院，客人来的时候一定要把他们让到上席落座，拿出家里的“高茶贵饭”热情款待，不到客人饭饱茶足，主人以及主人家人就会轮流敬让不止。客人不能有任何客套或拒绝

① 马林诺夫斯基《文化论》，费孝通译，中国民间文艺出版社 1987 年版。

的意思，否则主人会认为你是个“勒挖”（不直爽的人），或者认为你是瞧不起他们。遇到预约好的客人要来，必定提前宰杀好牛羊，炸好油香（一种油炸食品），蒸好馍馍，准备上丰盛的熬肉、杂碎、饭菜等待客人的光临。青海回族农村中，还有一家事全庄帮的习俗，也就是说一家人家中有事情的话，整个村庄里的人都会来帮忙。譬如婚姻大事中如果女方送亲的人马到来后，一定要留在亲家家里住上一两天，在这期间，他们不光受到亲家的热情招待，还会受到亲家的亲戚们家中的轮流款待，而且夜间也要留宿于各个亲戚家中，受到亲戚家人的热情照料。撒拉族人也是如此，无论婚丧，全村的男男女女及远处的亲朋好友，都会拿上茯茶、冰糖、水果和钞票，在最短时间内赶往事主家恭贺、探望或者悼念。主人家也会殷勤相待，准备好“高茶贵饭”、美味佳肴相待，临走时，主人家还要送客人一块肉份子。

青海蒙古族待客之礼尤为讲究：如果你骑马到蒙古人家去做客，在你走到离主人家还有一段距离的地方时，他们就会全家出动，走出蒙古包相迎，替你捉马接缰绳，向你热情问候，并献上洁白的哈达。一进蒙古包，主人会让年长者坐在左侧上座，其余的人依次坐下，男主人坐在右侧上方陪客，女主人早就在桌子上摆满油炸饼、糖果等食物，并将早已准备好的酥油奶茶双手捧着敬给客人。当客人喝了两杯茶，吃了几口油饼后，主人家的年轻小伙子就开始敬酒。敬酒者事先要整理好衣冠，脱下右衣袖，首先倒一杯酒在地上以示敬天敬地，然后再一一敬给客人，受礼者要用右手中指轻触酒瓶口的酥油以表示受礼。等大家行礼完毕，主人就拿出镶银小木碗斟酒敬客人，敬酒过程中，主人们要陪唱酒曲，让客人开怀畅饮，同时主人还要敬上手抓羊肉，接着用肉馅饺子敬客。女主人自始至终忙碌不止，她们端茶送饭时都要双手高举呈上，敬毕后倒退着离开，不能转身，以示对客人的尊重，等客人吃完饭后还要敬酸奶。

藏族同胞在招待客人时习惯于先饭后酒，敬酒时主人手捧酒杯站在客人面前，唱着劝酒歌弯腰敬献，客人感谢主人的盛情，端起酒碗，用无名指醮酒对空弹三下以示敬天地，然后便一饮而尽，随后帐篷内的男女老幼唱着歌轮番向客人敬酒，这种盛情令客人无法拒绝，只好连连喝干，直至烂醉，“吐天哇地”。

青海汉族在与藏族、蒙古族、土族等各民族长期交往中，待人接物之道深受这些民族的影响，一旦家中有客人到来，也会拿出家中的“高茶贵饭”热情相待。多数人家也会像少数民族同胞一样拿出美酒助兴，一边唱歌一边敬酒，定要将客人唱得大醉才算尽了情意。

由此可见，酒在青海各族人民的生活中为不可或缺之物。据统计，当今青海的白酒人均销售量高居全国前列。这一是因为青海地处高寒地带，喝酒可以御寒，更为重要的一个原因是酒在青海各族人际交往中已成了表示尊敬对方的象征，尤其是在喜庆大事、亲友聚会中，青海甚至有“无肉不成席，无酒不成礼”的说法，酒文化成了青海地区的一道风景线。正如藏族同胞热情的酒曲所唱：“善良人的家里头，茶和美酒宴席上满，歌儿唱了永吉祥”，伴着这样优美的唱曲，有谁能不酩酊大醉，“吐天哇地”！

湟源人有句俗话，说得更为通俗易懂：“酒是礼行的案案儿，仁义的担担儿。”其意为酒是供呈礼和行为的神案，是仁义的担子。故湟源人祭天地祖宗、山主河神、牛王马祖、各路神仙，或举行庙会社火，或为长者祝寿，或婚丧嫁娶，或为儿女做满月、门市开张、破土动工、考上大学等，主人都要备酒，或者亲朋携酒相贺。其敬献礼仪、酒的数量、品位、献酒敬酒、祈祷贺词等，均有一整套程式。有时候，主客对答，妙语连珠，幽默风趣，呈现出独特的文化气息，体现出人与人之间的祝福，人与人的相互关爱，“无酒不成礼”之意尽在其中。在这里的人们看来，“酒倒在石头上，石头也会花繁起来”（花繁，形容活跃之人），也就是说即使是石头般的人也能活跃起来。湟源人还说：“酒怕得曲儿，肉怕得蒜，没牙罐最怕得是搅团。”这是一句很诙谐的

“反话”，喝酒的时候最怕碰上能唱歌的人，碰上了就会没完没了地喝，而青海人喝酒的时候最喜欢唱曲儿，每每喝酒，人们总是放开歌喉，以歌伴酒。藏族、蒙古族、土族等都是能歌善舞的民族，在酒宴上几乎人人都会唱歌，他们总是以歌伴酒、热情待客，唱“花儿”，唱酒曲，歌声不断。河湟地区虽多是汉族，但待客之时也少不了唱曲，有些人家里还会准备好管弦器乐，唱的曲子种类很多，有平弦、小调、乱谈（秦腔）、道情、皮影、“花儿”等，唱词内容也十分丰富，或赞誉古代先贤良将，或唱积善行德、孝敬父母，或是美好爱情、夫妻恩爱，或是兄弟相亲、邻里相善，或是民间传说，或是世上事实，各种事理均可入于曲中，完全根据具体场合随口编唱。

二、“花红彩礼”与高原婚俗

“花红彩礼”实际上是一个古语词，如《小五义·第117回》“怎么硬下花红彩礼，要抢温员外家女儿”，又写作“花红财力”。如关汉卿《窦娥冤·第二折》：“说甚一家一计，又无羊酒段匹，又无花红财礼。”“彩礼”也就是“花红”，是我国传统婚姻中男女订婚或结婚时，男方送给女方的财物，这个风俗习惯古已有之。据《礼记·昏礼》记载：“昏礼者，将合二姓之好，上以事宗庙，而下以继后世也，故君子重之。是以昏礼纳采，问名，纳吉，纳征，请期，皆主人筵几于庙，而拜迎于门外，入，揖让而升，听命于庙，所以敬慎重正昏礼也。”《仪礼》上也说：“昏有六礼，纳采、问名、纳吉、纳征、请期、亲迎。”这就是我国历朝沿袭下来的“婚姻六礼”习俗，也是“彩礼”习俗的来源。其中“纳采”和“纳征”都是男方给女方送彩礼。“纳采”就是“定亲”，即男方家长请媒人向物色好的女方提亲，提亲的时候，男方要拿出近三十种具有象征吉祥意义的礼物送给女方；“纳征”又叫“纳币”，是双方准备举行婚礼之前，男方通过媒人给女方送去的聘礼、聘金，也叫“完聘”“大聘”或“过大礼”，这是

“六礼”中最关键的一环。在这个过程中，所送的全部礼物都要插金花、披红绸，所以又把彩礼称为“花红”。

婚姻过程中需要“花红彩礼”这种风俗，虽然是中国封建社会汉民族的传统礼俗，但是对青藏高原各族影响都很大，至今这里的各民族青年男女在谈婚论嫁的过程中也都少不了这些规程，但“花红彩礼”的内容则不同于内地汉族娶亲所需物品，呈现出独特的地域特点、民族特点。当然，随着时代的前进步伐，这里的婚姻关系早已是建立在自由恋爱的基础上的，藏族、蒙古族、土族青年男女往往相识相恋于赛马会、“花儿”会、灯会等民族节日活动中。

当男女青年相识相恋、有了婚姻意向的时候，首先要去“提亲”，一般是请村中德高望重的男性长者前往：土族人家提亲，男方要备好一副焜锅馍馍（青海小吃，面食）和一副蒸熟的花卷、两瓶酒、一条哈达，由媒人带上前往女方说亲，如果女方父母无异议的话，就会收下礼物，热情招待媒人，并请媒人将空酒瓶带回男方家以示认可。藏族人家到女方家提亲的时候不必带焜锅馍馍和花卷，但必带茶（茯茶）、青稞酒（两瓶）和哈达，酒称为“开口瓶”，一般要在瓶口各塞一枚红枣，瓶颈还要拴上一撮洁白的羊毛，并在中间绾上一结实的疙瘩，以示纯洁的姻缘白头到老，女方家人一看便知其来意，女方无论同意与否，都会热情接待媒人（藏语“玩日玛”），一起饮酒吃饭，但席间却不会提及婚姻之事，随后女方会多方打听男方家状况再做决定，如果应允的话，就会在媒人送来的“开口瓶”中装满麦子，如不同意的话则在瓶内装满豆儿后送到媒人手里，媒人根据瓶中之物就知晓结果了，伤感情的话便不会从嘴里说出来，正因为如此，青海方言中有“成了麦子不成了豆儿”的说法。

青海各族青年在订婚时候“议定”的“花红彩礼”也很有特色。土族彩礼一般是“16～18 匹色布（每匹为 16 尺窄幅布）、银耳坠大小各 1 双、2 顶绒毡帽、1 顶礼帽、2 条彩绸带、2 件布坎肩、褐衫褐褂各1件、布带褐带各1条”①。过去撒拉族“富有的男家可送马两匹或马一匹、骆一匹，如家贫无礼，可用四只小羊抵之”②。蒙古族“花红”一般是一至两件缎面羔羊皮皮袄、一至两件绸子罩袍、一至两件衬衣、一双靴子、一顶帽子（冬天是狐狸皮帽，夏天是红缨凉帽）。当然，无论是汉族，还是土族、蒙古族、藏族、撒拉族，聘礼“花红”中的现金“干礼”都是不可缺少的，具体数目要根据男方家境以及女方父母观念而定。

在“娶亲”的时候，男方还要给女方送去一些特色“花红”。土族人家娶亲的前一天，女方要举行“嫁女宴”，男方要送去三十斤肉（一般是猪前腿和四根肋条）、三瓶酒、两副焜锅馍馍和两副蒸好的花卷。藏族人家嫁姑娘会向男方“要羊禄”，男方要“送羊禄”，即从羊群里挑选一只未超过两岁的健壮而体重的活母羊，并在羊的头颈部拴上大红布条，放到娶新娘的车内送至女方家里，女方家人要在这只羊的身上打上标记后放入自家羊群中，但从此以后要让这只羊享受优于自家羊的待遇，并且不得换掉卖掉，更不能宰杀，要让其自然终老。蒙古族人家举行婚礼的前一天，男方要给新娘送去一匹系有红色绫罗绸缎的坐骑（蒙古语“夏嘎托”），一块象征新人婚姻幸福、地久天长、用五彩丝线编织网袋装好的“骨胶”（蒙古语“佐斯”），以及宰好的整羊、哈达、牛奶等“花红”。

随着社会现代化进程的加快以及人民生活的日益改善，青海各族青年男女婚姻过程中的“花红彩礼”也在不断更新，一些物件也往往被现钞、珠宝等取代。

---

① 《青海民族研究》编辑部《青海土族婚俗文化》，《青海民族研究》1996年第1期。

② 龚景瀚、李本源《循化志》，青海人民出版社1981年版。

三、“扬风夹雪”与“风搅雪‘花儿’”

“扬风夹雪”本是青藏高原常见的一种气象，多在冬季，有时也在深秋或早春时候出现，风雪交加，也叫“风搅雪”。青海人又常用这个词来形容当地的一种语言现象：青海各族人民在使用汉语进行交际的时候，常常是一句汉语夹杂一句本民族语，或者是一句话里既有汉语词汇又有民族语词。这种语言现象，从语言学的角度来看，就是频繁进行语码转换，它是语言接触的结果。青海是汉族、藏族、撒拉族、土族、蒙古族、回族等多民族聚居地，是汉藏语系诸语言、阿尔泰语系诸语言密切接触、相互融合的地方，不同民族语言互相接触、互相影响，导致了青海汉语“扬风夹雪”的独特风格，还形成了高原民歌“风搅雪‘花儿’”的别致韵味。

“花儿”是流行于青海、甘肃、宁夏、陕西等省区各民族当中的一种民歌，是西北地区各民族追求幸福与爱情、表达愿望的一种艺术形式。在青海，“花儿”也叫“少年”，青海人把唱“花儿”说成唱“少年”，有时把唱说成“漫”，所以唱“花儿”也就是漫“花儿”或漫“少年”。一般认为，“花儿”扎根于遥远的年代，成熟于明代，最早与拜神、庙会、祭祀等活动有关，传承至今，可谓历史久远。当然，这种民歌是在汉族民歌基础上产生的，使用汉语进行演唱，但是由于青海独特的人文环境影响，青海“花儿”中有一种“扬风夹雪”式的“风搅雪‘花儿’”，它是居住在青藏高原上的撒拉、土、藏、汉等民族在演唱“花儿”的时候，因受其他民族语言的影响，一方面主词用汉语演唱，另一方面又镶嵌进一些本民族或其他民族的语句、词汇所形成的一种独特的“花儿”。另外，这种独特的“花儿”还会采用一些不同于汉语的句式，形成“主语一宾语一谓语”的独特句式。如：

八国兵围了圆明园，
光绪帝跑了个西安；

天大的祸害我俩儿担，
阿乌俩死时心甘。

这首“花儿”中的“阿乌”就是一个藏语词，相当于汉语的“阿哥”。

上一架高山又一架山，
高山上水没淌着，
美尼格三花嫂，
美尼格明白人，
模样上到你的也有哩，
心肠儿咋到个你哩？
美尼格三花嫂，
美尼格明白人。

这首“花儿”中的第三、四句和第七、八句的前半句就嵌入了撒拉语词语，意思是“我心上的三花嫂呀，我的护心的油啊”。

蚂蚁虫儿两头儿大，
希登你那仁达怀哇，
你十七来我十八，
达活罗赛你达怀哇。

这首“花儿”中的第二句、第四句都是土族话，“希登你那仁达怀哇”译成汉语就是“当中间细得很呐”；“达活罗赛你达怀哇”就是“我俩儿配对嘛美呐”的意思。

因受阿尔泰语系的影响，有不少的“花儿”都是倒装语句，如：

清茶儿不喝了奶茶喝，
渴死了凉水是覅喝；
咋大的亏枉给阿哥说，
千万儿给外旁人覅说。

第一句“清茶儿不喝了奶茶喝”一方面是押韵之需，另一方面也是受阿尔泰语系影响，把“不喝清茶喝奶茶”说成“清茶儿不喝了奶茶喝”，“渴死了凉水是要喝”也是谓语、宾语倒置。

有时候介宾结构也会倒置，如：

烂木头搭下的闪短桥，
你过时牢，
我过时牢哩嘛不牢？
你我哈闪下的这一遭，
我你哈饶，
老天爷饶哩嘛不饶？

“你我哈闪下的这一遭，我你哈饶”这两句中的“你我哈”就是介宾倒置，是“你把我”的意思。“哈”相当于介词“把”。

“风搅雪‘花儿’”中有汉语撒拉语合璧、汉语土族语合璧、汉语藏语合璧等形式，但由于青海高原少数民族中的主体民族是藏族，因此“风搅雪‘花儿’”中更多的是汉语和藏语的语码转换。如：

沙马尕当白大豆，
让套水磨上磨走，
阿若索麻新朋友，
察图尕炕上坐走。

这首“风搅雪‘花儿’”每一句都是汉藏双语合成。“沙马”是“豆子”；“尕当”指“白色”；“让套”是“水磨”；“阿若”就是“朋友”；“索麻”即“新的”；“察图”指“热炕”。①又如：

大石头根里的清泉水，
娃里玛曲同果。
我这里想你着没法儿，
却干通曲衣果。

这首“花儿”中的第二、四两句都是藏语。“娃里玛曲同果”

① 赵宗福《花儿通论》，青海人民出版社1989年版。

中的“娃里”指黄牛，“玛曲”就是黄河，“同果”是“喝”的意思，整句的意思是黄牛在黄河里饮水。第四句中的“却”是第二人称代词“你”，“干通”是疑问代词“那里”，“曲衣果”意为“干什么”，整个句子译成汉语就是“你在那里干什么”。①

“扬风夹雪”的“风搅雪花儿”是青藏高原的一朵艺术奇葩，以其独特的风格深受高原各族民众的喜爱。

四、“乱毛擀毡”与传统手工艺

“乱毛擀毡”是青海方言中经常用到的一个成语，意思是做事的时候大家一起上，齐心协力把事做完，或一致对付某人某事。这个成语的出现与青海地区的制毡业及擀毡工艺息息相关。以前，青海地区天气十分寒冷，受经济发展的制约，用羊毛擀出来的毡子是家家户户都要置办的生活必需品，其作用就是用来抵御冬日的严寒。不管是农牧家庭还是城市家庭，家中土炕上都要铺毡，晚上睡觉的时候盖在身上的还是毡。青海方言里还有一句俗语叫“拉毡嘀被儿动哩”，意思就是甲和乙彼此之间有着千丝万缕的联系，脱不了干系，这个意思的理据就来源于当时青海人的生活必需品——毡。在没有羽绒服的年代，每当严寒来袭的时候，青海人身上不是穿着毡背心，就是穿着毛毡衣服，所以青海的制毡业非常发达。

远在宋朝，西宁城内就出现了手工制作的毛毡，制毡匠人也就应运而生。明清时期，青海民间制毡匠人越来越多。最初，毡匠都来自农村，农忙的时候，他们是农民，要忙着种地、收割，但到农闲的时候，他们就是毡匠，开始制作各种毛毡制品。毛毡制作程序十分严格，既要选用上好的藏系羊毛作原料，还必须要有丰富的制毡经验；既要有技巧，还要有足够的气力。主人家对

① 苏平《花儿的艺术特征及演唱风格》，《民间文学论坛》1983年第6期。

请来的毡匠都非常敬重，除了准备好丰盛的菜肴招待一日三餐以外，晚上的时候还必须温上一壶好酒请毡匠享用，这是一种不成文的习俗规矩。

随着社会的发展，制毡逐渐成为一种行业。1875年，制毡匠人党吉源和女婿王敬德在现在的西宁人民街开办了一家专门制毡的作坊。他们利用当地的羊毛，手工擀制毛毡、鞍鞯毡、毡帽、毡靴等，品种多样并销往省内各地。1912年，西宁人袁文治在互助巷开设了一家专门做毡帽的作坊，他们专用山羊绒、牛毛绒为原料，制作出的各种毡帽做工精细，质量上乘，名气很大，被人们称为“袁毡帽”，他们生产的毡帽远销四川、西藏、内蒙古等地。民国后期，青海商会在西宁成立，商业发展越来越快，制毡品的作坊和店铺越来越多。一些规模较大的店铺会花重金聘用技术高超的师傅，选用山羊绒、牛毛绒为原料制作毡制品，品种也越来越多，有毡帽、毡靴、毡垫，双人毡、单人毡（俗称独睡子）、毡袄（即毡雨衣）、毡裤、毡包等等，而且能够根据不同民族的审美习俗作出不同的样式、图案。譬如毡帽，藏族帽、土族帽、蒙古族帽、汉人帽，各不相同。冬天的、夏天的，新式的、旧式的，无不规整美观。毡帽也是高原各族儿女婚嫁中必须置办的礼品之一。随着市场需求的增多，西宁毡帽做得越来越精巧，越来越美观，闻名一时，远销西藏、四川、内蒙古、宁夏等地。

“乱毛擀毡”之所以能够表示众人齐心协力、一齐上的意思，这与擀毡工艺密切相关。做一条毡，一般要经过备毛、铺毡、洗毡三个阶段。首先要把羊毛分拣出来放在大太阳底下进行曝晒，等羊毛晒干了，再用连枷猛力抽打，直到羊毛散开为止，一些没散开的要用手撕开，然后把散开的羊毛用拧钩拧成长绳再用斧头剁碎，随后再把剁碎的羊毛放在案铺上用弓弦弹，一直要把羊毛弹得十分蓬松才行，等到弹蓬松之后开始铺毡，也就是按照规定的尺寸把羊毛铺在竹帘上面，铺毡的时候要特别细心，铺得要薄厚均匀，铺好后再用压扇把蓬松的羊毛压平，然后洒上热水后再把羊毛连同竹帘卷起来，用橡皮扎紧，再继续揉压，使羊毛黏结在一起，做成毡胚，之后再把竹帘子拆开，把毡胚的四边折起来，之后还要用竹帘子卷起来再揉一遍，最后进行洗毡，洗毡的时候要在毡胚上浇上热水，卷起来用麻袋片裹住，用两条洗带兜住，放在倾斜的木板上，用脚进行登洗挤压，使毡毯不断收缩，让羊毛纤维紧紧黏结在一起，浑然一体，再也撕不开了，这才把它拾掇成规定的尺寸，四周要收拾得整齐方正，正如俗话所说“洗毡不洗毡，全看四道边”。从整个程序来看，就是把洗好了的、乱蓬蓬的羊毛全部按照要求挤压在一起，按照形状黏合在一起，所以用“乱毛擀毡”来表示不分青红皂白一齐上的意思。

随着时代的发展变化，社会经济快速发展，青海各族民众的生活水平、生活方式都发生了很大的变化，传统的制毡行业以及从事制毡工作的手工艺匠人，都逐渐消失在了逝去的岁月里，留存在了老青海人尘封的记忆中，也留存在了“破褐衫上莫放虎皮领，破毡袄上莫饰水獭边”“石头虽小垒成山，羊毛虽细擀成毡”“秋毛擀不成毡，驴毛擀成毡”“擀成毡毡了”（把人制服了）“毡靴里尿尿，热着一会儿”“乱毛擀毡”这些俗语里，留在了“我俩是羊毛擀成的毡，到老是不分开”这样的民歌“花儿”里。

第五节　青海方言俗成语选注

B

病头灾难：多灾多难。

不识火候：①看不清事情的本来面目或事情发生的原因；②不能按事物发展的客观状况来应变。

扁不拉嘴：不正不圆，不规则。

扁塌斯海：形容人坐样不好、缩成一堆的样子。

白刺拉瓜：很难看的白色。

背世旮旯：偏僻的角落。

奁金屙银：有挣大钱的本事。

鞭打快牛：形容干得越快越招人催促。

冰叽哇搭：形容很凉、很冰，让人觉得不可靠近。

冰锅冷灶：寂寞冷落。

C

车到路开：车到山前必有路。

扯皮溜谎：说谎话，不办正经事。

吃食昧食：昧着良心说话，不承认自己干过的事情。

吃梨带把：批评人的时候连带着其他的人一块儿说。

吃穷挖干：开支没有计划，挥霍无度。

茶里调醋：该做的没做，不该做的瞎做。

拆桥断路：过河拆桥。

龇牙咧嘴：①形容人笑的样子很不雅；②指人说话带刺或恶声恶气。

眦眉瞪眼：表示不满，不愿意或无动于衷。

呲毛害呆：着装不利索，头发乱糟糟的样子。

称平量足：做买卖时很公平。

叉拉八拉：凑凑活活，将就。

痴不楞腾：做事慢慢腾腾、不在乎的样子。

绌绌溜溜：做事不光明正大。

绌绌塌塌：说话不正大光明，鬼鬼祟祟耳语的样子。

寸草藏身：条件不具备的时候，一寸高的野草也是藏身之处。

财迷转向：贪财。

D

打牙拌嘴：互相争辩。

大模式样：目中无人，不尊重他人或没教养，不懂礼貌。

大模大样：干事说话不知道分寸，大大咧咧。

跌跤爬步：行动艰难。

跌脚绊手：碍手碍脚，妨碍别人办事情。

跌脚绊坎：指跌跌撞撞、站立不稳的样子。

跌脚马跨：走路不稳的样子。

跌尔昧失：做事毛糙，不踏实。

得尔埋食：不庄重的样子。

得儿迈势：①不知分寸、放肆；②不以为然，缺乏责任感。

碟打碗响：比喻生活中免不了一些小矛盾的发生。

登云驾雾：腾云驾雾。

点到奉行：指到谁就是谁去行动。

点点麻兮：星星点点的样子。

肚饱眼馋：形容贪吃者。

E

二仰麻搭：形容说话办事马马虎虎、心不在焉的样子。

二不愣登：指莽撞而又傻里傻气的人或言行。

二二斯斯：形容态度冷淡、爱答不理的样子。

F

翻箱倒柜：彻底检查。

翻里翻面：里里外外地寻找。

翻遍世界：是形容翻箱倒柜地四处寻找东西。

疯疯势势：疯疯癫癫，不稳重。

疯张冒失：指行动张狂很不稳重的样子。

G

隔河堵水：①舍近求远；②隔靴搔痒。

隔三见五：每隔几天来一次，经常。

隔二偏三：偏远，不方便。

高茶贵饭：形容主人对客人的盛情招待，用了最好的茶、最好的饭菜去招待。

高三搭四：说话不稳重。

高塄跔坡：沟沟坎坎，不平整。

高吊横八：指衣食无着。

高灯低亮：高处点灯照亮了低处。

干死噎活：吃干粮不喝水的状态。

尕叽麻搭：东西很小，让人看不上眼。

疙疙瘩瘩：比喻人与人之间有隔阂，不能真诚相交，也可以指人的心中有郁结，不畅快。

疙瘩洼什：用于形容人的脸上长了很多疙瘩，不美观的样子，也可以形容路上石头太多、不平整。

疙瘩累赘：不平展。

拐里拐搭：弯弯曲曲，不直截了当。

鼓眉瞪眼：横眉竖目，不听指挥。

狗脸亲家：两人之间的关系时好时坏。

规矩麻拉：规矩之类。

沽汤抹水：喝得很多。

H

喊天吆地：形容大喊大叫。

喝神断鬼：对人说话时恶声恶气，不加节制地大声喝斥。

豁胸朗腔：衣冠不整、敞胸露怀的样子。

黑眉糊脸：暗得或抹得无法看清，难以分辨。

黑洞马虎：很黑，看不清楚。

黑漆挖缺：又黑又脏，黑得让人难以接受。

黑麻咕咚：指非常的黑，伸手不见五指。

黑揣黑摸：在黑暗中拿东西。喻指做事不了解情况，瞎干一气。

黑不愣登：很黑，不美观。

黑煞捂道：满面怒容的样子。

花儿炮仗：不知节俭，花光用光。

红不及及：红得不好看，让人感到恶心。

黄不下下：病态的黄，多形容病人的脸色很难看。

灰不绌绌：一种陈旧的灰颜色，看上去让人感觉不舒服。

花红彩礼：喜事上送的礼物，尤其指婚礼上送的礼物。
狐群狗党：坏人集结为一伙。
昏头胀脑：头脑迷糊。
昏三楞四：昏头昏脑的样子。
胡子麻茬：满脸胡子，乱糟糟的样子。
黄皮拉夸：让人不喜欢的黄色，诸如脸色发黄。
好门端端：好端端。
好眉端端：好端端。
滑稽娘腔：声音很怪。
忽雷闪电：又是闪电，又是下雨，喻声势很大。

J

精打连身：只有一个人。
紧打慢敲：催促。
藉水调泥：靠别人的水调自己家的泥，喻指找机会办事情。
脚奓手扬：动手动脚，含有挑衅意。
脚大面丑：形容女子长得很丑，没有好看的地方。
见祭而孝：丧事上来祭奠的人都要给孝布。

K

空奓手儿：什么东西也没拿。
开肠拔肚：推心置腹。
开心见肠：把心里话都说出来。
靠山吃山：有什么环境就在什么环境下生存。
刻卡二五：办事干脆利落，相当于普通话的三下五除二。
克七麻叉：大刀阔斧。

L

溜尻顺情：拍马屁，也作“溜尻子”。
烈马悬蹄：比喻情况十分危急。
楞楞睁睁：迷迷糊糊、呆头呆脑的样子。
连明昼夜：即不分昼夜的意思。

乱猫窜毡：纷纷拥上，就像群猫跳上毡片乱踢乱蹬。

乱毛擀毡：喻指众人对付一个人。

拉账垒债：借债出利息或欠账多的意思。

立功把夫：专门抽出功夫侍候人或做事。

立马打将：立刻行动。

隆咚风响：形容来势很猛，响声很大。

赖里赖呆：不整洁、不利落。

两头三绪：头绪太多，顾不过来。

领头猸狷：喻指带头人，贬义。

连毛带草：好坏不分。

驴瘦屁多：讽指有些人在人们需要他出力办事情的时候总是说自己很忙，以此来推脱。

绿不及及：绿得不好看，让人见后不舒服。

脸红耳奓：相当于普通话的面红耳赤。

零散八碎：零零碎碎。

蜡渣儿黄：形容黄的程度很深，像蜡渣一般。

老古当麻：过去的事情。

老模咔嚓：很苍老的样子。

龙口夺食：麦子成熟的时候要抢收。

M

忙三倒四：形容忙得不可开交的样子。

明儿溜光：干净、明亮。

没高老低：说话时不分时间、场合、对象，在长者、领导面前语出不敬。

没天谋量：没有把握。

毛草百姓：没有任何头衔的人，普通老百姓。

猫儿漆喇：动手动脚，让别人很烦。

迷叽亥台：形容人很糊涂，不精明。

暮暮丫丫：隐隐约约，模模糊糊，看不清楚或听不清晰。

懵头懵脑：突然遇事，反应不过来，呆头呆脑的样子。

N

拿文举式：装模作样。

挼破揉碎：详详细细地说出来。

泥叽亥台：形容地上稀泥很多，或者衣物上糊了很多的泥浆。

牛角拐棒：硬的东西。

囊气皮胎：受气的人。

蔫头耷脑：萎靡不振、没精打采。

年头节下：逢年过节。

孽障拉拉：指人极为穷困、可怜的样子。

P

秕谷乱麻：形容琐碎、杂乱。

皮不愣腾：办事不积极，教育后依然如故。

屁谎骆啜：尽是谎话。

盘膝打脚：指盘膝而坐。

攀高接贵：攀高枝。

泼皮大胆：像泼皮无赖一样的胆大妄为。

嫖风大浪：寻花问柳。

Q

青皮浪江：轻浮、不庄重。

强霸为王：依势逞强霸道。

七青八白：形容种类很多。

七高八低：有的高，有的低。

漆漆唰唰［ts‘uā］［ts‘uā］：对他人动手动脚，进行骚扰，自己不安静搅得别人也不得安宁。

浅看势量：小看别人。

R

日急慌忙：急急忙忙。

日鬼弄棒：不干正经事。

日鬼捣搅：意同“日鬼弄棒”。

乳牛尿多：讽指有些人废话太多。

然麻咕咚：指说话办事不利落。

肉头肉脑：肥胖、行动迟缓的样子。喻指犹犹豫豫、拿不定主意的人。

S

死眉瞪眼：没精打采，待人不热情。

死皮顽肉：指那种不接受教育、顽固不化的人。

死乞白赖：软磨硬泡的样子。

死不愣登：为人很死板，不灵活。

使性拌气：找茬儿发脾气的意思。

什的麻搭：对做什么要求不高、做事马虎。

四离五散：四分五裂。

实抗量出：料定别人没有足够的资本、能力。

说神鬼到：①事与愿违；②巧合，正谈论某人，某人恰好来到。

说古今儿：讲故事。

三拧四歪：东倒西歪。

三架四靠：你推我，我推你，谁都不愿意承担责任。

三槌两棒：做事干脆利索。

松皮捞亥：不紧凑、松散。

臊名臊姓：所做之事败坏名誉、辱没家声。

臊浪达及：纠缠不休，没完没了。

撕袍挖脸：指打架时翻根揭底。

松皮塌海：松松垮垮、不紧凑的样子。

搜儿捣腾：仔仔细细地寻找的意思。

撒皮溜谎：意为撒谎、耍无赖，不说真话。

撒皮赖五：同“撒皮溜谎”。

上头上脸：恃宠撒娇，没大没小。

瘦眉枯踹：很瘦弱的样子。

少条失教：没有教养。

水湿污脏：浑身湿漉漉、脏兮兮的样子。

T

停停脱脱：精干、利索、大方的样子。

抬脚割掌：别人刚抬起脚就去割取人家的鞋掌，喻指巧取。

吐天哇地：形容呕吐得很厉害。

贴心挨肉：关系密切。

W

五黄六月：指六月份麦黄大忙季节。

忤逆不孝：儿女对父母不尊敬、不赡养。

外憨内奸：表面憨厚，内心奸猾。

挖肉补疮：拆东墙补西墙。

X

闲言淡语：说他人的闲语，对别人冷言冷语。

稀里打哄：稀里糊涂地过日子。

稀屎害肚：喻指做事不利索。

心慌毛乱：心里慌乱。

心好意长：指心地善良，有情意。

瞎皮烂蒜：不值钱的东西，不好的东西。

瞎眉失眼：走路或干活不看左右，以致撞了人或打碎东西后所受到的责备语。

虚不吃吃：空虚、松软的样子。

心急耳烧：非常着急。

吸冷发热：发烧怕冷的意思。

乡党陆亲：左邻右舍、乡亲等。

斜三顺四：乱七八糟、不整齐的样子。

Y

永世千年：永远、终身。

哑迷静悄：不说话，静悄悄的。

焉不拉嘴：不正不圆。

一忙八紧：一旦紧急的情况下。

一个二个：①相继、陆陆续续；②指范围，都。

一点半个：常用于万一或少量时。

一浑丝拉：喻吃什么或用什么不选择、不挑拣。

以马代丁：过去以马匹代替壮丁。

硬极拐棒：很硬、不软和。

硬其垮喳：很坚硬、不柔和。

由马信缰：任意行事，不守规矩。

由理霸道：蛮横，不讲理。

佯装不知：故意不理睬。

仰拉斯海：仰卧、半躺半靠、歪歪斜斜的样子。“仰”即仰卧，“拉”即平躺之意。

仰儿麻搭：同“二仰麻搭”。

扬风夹雪：风雪交加。

阳凹旮旯：角落儿。

眼泪帕渣：眼泪汪汪的样子。

摇鞍动马：喻指做事情很费周折。

野狐加狼：狼狈为奸。

摇三慢四：说话没分寸。

油叽亥台：很油腻，让人难以接近。

言不二价：一口价，不讨价还价。

噎死馕活：吃饭很急的样子。

Z

挣死扒命：比喻不要命地干活。

整功破夫：花费了全部功夫、时间。

栽跟搭头：走路不稳。

嘴秃言短：说话不利索

张眉瞪眼：呆板、不精明。

贼打火烧：事情很紧急。

肿眉塌眼：眉青眼肿的样子。

脏叽亥台：形容人或物很脏。

脏叽麻搭：形容很脏的样子。

战战煞煞：①战战兢兢；②小气、吝啬。

走花溜水：①指花言巧语哄骗他人；②言语轻佻、吹牛说大话。

左五右六：身边跟随的人很多，前呼后拥的样子。

第七章 青海方言俗语的民族性与地域性

语言中的语汇，是社会信息的贮存载体，反映了丰富多彩的社会生活，记录了一个社会、一个民族、一个地区发展变化的轨迹，呈现出浓郁的民族性与特殊的地域性。而方言俗语作为语汇的一个重要组成部分，它在人们熟知、熟用的过程中逐渐获得了与一般语句不同的个性，它与民间的风俗习惯、社会的观念和时尚以及一定时期、一定民族、一定地域的文化表现，都有着密切而深刻的关联。可以说，语言中最能充分反映丰富民俗内容、最具有民族性和地域性的，就是语汇中的方言俗语。

第一节 青海方言俗语的民族性

民族性是指为某一民族所独有的东西，也就是特定民族所独有的思维方式、智慧、世界观、价值观、审美意识、情感表达等因素。特定民族的特征是从形式到内容的各个方面表现出来的。从形式特征方面看，民族的人种（如肤色形体等）、服饰、饮食、生产方式、语言、风俗等，这些都是自然形成的或者遗传的。从更深层的内容来看，民族的世界观、信仰、思维方式、宗教观、价值观、心理结构、民族认同感等，这些因素则是在长期的日常生活中逐渐形成的，有很强的稳定性。实际上，民族的形式和内容上的特点都会在俗语中有很明显的表现，每一个民族都有自己的俗语体系，各地的俗语则更深地打上了当地各民族文化的烙印，表现出鲜明的民族性特征，正如青海谚语所言："民族不同，像杂色的马毛；想法不同，像尼泊尔的花布。"

一、高原各民族物质文化与青海方言俗语

青海方言俗语数量多，内容丰富，具有独特的文化渊源和悠久的历史，呈现出鲜明的民族特色。世居青藏高原的藏、回、撒拉、土、蒙古以及汉等民族的文化都或多或少凝聚和积淀在了青海俗语之中，丰富了青海方言俗语的内涵。

在人类社会发展的历程中，各个族群因生活环境、宗教信仰的不同而形成了适应特定环境的各有特色的文化。物质文化是文化的基础部分，主要包括人类对自然事物和衣食住行等所赋予的特定意义。

衣食住行是人类日常生活中必不可少的、最基本的四种行为。在《礼记·礼运》里说："夫礼之初，始诸饮食。"司马迁在《史记》中也指出"谣俗被服饮食，奉生送死之具也"，也就是说服装和饮食对于活着的人和死去的人都非常重要，生者和死者都需要。考察青海方言，其中也有不少反映高原人民衣食住行等物质生活的俗语。

1. 饮食习俗

青海有句谚语"鱼离水不能活，人离食不能生"，在物质条件较为贫乏的青藏高原，人们对食物的认识更为深刻。青海各民族有不同的食品种类、不同的炊具材料、不同的制作方式以及不同的饮食习惯，它们对当地居民的俗语产生一定的影响。

青海世居少数民族中，藏族不仅人口最多，居住区域也最大，他们的饮食习俗对青海方言俗语的影响是不容忽视的。自古以来，藏族农牧民以糌粑为主食，其主要原料是青稞炒熟后磨成的粗面粉，做成糌粑时还要加酥油、曲拉、糖等材料，吃起来酥软可口，既有酥油的芬芳，又有曲拉的酸脆，还有糖的甘甜，营养十分丰富，在藏族的日常生活中起着很重要的作用，所以藏族

俗语中有“二两下肚，一天不饿”的说法，这里的“二两”就是指二两糌粑。在青海方言俗语中有很多与糌粑及糌粑原料青稞、炒面、酥油等有关的说法：

（1）谚语

马莲编成磨，收拾种青稞。

糌粑嚼细了再咽，话想好了再说。

一碗糌粑千颗粮，一块酥油千滴奶。

没有章法的男人说话重复多，懒女人磨的炒面要返磨。

炒面在碗里，办法在心里。

麦茬地里种青稞，婆娘娃娃养不活。

牛皮袋里的酥油香，辫辫夫妻的情意长。

蜜糖虽然甜美，还是糌粑经吃。

糌粑吃多了自己伤胃，父母说多了儿女伤心。

……

（2）歇后语

阿卡拌炒面——自有拌（办）法。

炒面捏娃娃——熟人儿。

迎风吃炒面——张不开嘴。

吃炒面没水——干丢。

青稞面打浆糊——不粘。

……

青海方言俗语中，不仅谚语、歇后语中留下了糌粑、炒面的痕迹，在其他的俗语中也是如此。人们普遍认为青海话有炒面味，因此称之为“炒面话”。青海人学普通话时，方言土话丢不干净，人们就会说他“把皮袋口口没扎紧，炒面渣渣胡溅！”，也就是说“炒面”味丢不掉，乡音难改。由于青海过去生产条件太差，不仅藏区农牧民以糌粑为主食，即使是从外县来西宁上学的学生，当时也是“早晨是茶炒面，晌午是炒面茶，后晌里改个样，炒面疙瘩锅里下”，所以直接把青海人戏称为“炒面头”，哪怕是上过京中过举的诗人，也被人戏称为“炒面诗人”，如湟中县的诗人李焕章就有这种“雅号”。李焕章出生于今湟中县的刘家堡村的一个农家，祖辈家境殷实，父辈家道中落，但父亲坚持让他到湟中书院读书，读书时“食品只有炒面而常虑不足”，人们戏称他是“炒面秀才”。光绪二十九年（1903 年）考中举人，成为了青海历史上最后的一位举人。李焕章诗情横溢，写了不少歌颂青海风光、反映青海社会生活的诗文，被戏称为“炒面诗人”。

茶在藏族人民的日常生活中是必不可少的，饮茶是藏族人民的一大嗜好，藏族素有“好马相随千里，好茶相伴终身”“宁可三日无粮、不可一日无茶”之说。之所以如此喜好，这与过去藏族饮食习惯有关。以前青海藏族，特别是游牧民，他们的主食除了牛羊肉就是糌粑，很少吃到蔬菜和水果一类碱性食品，体内酸性浓度很高，需要用茶来进行综合，有了“一日无茶则滞，三日不饮则疾”的认识。其实，藏家一日三餐都不离茶，早晨一起床便要喝早茶，要“朗加”，吃“哆嘛”；十点左右又要喝奶茶、吃糌粑；到了晚上，全家人还要围坐在炉边喝茶聊天，正所谓“汉族饭饱腹，藏家茶饱肚”。

藏族饮用的茶除了清茶、奶茶、酥油茶、甜茶外，还有牛油茶、糌粑茶、面茶、骨汤茶、都玛茶和核桃茶等。青海俗语中除了有“好马相随千里，好茶相伴终身”“宁可三日无粮，不可一日无茶”的说法以外，还有许多关于茶的说法，譬如：

（1）茶没青盐水一般，人无钱财鬼一般。

（2）话说三遍淡如水，茶滚三遍没颜色。

（3）正做的不做，茶里头调醋。

（4）茶饭看的饼饼儿，针线看的纽门。

（5）卖油茶看戏——离乎（壶）。

（6）灶火门上炖茶——尕将凑。

(7) 茶壶里倒扁食——肚里有嘴里出不来。

(8) 没把把茶壶——剩着一张嘴。

(9) 没有谚语说不好话，没盐的茶水难喝下。

……

青海人喝的茶与内地人喝的茶不同，在茶内可放食盐，这种茶叫熬茶，又叫罐罐茶，它是用小砂罐在火盆中，或利用做饭烧火时，在灶火门口熬出来的，所以青海方言中有条歇后语叫“灶火门上炖茶——尕将凑”，因为“熬茶”应该是在锅里慢慢地熬煮，歇后语说“灶火门上炖茶——尕将凑”，也就是不正规，所以用它来形容做事情勉强、凑合。

其实，茶不仅仅是青藏高原藏族的生活必需品，还是青海各族人民共同的生活必需品，各族婚嫁活动中都要把茶作为不可或缺的礼品，形成了“提话茶”“头回茶”“二回茶”“定茶”的规矩。自古以来，通过“唐蕃古道”进行着“茶”和“马”的交换，形成了著名的“茶马互市”，现在青海境内四季不衰的茶园经济与此也不无关系。因此，在青海人的口头语言里保留了许多与茶有关的说法，如“正做的不做，茶里头调醋”“茶饭看的饼饼儿，针线看的纽门”“卖油茶看戏——离乎（壶）”“灶火门上炖茶——尕将凑”“茶壶里倒扁食——肚里有嘴里出不来”等。

长期以来，受自然环境和生产方式的影响，牧区蒙古族和藏族一直从事畜牧业生产，牛羊肉是他们的主要食物。即使到了今天，饮食结构、饮食习惯都随着社会的变革而发生了深刻的变化，但肉食仍然是牧区群众的主食之一。尤其是羊肉，不仅是青海藏族、蒙古族招待客人的平常食品，而且已经成为了全国各地回族、撒拉族在大中城市清真饭庄里的一种时兴的、必不可少的清真美食。尤其是“撒拉手抓宴”，更是集多种烹调技艺、各种食物于一体的宴席，还要以多种小吃、菜肴、食品相配，规矩道道很多。正因为如此，青海方言俗语中才有“吃肉了吃个手抓，喝酒了喝着吐下”的说法，也就是说吃肉就要吃手抓，只有吃了手抓才能叫做吃肉。除此以外，青海俗语中还有“老嘀老，刀刀；破嘀破，靴靴；瘦嘀瘦，羊肉”“吃羊肉不吃蒜，味道减一半”“冰茬猸犸草芽鸡，八月的绵羊宰着吃”“炒羊肉下挂面——将凑到场”“七月二十二，羊肉胡茄儿”等与羊肉有关的说法，反映了羊肉与青藏高原各族人民日常生活的密切关系。

2. 民居习俗

居住是人类在一定地理环境中寻求生存的首要条件。我们的祖先有过穴居的历史，也有过巢居的日子，后来才有了房屋。但房屋和房屋不同，有茅廊草舍，也有雕梁画栋。青海的民居则因地理环境、民族习俗的不同而形成了独特的风格，独特的居住习俗。

青海方言中有这么一条谚语：“靠上个大墙好盖房，大墙倒掉盖不起房。”这条谚语就与青海农村汉族和回族的房屋建筑特点有关。青海回族的居住情况与当地汉族基本相同。回族的城镇住宅一般是土木结构，有一种住宅叫“楼院”，因院内的一面或数面修有楼房而得名。乡村住宅多数是四周筑有高墙的独居院落——庄窠，它是一种被高原的土筑墙包围的院落式民居，除了唯一的大门之外，庄墙没有其他出口，房屋用木构架承重，黄土屋面，大多数都是将屋梁、椽子担在四面土墙上修成的，因此叫“土担梁”，也正因为如此，青海话中就有“靠上个大墙好盖房，大墙倒掉盖不起房”之说。“土担梁”房子屋顶平坦，不挂砖瓦，只上一层厚厚的房泥，房泥是用草和泥调和而成的，所以青海方言中有一个成语叫“借水调泥”，意思是借别人的水调自己的泥，喻指借机行事。这里的“调泥”就是指调和稀泥和草泥。回族庄窠内一般设有居室、沐浴房、草房、牲口棚、厕所等，院内空地种菜种花。庄窠的大门是主人财力的象征，有财力的人家修砖大门，无财力的就修土大门，所以过去青海有“砖大门对砖大门，土大门对土大门”的说法，这种说法正是男女婚嫁讲究门当户对的形象描绘。汉族过去在庭院中设有“中宫”，是在庭院中用砖或土块砌成的一个高约1.5米、边为30厘米的长方体神龛，神龛的上端是一间40厘米见方，小巧玲珑的微型小庙，用来供奉土地爷，因此青海方言中有一条歇后语叫“土地爷的庙——上下一间”，意思是只有一身衣服，没有多余的，比喻穷困到了极致。另外，青海回族在分布方面具有“大分散小集中”的特点，也就是说回族喜欢集中居住在一定的村子或者集中居住在一定的地段和街巷，自居一边，与同族人为邻。这种分布既与日常生活宗教活动的开展有关，同时也与过去青海回族近亲结婚、亲上加亲的宗族关系相联，正如青海俗语所言：“老回回的亲，苦紫苑的根。”

撒拉族的居住形式以庄窠为主，庄窠的房屋结构、庭院布局与回族基本一致。撒拉族的民居是“聚族而居”，“孔木散”是撒拉族最基层的社会组织之一，一个“孔木散”就是一个姓氏，譬如科哇庄有四个“孔木散”，主要姓氏为闫、童、沈、马。撒拉族“孔木散”中以韩姓为最多，所以俗语中有“十个撒拉九个韩”的说法。旧社会，循化撒拉族社区有“工”的称呼，也是一个组织单位，其地域比村庄略大，历史上撒拉族社区有“十二工”“八工”和“外五工”的说法，这些“工”分布在循化、化隆等县城，因此青海方言中又有“撒拉八工外五工，街子工有头人哩”的说法。

土族的居住也是以庄窠为主，但具有浓厚的宗教色彩。庄廓的正中方位设得有“中宫”，“中宫”内放得有“宝瓶”，那里是不能让别人踩踏的地方。为了避免人们踩踏中宫，其上要砌花坛，花坛之上还要设焚香用的小桑炉，坛中要种植花草，一般都要种牡丹花。土族人家十分喜欢牡丹，屋子里面常以牡丹图案进行装饰。他们把牡丹看作是月亮的女儿，认为牡丹是吉祥的象征。一进土族院门，正房堂屋迎面就放置的是绘有牡丹图案的大红面柜，厢房内也是绘满牡丹的壁柜，房屋中许多木刻的图案也是以牡丹为题材的，所以青海俗语中有“土族人家满眼是牡丹”

之说。

二、青藏高原各民族精神生活与青海方言俗语

青海虽然远离我国政治经济文化的中心，但是这里的人们精神文化生活并不匮乏，每一个民族都有其独特的文化，而且在长期的生活、生产实践中，形成了相同、相近的生活信条。这些认识、生活观念有的是用谚语表达的，有的是用格言表达的，也有的是用成语、歇后语表达的，以俗语的形式广泛流传着，其中一些特别精彩的句子不仅成了一些人的座右铭，作为人们的处世准则，一生谨守，而且还是人们交流思想、表达情意不可或缺的语言材料。

1. 道德观

德作为教化之首，不仅是一种社会约束力量，还是做人的基本标准。中国旧知识分子有三立——立德、立功、立言，其中德位于首位，知识分子一生奋斗目标的“修身、齐家、治国、平天下”中的“修身”也是修自身在德方面的涵养。今天，“德”仍是做人的基本标准，强调的也是德才兼备，正如青海谚语所云“天地德大，日月光大”。当然对于不同的人而言，道德要求是不一样的，君有君德，臣有臣德，老百姓有自己对道德的认识。

青海虽是多民族聚居地，也是多信仰之地，但是天道向善，追求正直、善良、纯洁，反对邪恶，这是各族人民共同的道德准则。在老百姓眼里，德是很具体的东西，就是“不做亏心事”，不能丧天良，是助人为乐，行善积德。正因为如此，青海方言俗语中保存了大量的青海各族人民在这方面的认识，如：

青海藏族人民说：

头人心善部落安，父母慈祥儿女乐。（旧社会谚语）

马要烈，人要正。

树歪枯疤多，人正是非少。

心地要正直，肚肠要干净。

活着心地纯洁，死了骨头清白。
品行端正像箭杆，心地纯洁像海螺。

青海撒拉族人则说：
人心坏，比狼凶；人心好，比金贵。
人心不公道，不如狗尾巴。
好事紧办，坏事避远。
树直用处多，人直朋友多。

青海汉族人说：
害人的人儿终害己，会水的鱼儿浪打死。
起心害人，反害自身。
做点好事千年在，做点坏事万人恨。
忠厚自有忠厚报，豪强一定受官刑。
天凭日月，人凭良心。
人心要实，火心要空。

这些俗语反映了青海各族人民追求公平公正、善良纯洁、行善积德的思想，体现了青海各族纯朴厚道、惩恶扬善的高尚情怀，正如青海俗语所言“人眼不开，天眼开着”“荒年一时，话把一世”，前者意思是说人间的不公正，天会给以公正。这种说法虽然有迷信的成分，但所阐释的道理都是人们追求公平公正的体现。后者的意思是说饿殍遍野只不过是一时之间的现象，而人一旦做了不善之事，落下的坏名就会伴他一生一世，永远也洗不清。这是从道德上对人的消极的约束，也是从积极的方面规劝世人要从善如流。

讲诚信是中华民族的传统美德，《周易·乾·文言》说：“君子进德修业。忠信，所以进德也，修辞立其诚，所以居业也。”这里的“修辞”涉及面很广，其中有一点就是“立言”，也就是讲话，在儒家看来，一个人的言谈、立言都是与儒家道德和功业密切相关的，而“立其诚”就是“立言要重在诚”，“诚”就是诚恳、诚实。这种观念也深深地植根于青藏高原各族人民心中。青海汉族人说：“一句谎言失了信，千言万语说不清”，“谎言犹如断尾鼠，一提就叫人反胃”，“生的吃不得，虚的说不得”，他们用“昨晚夕说下的走兰州，早起里还在炕角头”来讽刺那些说话不算数、不讲信用的人。青海各族对说假话的人都是深恶痛绝的：土族人说这种人是“空谈起来比卦师还能，实干起来比驴还蠢”；藏族则说他们是“口在美谈，心在拐骗”；蒙古族说这种人“本来是梦，却说是真；本来是邪，却说是正”。

老百姓不仅反对大话、假话，对那些添油加醋、说三道四的闲话也很憎恶：土族人把这种闲话斥之为“山坡野洼，说的是闲话”；回族群众叫做“拉猫儿时毡动弹哩，一句话把心气烂哩”；藏族说“四方嘴巴是惹祸之门，结果却成了砍自己生命的斧头”，“口疮难医，手疮易治”（喻指恶语伤人比刀割还厉害），“话比乳酪白，心比刺儿尖”（喻指嘴上说话好听，内心却狠毒）。正因为各族人民对谎话“假话、闲话”野话都很反对，所以人们提倡要讲真话，讲实话，认为“老羊皮穿着隔风，老实话说着受听”，要求人们“一是一，二是二”。

青海人对那种当面是人、背后是鬼的两面派深恶痛绝，土族人称这种人是“当面野狐背后狼”，蒙古族形容为“甜言如绸缎绵柔，黑心比荆棘还要尖利”，回族人说这种人“人前头握手，人背后踢脚”，撒拉族说这种人“人前头漫（恭维）着哩，人后头捣（挑拨）着哩”，藏族人说“脸转过时双面法鼓（喇嘛念经时敲的鼓），脸转正时三棱橛子（佛教的金刚杵）”。可以说每个民族对这种人的行为都有着清醒的认识，而且把这种认识通过本民族特有的表达方式总结了出来，传之后世，警醒后人。

2. 团结互助、广交朋友

青藏高原是一个多民族聚居地，曾长期处于分裂割据、动荡不安的局势，加上特殊自然环境条件的限制，社会生产力十分落后、生活水平低下，生活在这片神奇土地上的各族人民都深刻认识到了团结互助、和睦相处的重要性，从而总结出了统一则兴旺、分裂则衰落的人生经验，并且通过俗语的形式代代相传，教育子孙后代。这里的藏族同胞说“珍珠玛瑙不算贵，团结和睦价更高”，也就是说在日常生活中，珍珠玛瑙之类珠宝可有可无，而友爱却是绝不可少的。他们还说“一根木杆支不起帐房，一粒粪蛋烧不滚茶水”“众人之中智者多，森林之中禽兽多”。撒拉族人说“一根柴难烧着，单个人难富裕”“人和能成事，流水可移山”“一根筷子易折，十根筷子难断”；蒙古族同胞也认为“一丝毛成不了头发，一棵树成不了森林”；居住在互助县的土族则说“一颗儿粮食磨不成面，一块石头砌不成墙”“喷出的泉水压不住，众人的力量挡不住”；汉族则说“一人一双手，做活没帮手；十人十双手，拉着大山走”“只要人手多，牌楼搬过河”“百人百心事难成，万人一心土成金”。回族则说“回汉一条心，黄土变成金”“回汉是两教，理是一个理”。这些俗语从不同的角度鼓励人们要同心同德、团结互助，认为只有这样方能产生巨大的力量和无穷的智慧，最终战胜困难，过上幸福的生活。

作为人，不仅具有自然属性，同时也具有社会属性。我们每个人都生活在各种各样的社会圈子里，要与各种各样的人打交道，人生在世要想维持生存，就需要他人和社会的帮助，需要“维人”择友。正如回族谚语所言“走不尽的路，维不尽的人”。河南县蒙古族人民口头中也流传着这么一条谚语“朋友多了，心胸像草原一样宽广，朋友少了，眼界像手心一样狭小”。青海藏族也是非常热情好客的民族，他们把客人的到来当作是荣耀和骄傲，因此在青海藏区流传着“孔雀是森林的装饰，客人是帐房的光彩”这样的谚语，还有“上门都是客”“客来了，福来了”的说法。

中国古代有许多关于朋友之道的佳话，比如伯牙和钟子期“高山流水赏知音”的故事，青海曲艺平弦中的《伯牙抚琴》和

《伯牙摔琴》中有“摔碎瑶琴凤尾寒，子期不在对谁弹？春风满面皆朋友，再访知音难上难”的唱词，青海人感于此而提出了“栽树要栽松者，维人要维君子”的择友观。那么如何才能维到君子呢？撒拉族人说“人生难得一知己，千古夙愿最难觅”，真正难得一知己，所以“擒鸟须探巢，交友要问根”，在结交朋友的时候一定要探根究底，要看其先人是否正直，他本人是否良家子弟等，因为他们认为“近墨者黑，近白者素”“跟狗吃屎，跟狼吃人”“上游不清下游浑”。藏族同胞则说“相马看口齿，交人摸心底”“石头不当枕头，狼羊不成朋友”“一个敌人嫌多，百个朋友嫌少”“朋友越多越好，敌人越少越好”。青海汉族则认为交友需从自己做起，任何时候都要把朋友的事情放在第一位，“宁扶别人的水缸，不扶自家的油缸”，“对自己要窄，对别人要宽”，对待朋友一定要真心实意，“维人维实心、尊人尊自己”，“朋友间说不得假话，眼睛里容不得灰砂”。

朋友有各种类型，但是“相识满天下，知心能几人?”生活中更多见的是“野狐加狼”的“狐群狗党”，时好时坏的“狗脸亲家”，当面一套背后一套的“唱花脸”之人，有些人是“老兄叫得响，抬脚就割掌”（回族语），有些人“人前是雪莲花，人后是白刺桠”，“把别人的东西看成是石头，把自己的东西当成是黄金”（藏族语）；有些人专在“伤口上撒盐巴”，“肿块上放拳头”（蒙古族语）；有些人忘恩负义，“吃了樱桃拔了树，过了黄河拆了桥”，“用着时拉在怀里，用不着时推到崖里”（回族语），把朋友用完后就当作“用罢的木锨门背后立”（撒拉族语）。对于这样的一些人，青海各族人民都是深恶痛绝，认为不可交往。这里的人们更推崇的是君子之交，认为真正的友谊一定要经受时间的考验，“淡淡长流水，酽酽不到头”；要知恩图报，“热了要忘衣裳，饱了要忘干粮”；对人要以礼相待，“相见一礼，亲如知己”，要以柔克刚，“人柔和是维人哩，土松是渗水哩”（撒拉族语），只有这样才能维到真正的朋友。

3. 孝敬父母、尊崇长者

青藏高原各民族有着悠久的敬老、尊老、爱老传统，千百年来在长期的社会生活中，这里的各族人民都把尊崇长辈、孝敬父母当作衡量人们道德品质好与坏的一个重要标准，尤其是对父母的尊重与孝敬。藏民族当中流传着许多关于孝敬父母的谚语，如“乐在父母膝下，温暖在阳光底下”“哈达最圣洁，母爱最纯贞”“世上纵有大慈大悲的菩萨，也比不上慈祥的母亲”“搬圈不如贮青草，崇佛不如敬父母”“靴子虽破，穿着腿暖；母亲虽老，活着心宽”“阿妈虽不好，心是善的；靴子虽不美，脚是热的”等等。汉族当中也有许多，如“孝顺父母不怕天，上粮纳草不怕官”“儿子孝顺媳妇贤，胜过家有万贯钱”“娃娃离了娘，马上见孽障”“娘的恩情，一辈子报不尽”。回族说：“父母在世上，儿女在天堂。”这些语汇就是青海各族孝敬父母、尊崇长者这种美德的通俗阐释。

青海的土族、回族、撒拉族都非常尊重舅舅，对舅舅不能有丝毫的违抗甚或不满；家中遇有重大事情，都必须请舅舅来商量决定，关于这些民族对舅舅的尊敬之情，从这些民族中广泛流传的“铁出炉家，人出舅家”“阿舅打外甥，墙上抹臭虫”等谚语中不难得到体验。

以上这些俗语所表达的内容都是孝敬之义，但是各民族有各民族的说法，体现出浓厚的民族特点。譬如说“哈达”，是一种白色或（黄蓝）的丝绸长巾，青海藏族群众经常用来赠送贵客或者是献在神像上面，是藏族人民心目中的珍贵之物，所以在他们当中流传着“哈达最圣洁，母爱最纯贞”的谚语；也是因为藏族群众都虔诚地信奉佛教，所以他们把父母与“菩萨”，与“佛”相提并论。而汉民族则不然，因为青海汉族主要从事农业生产，所以在说孝悌之情时，则是以“上粮纳草”为譬。

三、青海俗语与民族的心理联想

语言作为一种文化符号，其中蕴含着一定民族的文化价值、文化心理、风俗习惯和审美情趣，正如加达默尔所言："在一个特定的语言和文化中成长起来的人看世界，跟一个在其他影响下成长起来的人看世界，其方法是不同的。"作为语言词汇组成部分的俗语在这方面所体现出来的特征尤其显著，因为它的意义是固定的，是约定俗成的，它们所表达的意义往往是一种修辞意义，是一种隐喻，几乎都是用一些生动形象的事物来比喻另外的事物或行为，或者是用一些浅显易懂的话语来说明比较深刻的道理，它们都能给人带来丰富的联想，而这种联想则与运用语言材料的民族的心理特征密切相关，或者说会因为民族心理特征的不同而对同一事物产生出不同的联想，譬如同是猫头鹰，中国人认为它象征着走霉运，所以有"夜猫子（猫头鹰）进宅——倒了霉运""夜猫子抖翅，大小有点事"等说法，避之唯恐不及。而在西方人眼里猫头鹰则是智慧、公正的象征，说它是"智慧之鸟"，在希腊神话和罗马神话中，猫头鹰一直紧随在智慧女神雅典娜身边，所以英语里有"as wise as an owl"的说法。

青海方言俗语植根于汉语这个大文化背景之下，带有浓厚的汉民族的文化色彩，譬如广泛运用比兴的手法，对偶工整，押韵等。但是由于青海是一个多民族聚居地，青海俗语又不可避免地打上了各民族的烙印，尤其是在心理联想上呈现出了多民族的心理特征，正如我们在前文所谈到的那样，即使是同一个事理，不同的民族同是使用汉语来表达，也会有不同的说法，这种现象的出现其实源自于不同民族的不同心理联想特征。因为人们认识事物总是遵循一个基本规律，即以相关的认知环境为出发点来认识事物，特别是俗语，因其意义的隐喻性，它是人类将某一领域的经验用来说明或理解另一类领域的经验的一种认知活动。因而高原上的各民族都会从自身的生活环境出发去进行联想，从自己生活的土壤中去取物类比，说理言事，从而创造出自己民族独特的俗语。譬如说青藏高原上的蒙古族和藏族都是马背民族，靴子、刀子、羊肉是他们生活中不可或缺的物件，所以在他们当中流传着这样的俗语："老嘛老，刀刀；破嘛破，靴靴；瘦嘛瘦，羊肉。"意思是说某人或某物虽然老了、旧了，但仍然还有它的价值，不可丢弃。也正因为靴子是这里藏民族的生活必需品，所以藏族同胞在表达对母亲的爱戴之情时会很自然地联想到靴子，他们会用"靴子虽破，穿着暖腿"来比喻"母亲虽老，活着心宽"，会用"靴子虽不美，脚是热的"来喻指"阿妈虽不好，心是善的"。又由于他们虔诚地信奉佛教，所以他们在表达孝顺之情时就会说"叩拜释迦要诚心，抚养父母要孝心"。这种联想的物什与汉族是完全不同的，同样是这个意思，汉族人会说"家中有一老，赛过一宝"，或者说"狗不嫌家穷，儿不嫌母丑"。再譬如青藏高原的回族，由于他们有着强烈的认同意识，自我归属感，陌生的回族穆斯林若是相逢在一起，只要道声"色俩目"，大家就会立刻亲热起来。因此在青藏高原上流传着"天下回回是一家，回回见面三分亲""回回的亲，扯不断的根""回回天南地北，都是兄弟姐妹""回回千里不持粮"等说法。

其实，正因为俗语与民族心理联想息息相关，才造就了青海方言俗语的丰富多彩和数量众多，这一点是其他地方尤其是民族单一地区的俗语无法与之媲美的。

第二节　青海方言俗语的地域性

方言作为语言的变体，与地域密不可分，它为生活在某一地域的社会成员服务，它是地域文化的标志。作为某一方言的词汇的组成部分的俗语，总是在一定的地域里通行的，与该地地域环境息息相关，该地域独特的自然生态环境、文化传统、宗教信仰、日常生活中的习惯习俗等会从各个方面去影响它们，这就是俗语的地域性。青海俗语植根于青藏文化土壤，是青藏各族儿女为总结和传播社会生活及生产经验不断创造和传承下来的，具有浓烈的青藏文化特色。正如青海流行的一句谚语所说："一地有一地风俗，各人有各人的信仰"。青藏高原独特的地域风貌造就了青海俗语独有的地域特征。

一、青海方言俗语内容上所呈现的地域性

青海位于青藏高原东北部，地域辽阔，占全国总面积的十三分之一，居全国各省区的第四位，全省平均海拔三千米以上。青海湖东边的日月山把青海省分为两大块，日月山以东，除了城市城镇以外，其余地区为农业区或半农半牧区，处处是良田，果树成林，汉、土、蒙、撒拉、回、藏六大民族和谐发展于此；日月山以西是牧业区，六个自治州分布在这片广阔的土地上，这是青海省牧业生产基地，也是全国四大牧区之一，藏族、蒙古族人民和部分汉族、回族共同生活在这片辽阔的草原上。青海俗语存在于如此一个地域空间，不可避免地体现出该地的独特风貌，该地区的风貌也自然而然地反映在这些俗语里。过去青海有一句俗语叫"过了日月山，眼泪淌不干"，这种说法虽然是当时把牧区视为荒凉之地的反映，其实也反映了日月山为青海农业区、牧业区分界线的青海地理特点。

（一）青海方言俗语与青海自然风物

青海位于青藏高原东北部，境内布满了大山雪峰，其间有鸟道空绝的唐古拉山，有重峦叠嶂的祁连山，有气势雄伟的巴颜喀拉山，还有被藏族同胞誉为"神山"的阿尼玛卿雪山。山与青海儿女生活息息相关，当人们要警示他人不要以为别人心中没数想浑水摸鱼时，这里的人会说"山里的黄羊嘛有数儿哩"；当人们形容在旷野行走时尽力奔驰都很难达到目标时就说"望山跑死马"；当老人们告诫年轻人要谦虚谨慎、戒骄戒躁时，会说"嘴

再大也在鼻子底下，山再高也在蓝天底下”，或者说“烈性马再烈也在鞍底下，须弥山再高也在天底下”；当人们表达落叶归根时会说“兔儿满山跑，终究归老窝”；……青海方言中还有许多与山有关的俗语。如：

(1) 看不见要上高山，事不懂去问老汉。

(2) 积雪如果不是落在高山顶，就放不出百里外能见的光芒。

(3) 两座山再近不会碰头，两个人再远总能相逢。

(4) 蚂蚁爬到牛角上，就认为是上了高山。

(5) 高山顶上起妖云，瓢泼雷雨要降临。

(6) 蚂蚁尿不湿土，老鼠挖不倒山。

(7) 山不说高低要景致，人不说尕大要干事。

(8) 山里的兔儿狗撵出来，心里的话儿酒追出来。

(9) 山上羊多草不生，河里鱼多水不清。

(10) 上去日月山，仰绊肚儿摸着天。

(11) 上山钓不着鱼，下山打不着柴。

(12) 过去日月山，席芨棍儿唱乱弹。

(13) 东方雪山上的太阳，是众生的温暖。

(14) 马吃饱了想山，羊吃饱了想圈。

(15) 赶着羊腿过火焰山——往死里逼。

(16) 山崖上滚鸡蛋——没一个好的。

(17) 下山追母牛——势抗量住。

(18) 隔山买牛——两不见面。

(19) 山尖上摘月亮——办不到的事。

(20) 山里的麻柳剥了皮——点点儿多。

(21) 高山头上拉二胡——唱高调。

……

这些方言俗语都与“山”有关。青海的山由于海拔在三千米以上，因此大多是常年积雪，是名副其实的雪山。即使不在山上，就是在城市村镇，每到冬季也会雪花飞扬，所以冰雪世界也给这里的人们留下了深刻印象，从而在青海方言中也传承下来了不少涉及冰雪的俗语。譬如说：人们说做事白费功夫不见效果时会说“扫雪填坑坑——白费劲”；人们说坏人做了坏事必然会暴露时就会说“雪里埋人——雪消自明”，或者说“雪地埋小猪——总会露出猪爪来”；规劝做人要脚踏实地时，会说“雪里走路——一步一个印”……与冰雪有关的俗语还有：“冰滩上赶驴——操紧”“褡裢里背冰——前后心凉”“雪里埋人——雪清显尸首哩”“冰水泡茶——无味”“嘴里噙的冰——吐不出一点水”“三月的河水满滩淌（三月河流解冻，地层未解冻，河水无处渗透满滩流淌）”“狮子在雪山上，才是真的狮子；狮子到了平川，不过是条老狗”“秋季不贮草，冬雪坑死人”等。

俗语的地域性还体现在对当地方物的总结概括上。青海位于雪域高原，在人们的印象中为荒山野岭，一无所有，实际上这是一种误解。青海这片土地是神奇而富饶的，不仅蕴藏着丰富的矿业资源，而且每一个区域又有独特的物产。贵德地区土肥水美，气候宜人，自古被誉为“瓜果之乡”，在明代就大面积地种植梨树。这个地方生产的长把梨肉白嫩，质酥软，汁多味芳，能润肺清心，化痰止咳，远销广东和黑龙江等地，受到消费者的普遍赞誉。享堂位于黄河边上，这里盛产西瓜，远近闻名。青海湖不仅以它美丽的鸟岛而闻名于世，也以它盛产的湟鱼而享誉神州，这里出产的湟鱼肉质细嫩，肉味鲜美。由于青海湖附近的藏族群众禁忌食鱼，因而过去这里的鱼非常多，据传若骑马蹚过注入青海湖的一条水沟，都会踩死很多的鱼。所以在青海俗语里有“贵德的梨儿享堂的瓜，西海的湟鱼天下夸”之说，这句俗语就非常精确地概括了这三个地区的特产。

人们一般都认为花椒是内地的特产，其实在青海河湟谷地的山乡田舍到处都种有花椒，每当金秋时节，这些山乡田舍周边处处飘散着花椒的馨香，尤其是贵德县和撒拉族人聚居的循化县，两地生产的花椒更是以其麻味浓、品质优而深受各族儿女的喜爱，正如青海方言俗语所说“大通的砂罐贵德的椒，熬下的茯茶百病消”“大海的珍珠深山里的宝，比不上撒拉的花椒好”“循化花椒浑身宝，叶子也能当调料”。花椒不仅是这里的特产，而且与高原人民生活息息相关，在青海湟鱼中放上花椒粉，就可以除去鱼腥味；在鲜美的手抓羊肉中放上花椒粉，就再也闻不到膻味了；在熬茯茶时加入一把花椒，百病可消……。正因为花椒与高原人民生活联系如此紧密，所以人们也常以之来说明事理，如用“花椒小嘀麻人哩”来喻指不要小看别人；当你说的话别人不相信时，他会很幽默地告诉你，说你是“花椒树下睡觉——麻人”，这说法比说“你骗人”要让人容易接受得多。

青海的物产远不止这些，涉及青海物产的俗语也还有很多，如“鲜花虽好不是供品，藏红花虽杂是药品”“火烧的芍药酒醉的牡丹”“七月尕杏满地滚，八月核桃没主人”“白露一到，满地核桃”等都体现出青海俗语的地域性特征。

（二）青海人独特的农业、牧业、商业生活与青海俗语

1. 农业生产

青海地域辽阔，地高气寒，大部分为牧业，但是农业生产也有着较长的历史。河湟地区是青海的主要农业区，除此以外，六个自治州牧区的低平河谷地带也分布有小块农业区。河湟谷地农业区土地肥沃，农民种植经验丰富，农田收成较好，有“庄稼一年成”的说法。而牧区的农业多是旱地农业，靠“天水”灌溉，农民种植较为粗疏，庄稼一般不拔草或只拔头茬草，因此俗语中有“石头堆里种庄稼，杂草窝里收青稞”的说法。

青海的主要粮食作物是春小麦，这里是我国著名的春小麦高产地区，青海方言中有许多与小麦有关的俗语。如：

（1）五黄六月（六月麦子黄熟的大忙季节）。

（2）麦草的拐棍，拄不了拐（喻靠不住）。

（3）麦衣里放水（麦衣里小麦脱粒后的麦壳，见水后即漂浮在上，喻指言而无信，靠不住）。

（4）麦子伙里的溅颗儿（“溅颗儿”是饱满的籽粒，可选为良种。此话讽喻某些人出类拔萃）。

（5）咋大的麦子磨眼里下哩（再大的问题都能得到解决）。

（6）一样的麦子两样看，一样的儿女两样待（讽喻不公平者）。

（7）头九热，麦子皂（皂：籽粒饱满）。

（8）无籽的麦穗头高，无知的人傲气大。

（9）一把麸子不见面。

（10）瞎雀儿碰着麦穗上——得了。

（11）燕麦大的鱼娃儿，龙王爷前头摇头摆尾哩——好大的阵势。

（12）三九天种小麦——不是时候。

（13）三升麦子搭着九盘磨上了——不够粘。

（14）麦衣子里放水——无声而过。

（15）麦苗里的韭菜——难分色。

（16）麦秆当拐棍——软着哩。

（17）麦秆吹火——小气。

（18）麦芒穿在针眼里——碰巧。

（19）老母猪见了麦麸子——阿里（哪里）有哩。

在青海，用小麦做成的面食是当地人民的主食。青海有句俗语“内地人的草，青海人的馍”，这个俗语很好地概括了青海人与内地人在饮食上的最大区别。“馍”也叫馍馍，是馒头、花卷、月饼、油饼、锅盔、焜锅等面食的总称。青海人的馍馍可谓是花样百出，青海人天天都离不开，因此在青海方言中还有许多与小麦制成的面食有关的俗语。如：

（1）茶饭看的饼饼儿，针线看的是纽门儿（饼饼儿：用麦面做的、内卷有苦豆儿粉的薄饼）。

（2）干馍馍湿肉，开水呛了没法救。

（3）时来了，运来了，大红柜里面满了。

（4）葱怕露水韭怕晒，热馍馍最怕揭锅盖。

(5) 嘴里吃馒头——心里记数儿。

(6) 挂面下着开水哩——软（晚）了。

(7) 过年吃饺子——都是一家人。

(8) 卖馍馍的，把托笼洗去（意思是该干什么活的去干什么活）。

(9) 乡里人的长面——干拌（办）。

(10) 嘴里噙饼饼——说不出来。

(11) 芽馍馍祭灶——穷心不肯。

(12) 麻袋里装面粉——浪费太大。

(13) 炒羊肉下挂面——将凑到场。

(14) 老鼠掉在面缸里——好进难出。

(15) 一根筷子吃面条——独挑。

(16) 箩儿筛面——小雪。

(17) 油炸麻花——干脆。

以上俗语虽语意各不相同，但均取材于青海人的主要食物——小麦。青海人无论居家过日子或是招待客人，馍馍是首选的食品。远方的客人到来，青海人首先端出各色馍馍和熬制的热茶予以热情接待，之后才端上炒菜和香喷喷的手抓，令人垂涎欲滴，故有“干馍馍湿肉，开水呛了没法救”之说。

青海地区由于地处高寒，农作物一年只收种一茬，高山地区基本上是靠天吃饭，粮食就显得更为珍贵。过去家家都有储存面粉的木头箱子，叫做“面箱”，有的地方（如湟中）叫“米柜”（实际上青海并不产米，“米柜”之说是沿用了老祖宗们的说法，因为青海汉族有部分人是由内地迁徙而来）。所以，遇到丰年自然是“时来了，运来了，大红柜里面满了”。因为粮食的珍贵，所以青海人更懂得珍惜粮食，面粉无论是储存还是制作都很讲究，蒸、炸、煮、烙、烧样样俱全，面食的种类可谓琳琅满目。就拿面条而言，有旗花面、雀儿舌头、破布衫、长面等林林总总，不一而足。平日里，以食用汤面为主，海东地区称之为“喝汤”，只有在重要日子或给下田干活的人才给吃面，而且没有更多的蔬菜下饭，有点腌菜、韭菜花、葱花等就“满福”了。

食物的制作过程也体现了节约的特点。因为海拔高，气压不足，蒸馍馍最忌怕熘火，熘了火的馍馍其形状和口感会大打折扣，所以“葱怕露水韭怕晒，热馍馍最怕揭锅盖”。青海有种名叫“狗浇尿”的烙饼，饼中夹入种“苦豆儿”的植物粉末，上锅烤制过程中，一点点地“浇”入青油，每次几滴，其状如狗为占地盘撒尿标记一般，故名。它是青海最具代表性的特色食品，也最能考量家庭主妇的厨艺好坏，青海人把厨艺叫做“茶饭”，所以有谚语“茶饭看的饼饼儿，针线看的是纽门儿”。

到了农历腊月二十三，青海汉族同内地一样要祭灶，主要祭品为麦芽糖，因为麦芽糖黏性大、糖度高，拜祭者以求粘住灶王爷的嘴，只能甜言蜜语“上天言好事”。制作麦芽糖的原料即为发芽的麦子，青海虽无充裕的原料，但“芽馍馍祭灶——穷心不肯”也足以表达青海人民的虔诚了。

在海拔3000米到4500米以上的高原农田里，由于地势高耸，气候寒冷，一般农作物很难长成，但青稞和油菜都能抵御严寒，奇特地生长在这种恶劣的环境下，成为高原人民异常喜爱的农作物。青海有一则民间故事很好地说明了青海人对于这两种植物的喜爱之情：传说有一对相爱的藏族夫妇，他们的幸福生活引起了坏人的嫉妒，要赶走他们，但他们坚决不离开故土，惹得恶魔降下严寒，企图冻死他们，二人仍然宁死不屈，男子死后变为青稞，女子则化为油菜，顽强地生活在青藏高原上。从这则故事中我们可以看出，青稞和油菜是当地人民十分喜爱的植物，因此青海方言中关于青稞、油菜及其产品的俗语很多。如：

（1）马莲编成磨，收拾种青稞。

（2）青稞越磨越细，道理越说越明。

（3）小鸟吃饱了青稞，不要和大鸟比翼。

（4）布谷鸟叫有个时间，种绿青稞有个季节。

（5）在鞭母牛的嘴边，青稞苗儿难长高。

（6）种田要犁，扬青稞要风。

（7）为要学德薄，麦茬地里种青稞。

这些关于青稞的俗语，既有当地群众种植青稞方式方法的总结，也有人们从种植过程中所体悟到的人生经验。在青海不仅关于种植青稞方面的熟语很多，关于用青稞面制作的食物——糌粑的说法也不少。如：

（1）计策在自己的心里，糌粑在自己的碗里。

（2）水磨石粗了糌粑香，父母严了儿女好。

（3）赶羊、拌糌粑要在边上转。

（4）糌粑嚼细了再咽，话想好了再说。

（5）蜜糖虽然甜美，还是糌粑经吃。

（6）糌粑吃多了自己伤胃，父母说多了儿女伤心。

糌粑在未用酥油拌成之前叫炒面，在青海俗语中也有许多关于炒面的俗语。如：

（1）迎风吃炒面——张不开嘴

（2）吃炒面没水——干丢

（3）炒面捏娃娃——熟人儿

（4）青稞面打浆糊——不粘

（5）阿卡拌炒面——自有拌（办）法。

（6）炒面在碗里，办法在心里。

油菜是青海六大作物之一，青海人把用油菜榨出的油叫做清油。青海清油油质优良、产量高，所以青海有“青海高原清油香”“门源油，满街流”的说法。油菜花姣美艳丽，含有丰富的花蜜，每当油菜花盛开的季节，全国养蜂者从四面八方来青海采集蜂蜜。可以说青海油菜浑身都是宝，因此在青海方言里有不少关于油菜、清油、油菜花等的俗语，诸如“豆儿地里的油菜—冒尖”“邮电局里买清油—走错门了”“芽麦子的面，坏菜籽的油”“进了菜籽地，不怕沾黄的”“脚掌里抹清油——溜掉了”之类。

如今，油菜花成了青海旅游经济发展的重要助推力，每到六七月份，在高原蓝天白云的映衬下，浩门河两岸的油菜花海一直延伸到白雪皑皑的祁连山脚下，形成了金色的海洋，那种美让你震撼！青海湖周边金色的地毯与碧蓝的湖水交相辉映，令你流连忘返。

马铃薯在青海又叫“洋芋”“土豆”“洋山药”“洋山芋”“山药蛋”等，它是青海山区农村餐桌上的主食，青海各族人民都喜食洋芋，说它“既是蔬菜又是粮，没有肉油味也香”。青海还有“不怕冰雹霜，种下洋芋无灾荒”“五谷不收也无患，还有二亩洋芋蛋”“洋芋丰收不烦愁”等说法。另外，由于青海人喜欢吃洋芋，而且因为这里的气候恶劣，导致一部分人脸部皮肤黄黑甚或呈皲裂状，人们就戏称这种人为“洋芋蛋”，也把爱吃洋芋的人戏称为“洋芋蛋”。

2. 畜牧生活

青海是我国五大牧区之一，畜牧业是青海重要的传统生产方式之一，畜牧业产值占全省农业产值的比重在全国居第二位，羊毛产量居第三位，牛羊肉和奶产品位居第四。牧区从事畜牧业的藏族、蒙古族人民过着逐水草而居的生活，主要牧区以饲养牛、羊、骆驼和马为主。

青海牦牛主要产于青海南部、北部两个高寒地区，大多在海拔 3700 米以上，极耐艰苦，有着宜于爬山的四肢和马蹄似的硬质蹄壳，随处都可攀登自如，是雪山草原不可缺少的特种役畜，也是雪山草地上牧民群众的主要运输工具之一，被誉称为“高原之舟”。青海牛畜除牦牛外还有犏牛和黄牛，犏牛是牦牛与黄牛或黑白奶牛杂交的第一代杂种牛，这种牛耐劳，体格强壮，役用和产肉产乳能力都比牦牛高。

在青海一些少数民族地区还有春节赛牛的习俗，像曲麻莱地区的藏族，他们把春节赛牛看作是节日里最欢乐的活动，当地有“迎春千家喜，赛牛万众欢”“平素不驯牛，赛牛难出头”的说法，而且这里还有牛崇拜的习俗，特别是藏族群众对牛十分崇拜，在藏族神话当中出现的一些著名的土著神灵，有许多就是牛的化身，至今在藏族地区的许多山岭、房屋门槛上都摆放着牦牛角或者在嘛呢堆上供奉着牦牛角。正因为牛在青海人民生活中必不可缺，所以青海方言中涉及牦牛、黄牛、犏牛的俗语非常多。如：

（1）斑纹老虎回林中，红角野牛归深山。

（2）住在异乡不快乐，骑在牛背不平安。

（3）嘴说能宰牛，干起来挤不死虱子。

（4）要射北方的野牛，男儿要有好箭法。

（5）人间闲语比撞牛角还厉害。

（6）上高山要有向导，杀野牛要有利刀。

（7）乳牛下乳牛，三年五头牛。

（8）冬牛不塌膘，春耕使劲跑。

（9）瘦牦牛长毛多，马步芳杂税多。

（10）犏牛虽好是黄牛的后代，牦牛虽坏是野牛的后代。

（11）摸不得的老虎嘴，碰不得的野牛角。

（12）牛大有绊牛法（再坏的人也有法治理）。

（13）背的牛头不认赃（明明有证据却不承认）。

（14）乳牛尿多（指说话多）。

（15）牛角拐棒（指硬的东西）。

（16）有牦牛一样大的身躯，不如有纽扣大的智慧。

（17）无牛不成农，无猪不成家。

（18）太阳倒照，晒得牛叫。

（19）黑黄牛的后代是白雕般的公犏牛，灰毛驴的后代是小蹄骡子。

（20）女人的脸上没有英气，母牛的背上没膘。

（21）冬季不喂黄母牛，夏季哪有黄酥油。

……

青海的羊有绵羊和山羊之分。这里的绵羊主要是藏系绵羊，闻名世界的“西宁毛”即出自青海藏羊。青海省的山羊主要产于海西地区，称柴达木山羊，是蒙古山羊的分支，适应性强，耐荒漠草原。羊，可以说浑身是宝，羊毛羊皮是青海人取暖的必需之物，羊肉更是青海各族人民餐中不可缺少之品，连羊粪都是青海农牧区的烧柴、肥料。青海人也有羊崇拜的习俗，在牧民帐篷外的绳索上，大多挂有写满经文的羊肩胛骨，为帐房主人祈福消灾；在山坳的经幡丛中，我们也能看到悬挂的长有弯曲长角的野羊头骸。因此，羊在青海俗语中留下了深深的印迹。如：

(1) 庄稼人爱土地，牧羊人爱草场。

(2) 住城市的靠买卖，住草原的靠牛羊。

(3) 人哄羊一嘴草，羊哄人一茬毛。

(4) 沙地里不赛马，泥泞处不放羊。

(5) 富人爱鹰爱犬，穷人爱牛爱羊。

(6) 绵羊在滩上被宰，山羊在坡上发抖。

(7) 话真假辨别才知道，羊肥瘦宰了才知道。

(8) 对敌人如闪电猛，对父母如白绸绵，对兄弟如白羊毛暖。

(9) 女儿不坐富窝，山羊不呆平处。

(10) 羊群里除恶狼，庄稼里除毒草。

(11) 羊儿虽小，浑身是宝。

(12) 马吃饱了想山，羊吃饱了想家。

(13) 秋天的肥羊僧人也宰，秋天的酸奶新娘也偷。

(14) 山里的黄羊嘛有数儿哩（警示语：不要以为别人心中没数而想浑水摸鱼）。

(15) 管村要有才识，放羊要有草山。

(16) 饿狼一边窃视，绵羊的心如针刺。

(17) 野狼的嘴边，难养羊和羊羔。

(18) 单个羊倌爱瞌睡，离群白羊会丢失。

(19) 放羊要有个草山，搬迁财产要有个牧地。

（20）牵一只羊去路如下地狱。

（21）当年的羊羔儿没见过狼（喻不知世事的险恶）。

（22）羊粪蛋蹦子——凭风的力量。

（23）草滩上的黄羊——数儿没有（数不清）。

过去，青海最主要的交通运输工具是马，著名的马种有河曲马、浩门马、玉树马，它们为各民族间的往来发挥了重大作用，而且赛马早已成为青藏高原各族人民的娱乐活动和民间体育运动项目之一，在这里有着各种各样的赛马形式，正如俗语所言："赛马多异俗，各自有千秋。"赛马之日，往往骑手云集，观众如潮；骑手们身着节日盛装，干练成风；马儿腰肥体壮，油光闪亮，披红挂绿；观众欢呼雀跃，热闹非凡，人们在一起创造出了许许多多关于马的说法。如：

（1）由马信缰（喻随心所欲）。

（2）赛马靠胆量，演讲凭智慧。

（3）人意志衰退会丧失尊严，马瘦会失去脚力。

（4）美言骗人，马绊骗马。

（5）上午给马喂料，下午用踢来报。

（6）儿子好不好村人嘴里听，马儿好不好跑马滩上看。

（7）不跑上坡下洼，难说马好马坏。

（8）瘦马备不起鞍子，败家子继承不了父业。

（9）马狂瘙出来，人狂祸出来。

（10）人情一匹马，买卖争分毫。

（11）还要马儿跑，还要马儿甭吃草。

（12）马瘦了马吃草，人穷了不起早。

（13）早上马料喂马，下午马蹄踢裆。

（14）用腰带能拴马，用鞋带能绑羊。

（15）若牵烈马缰绳须长，若滹大树斧把须长。

（16）飞奔的骏马，不要拿鞭子把它抽。

（17）当初看着驴骡俊，到底不如河曲马。

（18）马要烈，人要正。

（19）人要衣裳，马要鞍掌。

（20）骑马的不知道骑驴的，骑驴的不知道走的。

（21）人瘦脸黄，马疲毛长。

（22）马肥壮时卖了好，人名望高时安坐好。

（23）骑好马听不见路友的话，坏儿子听不到家中秘事。

（24）小马好骑乘，小人好说话。

（25）马吃饱了想山，羊吃饱了想家。

（26）同是一种马，蹄的形状不一样。

（27）马不跳着鞍子跳着（喻没事找事，不该跳的乱跳）。

（28）马槽里没马驴当差（替人受苦，代人受过）。

（29）拴马要木橛，拴狗要转木。

（30）良马门口栓，价钱村人定。

（31）马绊没长短，褐子没里外。

（32）装马鞍接头要吻合，立柱子基石要稳当。

……

青海的畜牧业除了养殖马、牛、羊以外，还养殖骆驼、毛驴、骡子等，这些畜种既可以供当地人食用，又是青海省重要的役用畜。因此方言中也有不少关于这几种役畜的俗语，如：

（1）驴比驴驮不动，人比人活不成。

（2）一槽拴不下两个叫驴。

（3）幸福依赖别人拖拖拉拉，驮子上了驴背摇摇晃晃。

（4）人拿情感，驴拿棍赶。

（5）驴乏嗬怪纣棍哩（喻委过于他人）。

（6）吃驴肉时，驴脸上不看嘛（讽喻有些人做非分之事时，要考虑后果）。

（7）拉的瞎驴上板桥（费大劲也难成功，讽其不听从使唤）。

（8）骑的骆驼赶的鸡，高的高来低的低（喻事物之间差距太大，不能般配）。

(9) 骆驼脖子长吃不上隔山草。

(10) 骆驼再大毛线俩牵着(总有管理的办法)。

(11) 踢骡不死，毛病不改。

(12) 牛下麟麒猪下象，骡子下的四不像(喻指根本办不到的事)。

……

青海牛羊众多，不少畜产品因其独具地方特色而闻名远近，其中号称“高原之舟”的牦牛的牛奶以其营养丰富而享誉世界，用它制成的酥油更是以营养价值高、香味浓郁而尽人皆知，远销国内外，更是青海藏族、蒙古族人民的生活必需品，也是青海人在表情达意时经常提及的东西，因此青海方言中留下了不少涉及酥油的俗语，如：

(1) 石头打酥油酥油败，酥油打石头还是酥油败。

(2) 酥油放在太阳下要化，牛皮泡在水里头要软。

(3) 冬季不喂黄母牛，夏季哪有黄酥油。

(4) 狗肚子里装不下二两酥油。

(5) 上午用烟熏死狐狸，下午用酥油揉好狐皮。

(6) 真的虽是酥油也不会化掉，假的虽是铁也会戳破。

(7) 糕的美味是酥油的恩，红光满面是饭食的恩。

……

3. 商业生活

青海地处丝绸之路的分支——青海路的要冲，又是“唐蕃古道”中转站，早在唐以前就与大食、波斯、印度等国有贸易往来，可谓商业历史悠久。这里的贸易有着浓郁的地方特点，我们从青海方言中的一些俗语中不难发现。

从经商人员而言，青海的回族和撒拉族特别擅长经商，他们不仅遍布城镇和农村集市，而且经常运货进入边远牧区，甚至在那儿开店经营，因此青海有俗语云“汉民攒钱，藏民散钱，回民挣钱”，意思就是说汉族人有了点钱之后会存起来，藏族同胞会花掉钱，而回族则会去经商，去赚钱。回族人商品意识深厚，乐于经商，擅长经商，一方面在于伊斯兰教赞同并鼓励穆斯林从事正当的商贸活动，另一方面还与回族历史有关：回族的先民大多是来华经商的“蕃客”，传统行业就是经商。另外，作为外来民族的回族在土地占有方面不及其他民族多，回族的农耕技术也不如汉族发达，牧畜技术又不如蒙古族和藏族，所以他们选择了从商，他们在从事贸易活动的过程中总结出来了许多经商的经验，诸如“回回个个是买卖家”“大买卖要守哩，尕买卖要吼哩”“糌粑窝里买炒面，鞑子里没买卖”“拉账要忍哩，还账要狠哩”“买卖市口上做哩，庄稼时候上种哩”等。

青海地区的寺院经济也很发达。一般是由寺院提供资本，以喇嘛个人名义经商或者派富裕的教民去经商，生意做成之后双方均分利润。塔尔寺和民和县三川地区的土族籍喇嘛以善于经商而闻名，所以青海有“山西的客帮，三川的喇嘛”的说法。“山西客帮”是指山西、陕西一带在青海经商的商人，其中山西绛县、太平县的商人尤其多，俗称“绛太帮”，当地人称他们为“客娃”，他们不远千里，车拽马驮，把内地的百货运到西宁。

对于做生意，青海各族人民有自己的认识。以前青海大部分的农民不敢出远门，也不擅长做生意，他们认为“千买卖，万买卖，不如庄稼人翻土块”“早种一架田，赛过货郎子转半年”。只有少数人对做生意有另外的看法：互助土族人认为“若要挣银子，走一回大靖土门子（河西走廊地名）”；玉树的藏族也说“商人被盗之前总打瞌睡，和尚还俗之前老想经商”。

该如何做好生意，商人们也总结出了经验，他们认为一定要“货真价实，公平交易，两合人心”，“卖货要卖真，折树要折轻”，“人强不如货硬，价高不如口硬”。在交易过程中要讨价还价，多费口舌，见机还价，所谓“要价漫天论，出价见机迎”，“光棍打光棍，都想不折本；若要不折本，舌头多费劲”。要能够心平气和，否则“掌柜的不忍，气死哩；伙计不磨（哈）做死哩”。对于小本生意，生意人认为最好是现金交易，因为“隔手的金子不如在手的铜”，“猸祒的胡子长，买卖人的心意短”，“人情一匹马，买卖不饶人”。

自古以来，青海的茶马互市十分有名。“茶”是指以茶叶为代表的内地手工业和农业产品，“马”就是以马匹为代表的少数民族地区的畜牧业产品。“茶马互市”就是牧区老百姓用马匹、牛羊及皮张、羊毛、酥油、鹿茸、麝香等与内地带来的各种手工业农产品直接进行交换。现在我国培训体育健儿的国家高原体育训练基地多巴镇，过去是名震遐迩的丝绸之路南线的中外贸易市口，是各民族做买卖的地方，十分繁荣。

4. 民俗风情

民俗风情是一个国家或一个地区、一个民族中广大民众所创造的、享用和传承的生活文化，它是一种来自于人民、传承于人民、规范人们行为、又深藏在人民的行为语言和心理中的基本力量。语言和民俗文化相互依存、相互作用，民俗文化是语言的重要内涵，而语言又是民俗文化的重要载体，许多地区的民俗风情都保存在当地的语言之中，青海俗语中保留了很多青藏高原的民俗风情，呈现出独特的地域特征。有些俗语本身就是对民俗风情的总结。

青海流行这么几句俗语：“藏家来客酒肉待，就餐之前先供祭”，“念经不先念《皈依经》经没法念，谈笑不先说笑没法谈，吃饭不先敬神佛没法吃”。这就是对藏族饮食礼俗的总结。藏民族深受佛家思想的熏陶，青海广大藏区都有神山，那里是山神的皈依之地，神圣不可犯；神佛是人们的保护者、救世主，人们进行任何一项重大活动时都要事先请求神佛的指示，就连吃饭这样的日常事务也首先得想到神佛：藏家每家都设有神龛，虔诚敬奉，每至吃饭或饮酒时，总要先敬神佛才行，所以说“就餐之前先供祭”“吃饭不先敬神佛没法吃”。藏族在喝酒时要用无名指从杯中蘸点儿酒向空中抛洒三次，表示敬奉神灵，俗称“敬三宝”。

谚语“无名手指爱弹祭，来世是山神的侍从”既反映了这种习俗，也反映了人们对神佛的敬畏之情。

青海藏族，无论男女老少，一年四季均穿藏袍，这是为了适应青藏高原寒冷多变的气候特点。牧业区地高气寒，四季都穿毛皮藏袍；农业区则为布料藏袍，而且有单、棉之分，视气候更替而变换。穿藏袍时一般是大襟压下小襟，将衣领高高提起，腰间系上腰带，腰带以上形成大口袋，其中可盛放许多物件，夜间休息时则解下腰带，藏袍（尤其是皮袍）就成了被子，具有袍被两用的功能，所以青海有句俗话叫“汉民的被子在炕上，藏民的被子在身上”，也有“白天穿，夜里盖，光板皮子露在外，不怕风吹日头晒”的说法。另外，由于藏袍质料一般都比较厚实，而且袖子也长，冬天的时候可保护双手不受冷冻，还能用来捂嘴起到口罩的作用；夏天的时候，卷起袖子露出右臂，一方面天气暖和了，另一方面也是为了方便劳作，因此青海又有“藏民穿皮袄——留一手，露一手”之说。

藏族妇女均留长发，而且喜欢把长发梳成若干小辫，辫梢还要用辫套套住，垂于背后或者压在腰带下面。所以青海人民在形容某个人心眼多、鬼点子多时就会说他是“藏民姑娘的辫子——一百零八根”；在讽喻某些人对将人托办之事置于脑后时会说“阿且的辫子——抛着脑后者”，或者说“鞑子婆的辫子——丢在脑后”。“阿且”是当地人对藏族妇女的称谓，她们辫子上的辫套是用布或绸缎做的，上面还要用银盾、珊瑚、绿松石等饰物进行装饰，十分精美。辫套把辫子压到了背后，就不会掉到胸前来。

青海各族中都有不摸人头、不玩弄他人帽子的习俗。所以回族有“欺人不欺帽”的说法，土族有“不摸男人头，不揣女人腰”之说，藏族有“马性再烈，不要抓它的后腿；小伙子再强悍，不要压他的脖颈”的说法，汉族也有“欺人如欺帽，头上出来一头骚（疮癣）”之说。由这些俗语可以看出，在青海，头或脖子是男人尊严的象征，连带头上戴的帽子也成了圣物，他人不能乱动，要动仅限于父母或者活佛一类人物。帽子用后也不可送人、乱扔，必须找恰当的地方放起来。如果你不小心动了别人的头、帽子、脖子，人们就会说你是“踏住脖子割嗉子——欺人太甚”。

青海是我国重要的蚕豆栽培区，以产量高、质量优而闻名于国内外。每年农历二月初二，青海人都有吃炒蚕豆的习俗，“二月二炒大豆”是对此习俗的一个概括。传说过去到了“二月龙抬头，拿上鞭子架上牛”的时光，而年轻人仍然依恋着春节的欢乐不肯下地干活，找借口继续玩耍，说是要等“龙抬头”了才能下地干活，没曾想到外面一看，四周光秃秃的，负责耕云播雨的“龙”连影子都没有。他们这才着了急，为了能有个好收成，于是找村里的巫师询问缘由，方知“龙”被玉皇大帝压在石山底下不得翻身了，石山顶上还有一块碑，碑上刻有“玉龙降雨犯天规，当受人间千秋罪；若想重登凌霄阁，金豆开花方可归”。为了让“龙”回到凌霄阁及时给人间送来春雨，大家四处找“金豆”而不得，最后只好用金灿灿的玉米花来代替，天神以为真是金豆开了花，于是放出“龙”来降雨，农民们这才得以及时春耕播种。由于青海农村过去不种玉米，于是就拿皮儿已经泛黄的蚕豆代替，于是有“二月二炒蚕豆”之说。对此，青海人还有一种说法叫“二月二，咬虫儿”，意思是“二月二”那天把蚕豆一炒，当年农作物的害虫就被消灭在炒锅里了，目的也是祈求当年能够五谷丰登。正因为“二月二”吃了蚕豆就下地耕作，当年农业生产能够大丰收，所以青海俗语中又有“二月二吃大豆——开窍着”的歇后语。民间传说青海人在农历腊月初八吃麦仁后就迷了心窍，整天糊里糊涂地忙着过年，乱吃乱花钱，“二月二“吃大豆后又开始生产、节衣缩食，因此算是开窍了。另外，青海人在讽喻别人涉世太浅、经验不足时也会说“过了几个二月二，吃了几个焦大豆”。

青海方言俗语中还有许多与当地民俗风情密切相关的俗语，

譬如说："拉马搭缎，拉羊上门""强盗不反抗是凶兆，新娘不哭不吉祥""到哪里都是家，到河边就是茶""汉人凭字据，藏人凭口据""如果别人给你羊脖子请不要拒绝，坑坑洼洼的都是肉；如果别人不给你羊脖子不要去拿，坑坑洼洼的都是骨头"等等。这些俗语都是深深地植根于当地民俗之中的，如果对其民俗风情不知晓，则很难理解它的意思。

二、青海方言俗语语言材料上所体现的地域性

1. 独特的地域句式

汉语句子语序是主谓宾的 SVO 句式，而青海地区多民族聚居，汉、回、蒙古、藏、土、撒拉、东乡、保安等民族广泛接触、交流，使得这里的各民族语言要素都发生了变化，而青海汉语受境内少数民族的影响尤其深广，以至于在语序上出现了不同于普通话形式的 SVO 句式，这种句式在青海俗语中也表现得较为突出。如：

（1）宽心的话儿少说，好的事情多做。

（2）毒人的不吃，违法的不做。

（3）教的曲儿唱不来，唱哩唱哩祸出来。

（4）清的吃胖哩，稠的吃懒哩。

（5）闲马覅骑，闲弓覅拉。

（6）冤枉路少走，空情话少留。

（7）儿子的不良行为父母要治，强盗的残暴行径伙伴要劝。

这些俗语从语序上来说属于是 SOV 句式，即宾语前置。例（1）在普通话中应说成"少说宽心的话儿，多做好的事情"；例（2）应为"不吃毒人的，不做违法的"；例（3）应该是"唱不来教的曲儿，唱哩唱哩（唱着唱着）祸出来"；例（4）是"吃清的胖哩，吃稠的懒哩"；例（5）应该是"覅骑闲马，覅拉闲弓"；例（6）应该是"少走冤枉路，少留空情话"；例（7）应该是"父母要治儿子的不良行为，伙伴要劝强盗的残暴行径"。这些俗

语都体现了青海方言中的独特句式。

转折复句是表示前后意思相反或相对的句子，在普通话中一般用“虽然……但是……”等关联词连结，青海方言中也有这种表示法，但在青海方言中还有用“……嘛……哩（着）”的句式表达。如：

（1）老嘛老，刀刀；破嘛破，靴靴。

（2）话丑嘛理端着。

（3）花儿好嘛，还要绿叶儿扶哩。

（4）花椒小嘛麻人哩。

（5）核桃（俩）一样嘛有隔隔儿哩。

（6）驴乏嘛怪肘棍哩。

（7）风吹倒嘛怪天爷哩。

例（1）的意思是刀子虽然老了、锈了，可还是刀子，还有用处；靴子破了，但还是靴子，可以穿，还有可取之处；例（2）的意思是话虽然说得不好听，但是讲的道理很正确；例（3）的意思是花儿虽然好看，但还需要绿叶陪衬；例（4）的意思是花椒虽然个头小，但还是很麻、很厉害的，喻指不要小看人；例（5）的意思是核桃虽然都长成一个样，但还是有所不同，有差距；例（6）的意思是驴子疲乏了不怪自己却怪车前肘棍，比喻委过于他人；例（7）的意思与例（6）相近。

其实在青海方言中还有用虚词“嘛”将受事前置的句式，也有用“嘛”表示假设的句式，这在青海俗语中也表现得比较突出。如：

（1）抓雀儿嘛撒点秕谷子哩——喻做事要投资。

（2）人上不看嘛影子上不看吗——讽喻那些自高自大的人。

（3）吃席嘛带上个手巾哩——讽喻某些人做事不做起码的准备工作。

（4）再清的水，沽顿嘛稠哩——沽顿，搅和、捣乱之意。全句喻指好事情如果有人搅和就会被搅和成坏事。

（5）山神爷不放话嗬狼不扯羊——喻指做坏事是有人指使而干的坏事。

（6）鸡儿瘦嗬雀儿鸽俩——喻指柔弱的人谁都要欺侮。

（7）拉毡嗬被儿动哩——喻指有连带关系。

这些俗语中的例（1）、（2）、（3）都是由虚词“嗬”将受事前置了；例（4）、（5）、（6）、（7）都是表示假设语义的句式，与普通话不一样。青海俗语中还有很多用青海方言独特句式表达的俗语。如：

（1）掌柜的不忍，气死哩；
　　伙计不磨（哈）做死哩。

（2）割肉喂蛇哩，
　　长大了叮人哩。

（3）剩饭再热冷着哩，
　　后娘再好哄着哩。

（4）姑娘的后头甭跟，
　　跟上（呵）羞死哩；
　　骡子的后头甭站，
　　站下踢死哩。

（5）说着哩，笑着哩，心里的疙瘩掉着哩。

（6）狠汉子（哈）婆娘拉倒哩，干散人（哈）破鞋拉倒哩。

（7）刀（哈）折在鞘子里。
　　亏（哈）吃在肚子里。

……

2. 特有的地方方言词

在语言三要素中，词汇的变化是最大的。词汇会随着时代的变迁而变迁。一种方言中的词汇不仅会随着时代变化而变化，呈现出时代性，也会浸染上浓郁的地域色彩，呈现出地域性。青海俗语中运用了大量的青海方言词使得青海俗语具有了独特的地域特色。如：

(1) 巧人是祸，囊人是福。

囊人：愚弱的人。

(2) 个家有个家的病，睡到半夜里哼哼。

个家：指自己

(3) 说话当面人爱听，不要背后批学人。

批学：贬损，骂人。

(4) 上去日月山，仰绊肚儿摸着天。

仰绊肚儿：仰卧。

(5) 皮皮的后头姊妹多，要口的后头弟兄多。

皮皮：指不正经的女人；要口：指讨饭的人。

(6) 弟兄们合心家盛，先后们有祸不敢坐。

先后：妯娌。

(7) 心装着腔腔里。

腔腔：指胸腔。

(8) 抄花子放不住隔夜的食。

抄花子：败家子。

(9) 谈羡鸡蛋没逢逢。

谈羡：挑剔别人的不是。

(10) 能给好汉子牵马拽蹬，不给皮拉悚出谋定计。

皮拉悚：软弱无能的人。

3. 汉语、少数民族词语混合使用

青海是少数民族聚居地，在这块土地上生活着蒙古、藏、土、回、撒拉等多个民族，这些民族在与汉族人民的共同生活中，互相交流，互相来往，互相影响，各民族语言在青海俗语中都打下了烙印。如：

(1) 沙娃说沙娃，石头上吹都哇。

都哇：阿拉伯语，药的意思。

(2) 人的千算万算不如安拉一算。

安拉：阿拉伯语，意思是真主。

(3) 人里头有人哩，阿达玛里有水哩。

阿达玛：撒拉族语，指洗净礼用的“汤瓶”。

(4) 百俩降了忍耐哩，恩典降了知感哩。

百俩：波斯语，不幸、灾难。

(5) 没儿女的图干散，没父母的图孝心。

干散：土族语，精干。

(6) 沙凹里有金子，丹慧里有哲理。

丹慧：藏语，指谚语。

(7) 万德边哭边学“尕卡”，新娘边哭边上“沃达”。

万德：藏语，小和尚。

尕卡：藏语，藏文字母。

沃达：藏语，指迎娶新娘的马。

(8) 河里水手称霸，灶边甲玛称王。

甲玛：藏语，指做饭的人。

从总体情况看，藏语对青海俗语影响最大，在很多俗语中都用到了藏语，如“阿且的辫子——丢在脑后”，“阿且”为藏语，即姐姐；“敬酒和哈达是官员，敬仓然肉是上宾”里的“哈达”和“仓然肉”都是藏语，“哈达”是指白（或黄蓝）丝绸长巾，“仓然肉”是羊肉带尾巴的部分，是牧民敬贵宾的上品肉。

4. 宗教词语的借用

青海不仅是一个多民族地区，也是一个多宗教并存之地：藏族、蒙古族、土族人信奉藏传佛教，回族和撒拉族人信奉伊斯兰教。远在公元7世纪的时候，藏传佛教便传入了青海，并且使这个地区成为了该教“后宏期”的发展中心；伊斯兰教在青海也已有了700多年的历史，回族和撒拉族都是十分虔诚的伊斯兰教徒。信仰影响着信徒们的日常生活，也影响着这里的语言，这里的汉语方言俗语中也留存了大量的宗教词语。如：

(1) 人的千算万算不如安拉一算。

安拉：伊斯兰教语，真主

(2) 百俩降了忍耐哩，恩典降了知感哩。

百俩、知感：伊斯兰教经堂语。

(3) 每个活佛各有各的教条，每条山沟各有各的方言。

活佛：佛教用语。

(4) 僧家不问道家事，阿卡不问本布子。

僧家：佛教用语，指僧人。

阿卡：佛教用语，僧人。

本布子：佛教用语，藏族红教僧人。

(5) 欲远行者给坐骑添料，想博学者请学大小五明。

大小五明：佛教用语，“大五明”指工艺学、医学、正理学、佛学、声律学；“小五明”指修辞学、辞藻学、戏剧学、韵律学、星象学。

(6) 佛虽然没有偏私，但更尕吾却有偏向。

更尕吾：佛教用语，释迦牟尼大弟子之一。

5. 古语词的使用

青海方言既是青海历史上多元民族文化与汉民族文化混同整合的结果，同时也是青海历史上汉民族多地缘移民文化的结晶，加之青海地处青藏高原，经济和文化的落后限制了语言文化与外界的融合，以致青海方言中留存了大量的古语词，青海俗语中也保存了大量的古语词。如：

(1) 笨雀儿先飞：这是青海话中的一句俗语，意思是能力差的人要想取得成功，一定要加倍努力。这个说法出自元·关汉卿《陈母教子·第一折》“我和你有个比喻：我似那灵禽在后，你这等坌（笨）鸟先飞。”

(2) 会水的鱼儿浪打死：青海俗语中的这句谚语，我们在汉·刘安的《淮南子》中就能看到其原形：“善游者溺，善骑者堕”。

(3) 日子长着树叶儿似的：这是青海方言中用来形容时间很宽裕的一句俗语，在古书中表述为“日子树叶儿似的多哩”，比如《醒世姻缘》：“小冬子要不早娶了巧妮子去，只怕卖了妹子嫖了也是不可知的！你夺了他去呀怎么？日子树叶儿似的多哩，只别撞在我手里！”

(4) 核桃（俩）一样嘀有隔隔儿呢：在青海方言中，常用这句话来说明彼此间有距离，不一样，这在古文中也能见到。如《金瓶梅词话（崇祯原本）·第七回》：“相看到不打紧。我且和你老人家计议：如今他家一家子，只是姑娘大。虽是他娘舅张四，山核桃——差着一槅哩。”

(5) 闲马别骑，闲弓别拉：这是青海民间的一句谚语，意思是不要随随便便地去乱动自己不熟悉的东西，以免招来祸患，这种说法在古人那里也是早已有之，如马致远《般涉调·耍孩儿·借马·七煞》：“懒设设牵下槽，意迟迟背后随，气忿忿懒氢鞍来鞴。我沉吟了半晌语不语，不晓事颓人知不知？他又不是不精细，道不得‘他人弓莫挽，他人马休骑’。”

(6) 瞎眉呼眼：青海话中的这个成语常常用来指那些愣头愣脑、做事没有章法的人，这在《二十年目睹之怪现状》中也有类似的说法：“一个在那里哭，一个在那里吓眉唬眼的。我劝住了哭，便拉着回来。”

(7) 走花溜水：青海人经常用这个俗语来形容那些花言巧语、说话夸大事实、胡乱吹嘘的人，在《西游记》中就有这个成语，只不过是写作“走花弄水”：“老者道：‘可老实么？’八戒道：‘我生平不敢有一毫虚的。’老者道：‘你莫像才来的那个和尚走花弄水的胡缠。’八戒道：‘我不像他。’”

青海俗语中像这样在古文中能够寻找到源头的俗语还远不止这些，诸如“打墙板儿上下翻”“打人别打脸，骂人别揭短”“下山哩不撵乏兔”“吃着碗里看着锅里”“永世千年”“疯张冒失”“叽哇乱喊”“死眉瞪眼”等，都来自于古汉语。这些出自古语的俗语增加了青海俗语的地域性，给青海俗语打上了浓厚的地方文化烙印。

参考文献

1. 论文类

曹志耘，邵朝阳．青海乐都方言音系［J］．方言，2001（4）．

蔡秀清．土族端午节及其民俗内涵分析［J］．中国土族，2009，冬季号．

陈亚艳．浅谈青海藏族服饰蕴藏的民族文化心理［J］．青海民族研究，2001（1）．

杜常顺．论河湟地区多民族文化互动关系［J］．青海社会科学，2004（4）．

丁柏峰．明代对河湟地区的经营及其效果［J］．青海社会科学，2006（06）

大士．手工作坊里的锦绣天地——大通农村的传统擀毡工艺［J］．中国土族，2010（1）．

福尔卜．青海回族婚俗文化［J］．青海民族研究，1996（6）．

郭凤岚．汉语熟语研究的新视角［J］．世界汉语教学，1998（2）．

顾炳枢．康巴玉树的服饰美［J］．民族大家庭，2004（2）．

谷晓恒．青海汉语方言谚语的文化特征探究［J］．青海社会科学，2006（5）．

谷晓恒．青海汉语方言谚语的句法结构及语义特征分析［J］．青海民族学院学报，2007（4）．

贺喜焱．青海饮食文化的区位研究［J］．青海师范大学学报

（哲学社会科学版），2008（1）.

江蓝生．中国俗语大全·序［J］．语文研究，2004（2）.

贾晞儒．语言接触影响与汉语青海方言［J］．青海民族大学学报，2011（4）.

乐天．青海蒙古族风俗文化［J］．青海民族研究，1996（2）.

林中厚．河湟地区村落民俗拾零［J］．中国土族，2010（4）.

吕晶晶．青海古代地方茶事、茶文化［D］．陕西师范大学人文学院，2012.

刘景华．清代青海的手工业［J］．青海社会科学，1997（6）.

刘钦明．青海方言与普通话的语音差异性比较分析［J］．青海社会科学，2006（6）.

马国凡．惯用语的性质［J］．语言文学，1980（1）.

马学良，李耀宗．论民俗语言［J］．中央民族大学学报，1994（5）.

马盛德．回族宴席曲的表现形式与内容［J］．回族研究，2001，（3）.

马贵．青海藏族民居与居住文化［J］．中国科技信息，2006（10）.

忞愫．青海藏族婚俗文化［J］．青海民族研究，1996（2）.

马明德．谈青海回族民俗文化特征［J］．青海民族研究，1997（1）.

蒲生华．青藏地区谚语内容的普泛性［J］．青海师范大学民族师范学院学报，2010（2）.

蒲文成．青海民族宗教及其管理工作现状分析［J］．青海民族学院学报，2002（4）.

苏延寿．家西番及其信仰［J］．青海社会科学，2003（4）.

孙滔．青海回族源流考［J］．回族研究，1999（4）.

库立君．青海蒙古族宗教信仰及文化习俗探析［J］．青海师范大学学报：哲学社会科学版，2008（3）.

唐仲山．青海茶文化形成的民俗文化学分析［J］．青海民族研究，2010（3）．

王勤．论惯用语［J］．语文研究，1982（2）．

王勤．俗语的性质和范围［J］．湘潭大学学报，1990（4）．

王勤．俗语的构成和意义［J］．湘潭大学学报，1998，（1）．

吴健礼．漫话茶文化在青藏高原的传播与发展［J］．西藏研究，2001（1）．

王昱．试析青海历史发展的主要特点［J］．青海社会科学，1996（2）．

席元麟．简析土族民间故事中的文化内涵［J］．青海民族学院学报，1995（2）．

许英国．青海饮食文化五题［J］．青海民族研究，1992（4）．

园林．青海土族饮食文化［J］．青海民族研究，1995（3）．

朱刚．青海回族民俗纵横谈［J］．青海民族学院学报，1990（4）．

朱普选，姬梅．河湟地区民间信仰的地域特征［J］．青海民族大学学报：社会科学版，2010（04）．

朱芳．论青海藏族茶文化［J］．扬州大学烹饪学报，2005（3）．

张得祖．“青海骢”、“舞马”及马文化琐谈［J］．青海社会科学，2000（1）．

张成材．五十年来青海汉语方言研究述评［J］．青海师范大学学报，2005（3）．

张成材．略谈青海汉语方言的分区问题［J］．青海师范学院学报，1983（3）．

2. 专著类

崔希亮．汉语熟语与中国人文世界［M］．北京：北京语言大学出版社，2005.
崔永红，张德祖，杜常顺．青海通史［M］．西宁：青海人民出版社，1999.
曹聪孙．中国俗语选释［M］．成都：四川教育出版社，1985.
常敬宇．汉语词汇与文化［M］．北京：北京大学出版社，1995.
曹炜．现代汉语词汇研究［M］．北京：北京大学出版社．2004.
陈汝东．当代汉语修辞学［M］．北京：北京大学出版社，2004.
才让．藏传佛教民俗与信仰［M］．北京：民族出版社，1991.
董绍萱．河湟杂俎［M］．香港：天马出版社，2003.
董家平等．三江源文化通论［M］．西宁：青海人民出版社，2009.
符淮青．汉语词汇学史［M］．合肥：安徽教育出版社，1995.
贾晞儒．青海蒙古语言［M］．西宁：青海民族出版社，2006.
靳育德．河湟拾遗［M］．北京：中国文史出版社，2010.
李景隆，马有义，谷晓恒．西部文化论丛［M］．西宁：青海人民出版社，2002.
李克郁．土族婚丧文化［M］．西宁：青海人民出版社，2003.
李少白，李养峰．河湟花儿大全［M］．西宁：青海人民出版社，2011.
喇秉德，马小琴．青海回族史［M］．北京：民族出版社，2009.
刘叔新．汉语描写词汇学［M］．北京：商务印书馆，1990.

林有盛．西宁方言寻古［M］．西宁：青海人民出版社，2003.

梅卓．吉祥玉树［M］．西宁：青海人民出版社，2010.

芈一之．西宁历史与文化［M］．沈阳：辽宁民族出版社，2005.

马明良．伊斯兰文化新论［M］．银川：宁夏人民出版社，1997.

马季．藏族风情［M］．西宁：青海人民出版社，2003.

马国凡，高歌东．惯用语［M］．呼和浩特：内蒙古人民出版社，1982.

彭书麟，李景隆，马钧，吕霞．西部审美文化寻踪［M］．武汉：湖北教育出版社，1999.

青海省作家协会．青海文学作品精选·小说卷（上 下）［M］．西宁：青海人民出版社，1999.

青海省地方志编撰委员会．青海省志·方言志［M］．黄山：黄山人民出版社，2001.

青海省志编委会．青海历史纪要［M］．西宁：青海人民出版社，1989.

仇保燕．青海藏族风情丛话［M］．北京：中国旅游出版社，1987.

孙维张．汉语熟语学［M］．长春：吉林教育出版社，1989.

谭汝为．民俗文化语汇通论［M］．天津：天津古籍出版社，2004.

王勤．汉语熟语论［M］．济南：山东教育出版社，2006.

温端政．方言与俗语研究［M］．上海：上海辞书出版社，2004.

温端政．汉语语汇学［M］．北京：商务印书馆，2005.

温端政．中国俗语大辞典［M］．上海辞书出版社，1989.

王希杰．修辞学通论［M］．南京：南京大学出版社，1996.

王吉辉．固定语研究［M］．天津：南开大学出版社，2009.

徐宗才．俗语［M］．北京：商务印书馆，1999.

杨应琚（清）编，李文实点校．西宁府志［M］．西宁：青海人民出版社，1988.

周荐等．二十世纪的汉语俗语研究［M］．太原：山西人民出版社，2000.

周荐．汉语词汇结构论［M］．上海：上海辞书出版社，2004.

赵宗福，马成俊等．中国民俗大系·青海卷［M］．兰州：甘肃人民出版社，2004.

赵宗福．花儿通论［M］．西宁：青海人民出版社，1989.

朱世奎等：西宁方言词语汇典［M］．西宁：青海人民出版社，2003.

朱世奎，丁乐年．西宁方言词语汇典［M］．西宁：青海人民出版社，2003.

朱世奎．青海风俗志［M］．西宁：青海人民出版社，1994.

张忠孝．青海地理［M］．北京：科学出版社，2009.

张成才，朱世奎．西宁方言志［M］．西宁：青海人民出版社，1987.

后 记

方言俗语是语言词汇系统的重要组成部分，其形成、发展和演变的整个过程都植根于它赖以生存的社会环境之中，这个环境包括历史、民族、民俗、宗教、政治、经济、文化等各个方面，对其进行深入研究，不仅能为研究汉语的各个学科，如汉语史、汉语词汇学、汉语音韵学等提供强有力的支撑，而且还可为民族学、民俗学、人类学、社会学、历史学和考古学等学科研究提供重要的佐证，同时亦可为语言规范以及语言教学等工作乃至制定民族语文政策提供科学的参考依据。

青海是汉族、藏族、撒拉族、土族、蒙古族、回族等多民族杂居的地区，加之千百年间由于各类原因造成的大规模移民，使得这里既是汉藏语系诸语言、阿尔泰语系诸语言密切接触、相互融合的地区，又是保留着汉语古老特征较多的地区之一。因此，青海方言在汉语及汉语诸方言中所处的地位特别突出，它是观察语言接触、交融和变异的理想对象。青海方言俗语在这种文化背景下形成，它和青海方言的语音、语法系统一样，在全国乃至国际上都具有独特的研究价值，已引起了语言学界有识之士的广泛关注。目前，对于青海方言的研究更多的是关注其语音系统和词条的搜集整理，对其语汇也只有少量个案研究，而对于方言俗语这一块进行全面系统的研究则尚属空白，这种研究现状与青海方言独特的价值极不相称。

我们以青海方言俗语中的谚语、歇后语、惯用语和俗成语为主要研究对象，综合运用民俗学、宗教学、文化学、语言学等方面的知识，着重探究它们的结构类型、语义语用特点和显示的文化内涵，从而进一步探究其民族特征和地域特点。我们希望这本书在为汉语研究提供鲜活语言素材，为现代汉语规范化、民族地区推普等工作提供可资借鉴的原材料的同时，也希望它能够成为一本兼具可读性与学术价值的文化著作。

几经严寒酷暑，拙著《青海方言俗语》就要面世了。俗语云"怀胎十月，一朝分娩"，而这本小册子却是一个"晚产儿"。因为打算写这么一部以青海方言俗语为研究对象的书的想法产生于7年前。当时，南开大学的周荐教授来青海民族大学指导工作，在谈及青海的语言学研究时，周荐教授建议我们写一本研究青海方言词汇的书，主要的着眼点是青海的方言俗语，并初步定名为《青海方俗语汇》。于是，我们便开始了艰苦的语料搜集工作。在此之后，我们在西宁举办了第二届西北方言与民俗学学术研讨会，在会上结识了中国社会科学院语言研究所方言室的周磊老师，并从此结下了深厚的友情。周磊先生一直以来高度关注并支持西北的汉语方言研究，对我们写这部书给予了积极的肯定，并从青海地区多民族语言对汉语的影响等因素，提出了许多有参考价值的意见。后来周磊先生又愉快地接受了我们的聘请，担任了青海省的"昆仑学者"特聘教授，具体指导我们的汉语方言研究。他为此费尽心血，制订了详尽的科研计划，并多次来青具体指导方言调查和研究工作，培训青年学者。"出师未捷身先死"，去年3月周磊先生在转道新疆来青海的前夕，因突发心脏病在乌鲁木齐不幸逝世。本书的出版将是对周磊先生在天之灵最好的慰藉。澳门语言学会会长、原澳门大学文学院院长程祥徽教授早年执教于青海民族大学，在青海度过了21个春秋，他的《青海口语语法散论》是研究青海方言的一部力著，为后来的青海方言研究开辟了道路。程祥徽先生在文章中首先关注到青海方言特殊的语法现象，并以此来证明青海方言与藏语等民族语言的关系，认为青海方言与其周边的少数民族语言有着千丝万缕的联系，青海是一个语言的富矿，青海的语言研究有着极其特殊的价值。这些观点给本书的写作以很好的启迪。青海民族大学终身教授贾晞儒先生致力于青海少数民族语言研究和汉语研究，对青海的语言文化现象有着独到的见解。平日与贾先生交流较多，在他的身上我们看到的是对青海这片土地的热爱和对语言学事业执着的追求，他对于后学的关心和鼓励是我们终身难忘的。我们请贾晞儒先生为本书作序，先生慷慨应允。以上几位先生对本书的编写或直接给予指导，或在遇到困难的时候给予细致的点拨，更多是给予鼓励。虽然此书写作得比较粗浅，那是编写者的水平局限，但对各位先生的无私帮助，我们在此深表谢意。

本书在撰写过程中参考了多位学者论著及部分网络资源，由于疏漏，文中或有未能指出具体出处的地方，我们在此一并向大家致歉。在语料的搜集过程中，得到了州县地方志办公室和县文化馆同志们的无私帮助。语文出版社的编辑和工作人员，为本书的出版付出了辛勤的劳动，给予了很大的帮助。在此一并致谢！

由于方言俗语绝大部分来自老百姓的口头传说，有些俗语语出不详，或由于我们对青海方言的认知水平局限，只好用了同音字替代，有些注音、用字也许不十分准确，在此向各位读者深表歉意。青海方言由于受汉藏语系、阿尔泰语系中诸语言的影响，其内部变异十分复杂，对于其方言俗语的分析研究还有待更多的人为之努力。鉴于作者的水平有限，书中存在疏漏与不妥之处在所难免，恳请方家指正，以便我们在今后的研究中能更上一层楼。

作　者

2013年6月6日

于湟水之滨枫林绿洲寓所